高等职业教育物业管理专业项目式教材

智慧社区管理

ZHIHUI SHEQU GUANLI

主　编/张丹媚　周福亮
副主编/叶昌建　黄　璐　张志超
参　编/曾　山　屈甜利　周建武　黄　艺
　　　　周　洋　陈　爽　张丹妍　黄　培
主　审/贺云华

重庆大学出版社

内容提要

本书为高等职业教育物业管理专业项目式教材之一。全书共8个项目,采取“知识+实训”的思路进行编写。项目1主要介绍智慧社区和智慧社区管理的知识准备。项目2从智慧社区的硬件架构、软件架构与服务两个方面介绍如何进行智慧社区的体系构架。项目3介绍智慧社区的建设规划,主要从智慧社区的规划概述和如何进行智慧社区的规划实施入手。项目4从智慧视频监控系统与门禁系统管理、智慧停车场与电梯管理、智慧消防管理、智慧维保管理、智慧设施设备运行管理、智慧楼宇运行管理、智慧环保管理、智慧消费与收费管理8个方面来介绍如何实现智慧物业管理。项目5主要从智慧政务认知、智慧政务系统及管理、大数据管理3个方面来介绍怎样实施智慧政务与大数据管理。项目6介绍智能家居管理和智慧电子商务管理。项目7主要介绍智慧养老居家平台知识准备和智慧养老医疗平台知识准备。项目8主要介绍如何进行智慧社群的建立、管理与维护。

本书可作为高等职业院校物业管理专业、楼宇智能化专业、物联网专业、社区管理专业、市场营销专业教材,也可供从事相关企业管理者及技术人员使用。

图书在版编目(CIP)数据

智慧社区管理/张丹媚,周福亮主编. --重庆:
重庆大学出版社,2019.2(2025.1重印)
高等职业教育物业管理专业项目式教材
ISBN 978-7-5689-1378-2

Ⅰ.①智… Ⅱ.①张… ②周… Ⅲ.①互联网络—应用—社区管理—高等职业教育—教材 Ⅳ.①C916.2-39

中国版本图书馆CIP数据核字(2018)第214213号

智慧社区管理

主　编:张丹媚　周福亮
副主编:叶昌建　黄　璐　张志超
策划编辑:范春青　林青山
责任编辑:夏　宇　　版式设计:范春青
责任校对:谢　芳　　责任印制:赵　晟

*

重庆大学出版社出版发行
出版人:陈晓阳
社址:重庆市沙坪坝区大学城西路21号
邮编:401331
电话:(023)88617190　88617185(中小学)
传真:(023)88617186　88617166
网址:http://www.cqup.com.cn
邮箱:fxk@cqup.com.cn (营销中心)
全国新华书店经销
重庆新生代彩印技术有限公司印刷

*

开本:787mm×1092mm　1/16　印张:13.5　字数:322千
2019年2月第1版　　2025年1月第6次印刷
ISBN 978-7-5689-1378-2　定价:38.00元

前　言

智慧社区起源于“智慧地球”，是智慧城市的组成部分和具体实施。智慧社区是在智慧城市建设的理念上提出来的，我国上百个城市在建设智慧城市的过程中提出了建设智慧社区的理念并付诸实践。智慧城市是现代城市发展的必然趋势，智慧社区建设将智慧城市的理念引入社区，以社区群众的幸福感为出发点，通过打造智慧社区为社区百姓提供便利的服务。智慧社区属于社区的高级发展阶段，能够平衡社会、商业和环境需求，同时优化可用资源，通过应用信息技术规划、设计、建造和运营社区基础设施，提高居民生活质量和社会福利，从而促进社区和谐，推动区域社会进步。

智慧社区管理即利用信息技术创新社区管理模式，提高社区管理效率和效益。智慧社区管理是将大数据驱动下的信息技术应用于社区的服务和管理，充分利用软硬件资源，使管理服务更加互联化、物联化、智能化，如智慧物业、智慧电子商务、智慧养老、智能家居、智慧医疗、智慧办公服务等。智慧社区的智慧化程度是一个城市智慧化水平的具体体现。智慧社区是社会管理创新的一种模式，是在“互联网＋”形势下社会管理与服务的一种更为高级的形态。

本书结构新颖，引用资料丰富，突出知识技能和实际应用。内容和体例的安排主要为了更好地培养、提高高职学生对智慧社区管理知识的理解和掌握，通过相关的实训任务扎实有效地运用到未来的工作中。

本书主要由重庆房地产职业学院的老师负责编写。张丹媚、周福亮任主编，叶昌建、黄璐、张志超任副主编。本书的具体编写分工如下：项目1，张丹媚；项目2，周福亮；项目3，叶昌建；项目4，黄璐、曾山、周洋、屈甜利、张志超（北京博力恒昌科技有限公司）；项目5，周建武、曾山、屈甜利、黄璐；项目6，张丹媚、曾山；项目7，黄艺、张丹媚、张丹妍（重庆市人口和计划生育科学技术研究院）、黄培［陆军军医大学第三附属医院（野战外科研究所）］；项目8，张丹媚、陈爽（南宁职业技术学院）。重庆大学贺云华副教授对全书进行审核，重庆新鸥鹏物业管理（集团）有限公司、北京博力恒昌科技有限公司、北京新大陆时代教育科技有限公司、重庆市人口和计划生育科学技术研究院、陆军军医大学第三附属医院（野战外科研究所）的专家及学者提供资料并协助整理，使得书稿得以顺利完成，特此感谢。

本书编写过程中，编者参考、吸收了国内外众多研究成果，在此谨向有关专家学者表示诚挚的谢意。由于编者水平有限，书中表述难免存在不足，对智慧社区管理的知识和内容还有待进一步深入研究，期盼各位专家、读者批评指正并及时反馈，以便逐步完善。

编　者

2018年3月

目　录

项目 1
智慧社区认知

任务 1　智慧社区的知识准备

任务导读

- **基本要求**　通过本任务的学习，了解智慧社区的建设意义，熟悉智慧社区的含义和特点，掌握智慧社区的功能定位，智慧社区的建设概况与基本构成。
- **重点**　智慧社区的特点、功能定位。
- **难点**　智慧社区的建设概况与基本构成。

1.1.1　智慧社区的含义和特点

1）智慧社区的含义

智慧社区是指充分借助信息技术，将社区家居、社区物业、社区医疗、社区服务、电子商务、网络通信等整合在一个高效的信息系统中，为社区居民提供安全、高效、舒适、便利的居住环境，实现生活、服务计算机化、网络化、智能化，是一种基于大规模信息智能处理的新型管理形态社区。智慧社区是社区管理的一种新理念，是新形势下社会管理创新的一种新模式。

2）智慧社区的特点

智慧社区建设是将智慧城市的理念引入社区，以社区群众的幸福感为出发点，通过打造智慧社区为社区百姓提供便利，从而加快和谐社区建设，推动区域社会进步。基于物联网、云计算等高新技术的智慧社区是智慧城市的一个“细胞”，它将是一个以人为本的智能管理系统，有望使人们的工作和生活更加便捷、舒适、高效。智慧社区主要有智能感知性、可持续性、协同共享性、订制服务性、建设人性化5个特点。

(1)智能感知性

智慧社区通过建立智慧社区的泛在信息源，全面感知社区运转方面的信息。这是智慧化的基础，通过遍布的传感器与智能设备组成物联网，对社区运行的核心系统进行全面测量、监控与分析，做到变被动为主动的全面感知，创造社区“智”和“慧”协同模式。

(2)可持续性

智慧社区是一种全新的社会治理与服务模式，与传统社区相比，智慧社区具有持续创新发展的内生驱动力，可实现社区各元素的自我适应调节、优化和完善。

(3)协同共享性

智慧社区协同共享的目的是形成具有统一性的社区资源体系，避免出现“资源孤岛”和“应用孤岛”，在协同共享的智慧社区中，各部分应用环节可以在授权后启动关联应用且可进行操作。各类资源根据系统需求，发挥最大价值，按照共同目标统一合理调配。

(4)订制服务性

智慧社区的订制服务是智慧的体现，具有主动服务的能力，针对社区的特定需求和社区特点，主动推送所需服务内容及服务信息，为社区居民提供个性化服务，主动推送给相关客户。

(5)建设人性化

智慧社区建设是最大限度地满足居民对生产、生活的需求，让居民生活更加舒适、幸福。通过智慧社区的建设，围绕社区管理与公众服务需求提供便捷、低成本、高品质的公共服务。

1.1.2 智慧社区的功能定位

智慧社区从功能上讲，是以社区居民为服务核心，为居民提供安全、高效、便捷的智慧化服务，全面满足居民的生存和发展需要。智慧社区由高度发达的“邻里中心”服务、高级别的安防保障以及智能的社区控制构成。

智慧社区的功能定位在于对社区治理和公共服务的智慧化支撑方面，主要包括治理、文化、教育、卫生、社会保障、养老助残、家居家政、安全和商务等方面，具体功能见表1.1。

表1.1 智慧社区的功能

序号	功　能	智慧平台	实施定位
1	治理	智慧治理系统	支持治理业务开展，如组织社区治理机构选举，召开自治工作会议和社区公益事业听证会，组织社区志愿者服务，调解邻里纠纷，缓和社区矛盾
2	文化	社区文化综合服务平台	支持社区文化活动的开展，如举办社区文化、艺术、体育活动，培育社区居民的信仰、价值观、行为规范等

续表

序号	功　能	智慧平台	实施定位
3	教育	终身学习平台	开展社区文明素质和文化修养教育,传承社区优良传统和社区良好风尚等
4	卫生	社区医疗卫生智慧服务系统	建立实时感知、获取居民健康和社区卫生状况,整合社区内外优质医疗卫生资源,支持社区医疗咨询、医疗救助、保健、疗养等
5	社会保障	智慧保障服务系统	动态掌握居民的生活状况和保险需求,落实政府保障政策,为社区弱势群体提供托底保障服务
6	养老助残	智慧养老助残监护系统	利用传感技术和互联网技术实时感知社区老年人和残疾人生活护理和救助需求,为老年人和残疾人的生活起居提供护理和救助服务
7	家居家政	智能家居家政平台	整合建筑、网络通信、信息家电、设备自动化、家政服务等家居家政资源,为居民生活起居提供家居家政服务
8	安全	安防监视和应急处理平台	利用新一代感知、感应和监测技术,实时获取社区安全信息,提供停车场管理、闭路监控管理、门禁系统、智能消防、电梯管理、保安巡逻、远程抄表、自动喷淋、环境安全等社区环境与物业管理集中运营
9	商务	电子商务系统	提供可靠、便捷、性价比优化的商务支持,实现消费者网上购物、商户之间网上交易、在线支付等,无须出门即可无障碍完成

1.1.3 智慧社区的建设意义

智慧社区属于社区的高级发展阶段,能够平衡社会、商业和环境之间的关系,同时优化可用资源,通过运用信息技术规划、设计、建造和运营社区基础设施,提高居民生活质量和社会福利,从而促进社区和谐,推动区域社会进步。

1)推动城市转型升级,促进城市可持续发展

智慧社区是发展智慧城市的关键内容之一。借助数字化、智能化建设,以点带面地逐渐实现整个城市的智能化,有利于提高经济社会发展的效率和城市管理水平,有利于促进城市节能减排和绿色增长,进而促进城市可持续发展。

2)加快和谐社会建设,提升政府执政形象

以社区作为政府传递新政策、新思想的新型单位,借助数字化、信息化的手段迅速传递政策,加快电子政务向社区延伸,提高政府的办事效率和能力,提升政府执政形象。

3)完善社区服务功能,提高居民生活质量

智慧社区以技术服务人为核心,通过技术使人们的生活更加便利化、人性化、智慧化,为居民提供一个涵盖生活、工作、学习、医疗、娱乐等服务功能的应用方式。

4)提高物管服务水平,提高经济效益

通过智慧社区的建设,能够提高小区的物管水平,构筑人性化、规范化的管理服务体系,形成以人为本的小区环境,向居民提供多样化、个性化的服务方式和内容,不断提高小区人文素质水平。在提高物管服务水平的同时,也向业主提供了更多的服务,改善业主的生活环境,为了更好地提供服务,可适当增加物管费。利用"一卡通"平台、安防体系、LED 广告等,不但可提高管理效率,也可向需要进驻小区的广告商收取一定的广告费用。

1.1.4 智慧社区的建设概况与基本构成

1)智慧社区的建设和运营模式

目前,根据无线城市、智慧城市等建设与运营方式已提出以政府为主导,政府、供应商与城市管理第三方在资金投入、后期运营和资源利用等方面,主要有 7 种智慧社区的建设和运营模式,具体内容见表 1.2。

表 1.2 智慧社区的建设和运营模式

序号	典型模式	特征描述	典型代表
1	政府独自投资建设与运营	政府负责基础设施、平台的投资、建设、维护与运营	美国得克萨斯州的科珀斯克里斯蒂无线城市
2	政府和运营商共同投资,运营商建设并运营	由政府和运营商共同出资、共同拥有,日常建设及运营管理由电信运营商进行	费城"无线费城"
3	政府投资委托运营商或第三方建设和运营	政府进行投资,并通过招标等方式委托一家或多家运营商建设和运营	新加坡"智慧国家 2015"
4	政府牵头,BOT(建设—经营—转移)	市场化方式引入企业资金投资基础设施建设,许诺投资方在建成后的一段时期内拥有经营权,到期后再由政府收回管理经营	台北"无线台北"
5	运营商或第三方独立投资建设与运营	综合实力较强的电信运营商或第三方独立负责运营子任务(如基础设施、平台,应用建设)的投资建设和运营	上海市"智慧虹桥"商务区
6	联合建设运营	产业链上电信运营商、应用开发商、系统集成商、终端设备提供商中两家或多家联合开发智慧平台或应用并共同推广	台北市智慧园区
7	联合公司化运营	由产业链中成员(如电信运营商、应用商、系统集成商等)共同成立一个管理公司及系列子公司进行智慧城市的投资、建设、运营	杭州市一卡通项目

2) 智慧社区的系统基本构成

智慧社区不是单一系统组成，是由多个子系统的相互集成，包括云交换平台、基础数据库群、基础层、应用及其服务层、运营服务系统、智能家居系统6个方面。

(1) 云交换平台

云交换平台主要实现各种异构网络的数据交换和计算，提供软件接口平台，或提供计算服务，或作为服务器。

(2) 基础数据库群

基础数据库群包括业务数据库、日志数据库、传感信息数据库、交换数据库等四大数据库。

(3) 基础层

基础层主要包括物理硬件设施，如GPS定位、传感器、高速通信网络、摄像头、计算机等。

(4) 应用及其服务层

应用及其服务层包括日志管理、门禁、居民信息管理、急救、小区安防监控、远程服务、广播等系统，为社区人员直接服务。

(5) 运营服务系统

运营服务系统是在小区内的商业交易活动中，消费者足不出户便可从网上购买商品和消费，完成在线支付的一种新型交易模式。

(6) 智能家居系统

智能家居系统是利用自动控制技术、物联网技术、网络通信技术，依照一定的规则和程序原理，根据用户需求，将家庭的各种家用设备，如电灯、燃气阀门、家用计算机、防盗系统、窗帘控制系统等集成到一起并入互联网，使之相互协同工作并被远程控制和管理，实现智慧生活。

任务2　智慧社区管理的知识准备

任务导读

- **基本要求**　通过本任务的学习，了解智慧社区管理发展史，熟悉智慧社区管理的含义和特点、智慧社区管理的原则，掌握智慧社区管理的主要内容。
- **重点**　智慧社区管理的主要内容。
- **难点**　智慧社区管理国内外发展史。

1.2.1　智慧社区管理的含义和特点

1) 智慧社区管理的含义

智慧社区管理即利用信息技术创新社区管理模式，以提高社区管理效率和效益。

智慧社区管理就是将大数据驱动下的信息技术应用于社区的服务和管理，充分利用软硬件资源，使管理服务更加互联化、物联化、智能化，如智慧物业、智慧电子商务、智慧养老、智能家居、智慧医疗、智慧办公服务等。智慧社区的智慧化程度是一个城市智慧化水平的具体体现。智慧社区是社会管理创新的一种模式，是在“互联网+”背景下社会管理与服务的一种更为高级的形态。

2)智慧社区管理的特点

智慧社区管理主要有数字化、智能化、网络化、互联化、物联化、协同化六大特点。

(1)数字化管理

智慧社区数字化管理主要利用计算机、通信、网络等技术,通过统计知识量化管理社区居民与管理行为,以人为本来实现服务创新。

(2)智能化管理

智慧社区智能化管理以人类智能结构为基础,通过智慧社区建立的系统,研究社区居民与政府、居民委员会、医院等方面的管理活动规律和方法,具有很强的实践性和扩展性。

(3)网络化管理

智慧社区网络化管理包括对社区内硬件、软件和人力的使用、综合与协调,以便对网络资源进行监视、测试、配置、分析、评价和控制,满足居民对网络的需求,如实时运行性能、服务质量等。

(4)互联化管理

智慧社区中物业服务企业利用互联网(包含移动互联网)平台和技术从事的内外部商务活动,实现了资源整合与互动。

(5)物联化管理

智慧社区管理通过互联网和通信网连接在一起,形成居民与社区物、社区物与社区物相联系的一个巨大网络。物联化管理是借助各种信息传感技术与信息传输和处理技术,使管理的对象(人或物)的状态能被感知、识别,从而形成的局部应用网络管理。

(6)协同化管理

智慧社区协同化管理就是通过对该智慧社区系统中各个子系统进行时间、空间和功能结构的重组,产生一种具有"竞争—合作—协调"的能力,其效应远远大于各个子系统之和产生的新的时间、空间、功能结构。

1.2.2 智慧社区管理发展史

1)智慧社区的起源

智慧社区起源于"智慧地球",是智慧城市的组成部分和具体实施。智慧地球是 IBM 公司提出的人类社会发展愿景。2008 年 11 月,IBM 总裁兼首席执行官彭明盛首次提出"智慧地球"的概念。2009 年 8 月,IBM 为实施产业转型和开拓中国市场,发布《智慧地球赢在中国》计划书,正式将"智慧地球"引入中国。IBM 和十多个省市签署了智慧城市共建协议,使得智慧地球、智慧城市引起全世界的广泛关注和热捧。智慧城市是现代城市发展的必然趋势,智慧社区建设将智慧城市的理念引入社区,以社区群众的幸福感为出发点,通过打造智慧社区为社区百姓提供便利的服务。

2)智慧社区的国内外发展情况

2006 年,新加坡启动了"智慧国家 2015"计划,通过计算机及物联网等信息技术,在电子政务、智慧城市、互联互通等方面取得骄人的成绩。其中,智能交通系统(ITMS)能为使用者提供实时的动态信息，及时对道路通行及交通状况作出正确的反应。

2009年7月，日本推出"I-Japan智能战略2015"，融合互联网和物联网，着力建设电子政务、医疗健康信息服务、教育与人才培养等三大公共事业系统。

2009年9月，美国利用IBM的一系列新技术，对中西部的迪比克市进行全数字化建设，整合集成水、电、油气、交通、公共服务等各种资源，智能响应和服务大众需求，建设全美第一个智慧城市。瑞典在IBM的助力下，利用RFID和激光技术建成自有车流路边系统，能自动识别进出车辆，对高峰期通行车辆收取"道路堵塞税"，大大缓解了斯德哥尔摩交通拥堵状况，有效减少了尾气排放，保护了环境。

智慧社区是在智慧城市建设的理念上提出的，我国上百个城市在建设智慧城市的过程中提出了建设智慧社区的理念并付诸实践。截至2017年，我国智慧城市试点单位已达409个，住房和城乡建设部智慧城市试点两批202个，科技部试点20个，工业和信息化部信息消费试点68个，国家发展和改革委员会信息惠民试点80个，工业和信息化部与国家发展和改革委员会宽带中国示范城市39个。所有的直辖市和省会城市均有试点，其中78个城市被确定为2个或2个以上领域试点。

目前智慧社区建设比较典型的有：

北京市发布的《智慧社区指导标准(2013年试行)》，为首批参加试点的智慧社区设定了31条须实现的约束性指标。2011年，西城区广内街道开始试点。建设内容主要突出智能化，提升街道公共服务的信息化水平，包括建设智能停车引导系统，"数字家园行"及电网、通信、网络三网合一；突出精细化，提升街道公共服务的规范化水平，包括开发综合治税管理系统、"十千惠民"系统及推出和谐指数评价系统；突出人文化，提升街道公共服务的人性化水平，建设"虚拟养老"服务平台、"槐柏商圈"社区电子商务系统及开发惠民兴商"一卡通"系统。朝阳区团结湖街道是我国第一个实施"智慧网络"管理模式的街道，并在智慧社区设施、智慧社区服务和智慧社区管理方面加大信息化手段的应用力度，如在线服务终端"掌上团结湖"正式上线，切实让居民感受信息化的社区生活方式。截至2013年6月，北京市已建成首批501个智慧社区。2014年1月正式启动全市第二批智慧社区建设及首批星级智慧社区升星建设工作，拟认定星级智慧社区782个，包括92个五星级智慧社区，153个四星级智慧社区，403个三星级智慧社区，97个二星级智慧社区，37个一星级智慧社区。

上海市智慧社区建设在2012年底即覆盖闵行、长宁、浦东等多个区域，打造了20个智慧社区试点小区，已拥有几十种便民应用。如宝山区开通了"市民百事通"平台，友谊街道为首批试点单位，建设内容包括完善基础设施，推进便民服务项目，推进社区管理网络化、协同化、智能化，建立网上协同办公机制。长宁区智慧社区综合服务平台也正式上线运行。2013年10月，黄浦区中南小区启动上海首个老年智慧活力社区试点，借助"科技助老"来消除数字鸿沟，打通数字交往、人际互动的新路径。陆家嘴街道智慧社区建设重点突出社区管理、公共服务、智慧商圈、人文精神四大板块，主要涵盖社区综合管理、社区生活质量水平、社区经济和商业活力、社区内个体发展水平4个方面的内容，具体建设内容为"一库、一卡、两平台、多系统"。

广州市在2012年确立天河、越秀、海珠、番禺为第一批智慧社区试点单位。其中，天河区将"汇景新城"等6个社区确立为试点智慧社区。黄村街康城社区将智慧服务工程纳入了幸福社区建设"一三五"模式中统一规划部署,依托广州市"一卡一页"系统(社保卡、市民网页)整合的信息资源与服务,通过网上服务、社区服务站以及街道服务中心的服务窗口、社区内放置的公众服务自助终端等,努力构建涵盖政务服务、公用事业及公益服务、便民商业服务、社区综合管理、社区自治等内容的智慧社区服务平台。此外,使用社区"二维码"开展管理和服务,24 小时自助图书馆、自助式"健康驿站"等个性化服务也受到了社区居民的欢迎。深圳市一直都是全国智慧社区建设的领跑城市,共有 42 个社区成为智慧社区试点,成立专业团队落实试点建设要求,引导广大业主积极参与;通过智慧社区建设提升小区物业管理服务水平,提高业主生活质量;积极探索社区管理的新模式,促进物业管理创新发展、转型升级;免费向每个深圳家庭发放智能终端——"家 e 通"软件系统的平板计算机。

其他城市(如南京、常州、宁波、昆明、沈阳等)也纷纷开始了智慧社区试点工作,并取得一定成效,如社区管理更加科学化、信息化和现代化,服务方式多样化,服务环境日益改善,服务人员的素质也相对提高。但智慧社区在建设过程中,也不可避免地暴露了一些问题。

在智慧社区的发展过程中,我国和新加坡、日本在管理主体、主要服务系统、系统实现职能方式存在着明显的差异(表 1.3)。

表 1.3 国内外智慧社区的发展比较

内　容	新加坡	日　本	中　国
管理主体	政府主导,社区、公民为辅	政府引导,由区域自治组织、社会部、民间组织共同管理	居委会和物业服务企业
主要服务系统	电子商务系统、电子政务、社区医疗、社区文娱	电子商务系统、电子政务信息系统、物流信息系统、家政服务信息系统、医疗卫生信息系统	基础信息管理系统、交流服务系统、电子商务系统、物流服务系统、智能家居系统、医疗卫生系统、家政服务系统等
系统实现职能方式	政府开办的政务类网站及民间组织开办的互助类网站、论坛和社区信息查询网站	政府开办的政务网站,物流、物业企业及医院等服务机构的官方网站,自治团体或志愿者创建的服务网站	政府开办的政务网站,物业服务企业的智能家居、医疗卫生、家政服务等方面集成的一体化服务网站等

3)智慧社区管理的发展趋势

未来的智慧社区发展主要以居民真实需求为导向,旨在解决民生问题,其之后的发展需要不断地创新。智慧社区管理在技术方面主要有网络全面化、系统集成化、设备智能化、设计生态化的发展特点。

(1)网络全面化管理

随着物联网技术和我国新一代互联网技术的发展,未来社区内网络将无处不在,并提供更高的带宽加速社区网络的功能发展。通过完备的社区局域网络和物联网实现社区机电设备和家庭住宅的自动化、智能化,实现网络数字远程智能化监控。

(2)系统集成化管理

社区内信息孤岛将通过平台建设走向集成,大大提高社区系统的集成程度,信息和资源得到更充分的共享,提高系统的服务能力。

(3)设备智能化管理

通过各种信息化,特别是自动化技术、物联网技术、云计算技术的应用,不仅使居民信息得到集中的数字化管理,基础设施与家用电器自身的各种基础及状态信息可通过互联网获取,通过互联网对这些设备进行控制,设备间可通过一定的规则协同工作。通过对各种人、事、物信息的综合处理,实现智能化、主动化和个性化服务。

(4)设计生态化管理

近几年,随着环保生态学、生物工程学、生物电子学、仿生学、生物气候学、新材料学等飞速发展,生态化理念与技术深入渗透到建筑智能化领域中,以实现人类居住环境的舒适和可持续发展目标。

智慧社区是低成本、易部署、专享管家式的全新社区形态,以信息化为手段、智能化为依托、人性化服务为纽带,建立物业与业主之间的信任关系,并进行多方合作,共同创造价值、分享价值。

1.2.3 智慧社区管理的主要内容

社区是基层社会组织,它的目标就是给社区中的每一位成员创造一个安全、舒适的生活环境,为社区居民提供现代政务、商务教育、家庭医护、文化娱乐、生活便利等多种服务,推动社区全面发展,提高居民的生活水平和质量,社区的管理应与建设目的保持一致。智慧社区的建设与管理可以更好地完成上述目标。打造与实体社区相对应的虚拟社区以及以数字化、感知化、互联化、智能化为特征的智慧城市已经成为各地近年来的一个突出亮点。智慧社区管理内容包括社区文化管理、政府职能的智慧化管理、社区医疗和社会保障管理、社区安全管理等4个方面。

1)社区文化管理

文化与社区不能相互分离。文化是在一定的空间范围和时间向度上生成的,社区是文化的土壤,社区结构的形成有赖于文化的制约,文化的孕育和传承又存在于社区的社会活动和工作生活之中。社区文化对于社区来说十分重要,其建设成果的好坏对城市竞争力的有效提升有着十分重要的意义。社区文化建设主要从生态型文化、科技型文化、学习型文化和娱乐型文化展开。社区成员利用智慧社区平台体验学习人与自然应如何和谐相处,通过体验未来科技为社区成员普及科学知识,并提高社区成员对未来生活的向往感。智慧社区文化建设中要充分利用信息化手段,做到老与少、大与小、雅与俗、远与近、教与乐、虚与实、内与外的结合。

2)政府职能的智慧化管理

智慧社区的建设与管理,其目的在于促进社区全面发展,更好地为社区居民服务,从而使居民得到全面发展。街道社区作为政府行政机构的派出机构,是政府延伸到基层社区服务居民的重要载体。基层社区居委会充分利用信息化资源,鼓励社区成员参与和监督社区政务的开展。通过智慧电子政务平台增强社区成员政治参与的主动性、渠道的灵活性和信息的多元化。

智慧社区的建设为社区成员参与公共事务讨论和决策提供了多元的渠道。通过社区的各种传播平台使社区成员在第一时间就能了解到社区的发展和动态。政府职能的智慧化应依托于“互联网+”大数据、物联网等技术，改变政府办事效率，重塑政府职能，更好地服务于社区居民。

3)社区医疗和社会保障管理

基于大数据驱动下的健康社区平台应用，让智慧社区在医疗管理中更加有针对性，为居民提供个性化的医疗监测与治疗方案，满足社区居民的医疗需要。智慧社区的医疗管理要融入社区医院信息门户平台，整合 HIS、PACS、LIS、RIS 等业务应用及协同办公，提供医务人员和居民之间有效的信息互联，通过内容发布管理系统实现内外网的一体化信息发布，构建健康档案信息管理系统、日常健康检查系统和远程医疗服务系统，与社区医院信息门户平台进行整合，充分利用智慧平台的便捷性，满足社区居民的就医需求，让就医可以省时、省力。社会保障是现代工业文明的产物，是经济发展的“推进器”。智慧社区的社会保障管理要利用信息技术、云计算技术建立社会保障社区应用平台，为社区成员提供便捷的一站式服务。

4)社区安全管理

通过建立智慧社区的安全平台，严抓网络信息系统，加强网络化管理，防止各类事故的发生，确保社区平安。要利用社区网络平台推送防火、防盗、网络安全等安全教育活动，线下组织一些以“以人为本，安全第一”为主题的社区活动。通过信息化手段建设社区治安，依托全视角监控系统、门禁系统、应急预警系统、无线定位系统等提升社区安全防范标准，人人参与安全建设，营造安全社区建设的良好氛围，有效地推动社区安全宣传工作开展，保障社区居民安全。

实训任务　认知智慧社区

1)实训目的

通过不同智慧社区的调研实训学习，掌握不同智慧社区的管理内容。

2)实训要求

①调查 3 个不同的智慧社区项目。

②分析不同智慧社区项目的系统组成、功能定位、管理内容等方面的异同点。

3)实训步骤

①准备调查的 3 个智慧社区项目。

②分组实地现场调查，收集 3 个智慧社区的相关资料。

③结合课堂的讲解和图例，分析不同智慧社区项目的系统组成、功能定位、管理内容等方面，总结出 3 个智慧社区项目的相同点及不同点。

4)实训时间

实训时间为 2 学时。

5)实训考核

①考核组织。将学生分组,由指导教师进行考核。

②考核内容。教师根据智慧社区调查,提出智慧社区管理方面的3个问题,由学生回答,然后给出实训考核成绩。

项目小结

(1)智慧社区主要有智能感知性、可持续性、协同共享性、订制服务性、建设人性化5个特点。

(2)智慧社区的功能定位在于对社区治理和公共服务的智慧化支撑方面,主要包括治理、文化、教育、卫生、社会保障、养老助残、家居家政、安全和商务等方面。

(3)智慧社区建设推动城市转型升级,促进城市可持续发展;加快和谐社会建设,提升政府执政形象;完善社区服务功能,提高居民生活质量;提高物管服务水平,提高经济效益。

(4)智慧社区由多个子系统相互集成,包括云交换平台、基础数据库群、基础层、应用及其服务层、运营服务系统、智能家居系统6个方面。

(5)智慧社区管理主要有数字化、智能化、网络化、互联化、物联化、协同化六大特点。

(6)智慧社区管理内容包括社区文化管理、政府职能的智慧化管理、社区医疗和社会保障管理、社区安全管理等4个方面。

复习思考题

1. 目前我国智慧社区项目有哪些?
2. 智慧社区的功能定位有哪些?
3. 智慧社区的系统组成有哪些?
4. 通过收集阅读有关智慧社区发展方面的资料,谈谈你对智慧社区管理的看法。

项目 2

智慧社区的体系架构

任务 1　智慧社区的硬件架构

任务导读

- **基本要求**　通过本任务的学习，了解智慧社区硬件的基本构成，熟悉智慧社区的硬件，掌握智慧社区硬件的构成、常用智能家居设施设备。
- **重点**　掌握智慧社区硬件的拓扑结构。
- **难点**　掌握智能家居设备的安装和调试。

2.1.1　智慧社区体系架构

智慧社区是智慧城市面向民生最基层的单元，采用新一代信息技术，实现对社区内建筑物、市政基础设施、各类人员、企业等的事务管理和行政管理，为社区广大居民提供政务服务、商务服务和社区公共服务。其体系架构如图 2.1 所示。

2.1.2　智慧社区硬件架构

1）智慧社区硬件的拓扑结构

智慧社区硬件架构主要通过综合集成的方式完成，包括智能物业及设施设备、智慧社区智能化设备、智能建筑设备和智能家居设备系统等。图 2.2 是某智慧社区建设的硬件架构示例图。该架构将常见智慧社区功能通过软硬件集成到家庭室内主机上。

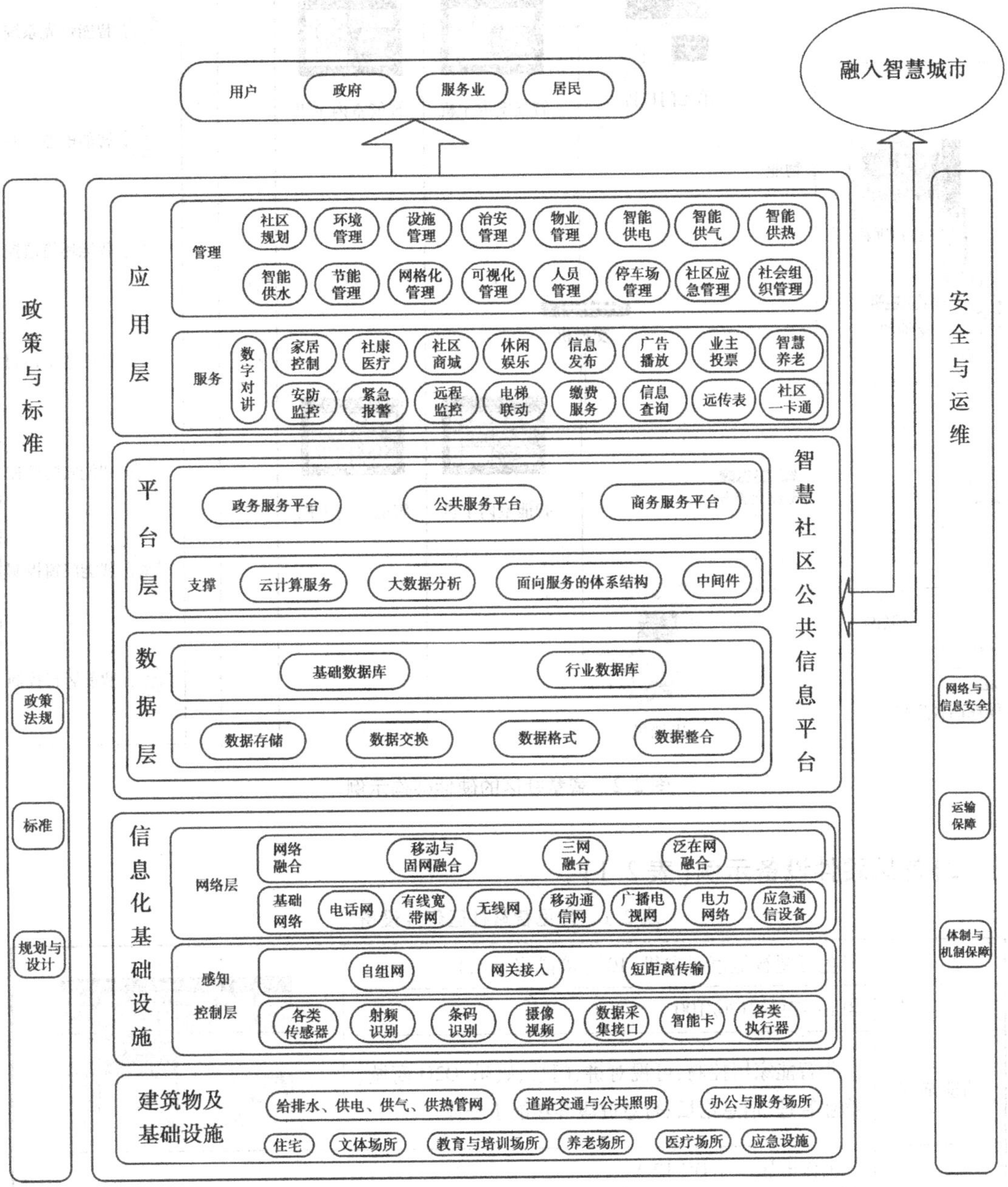

图 2.1 智慧社区的体系架构图

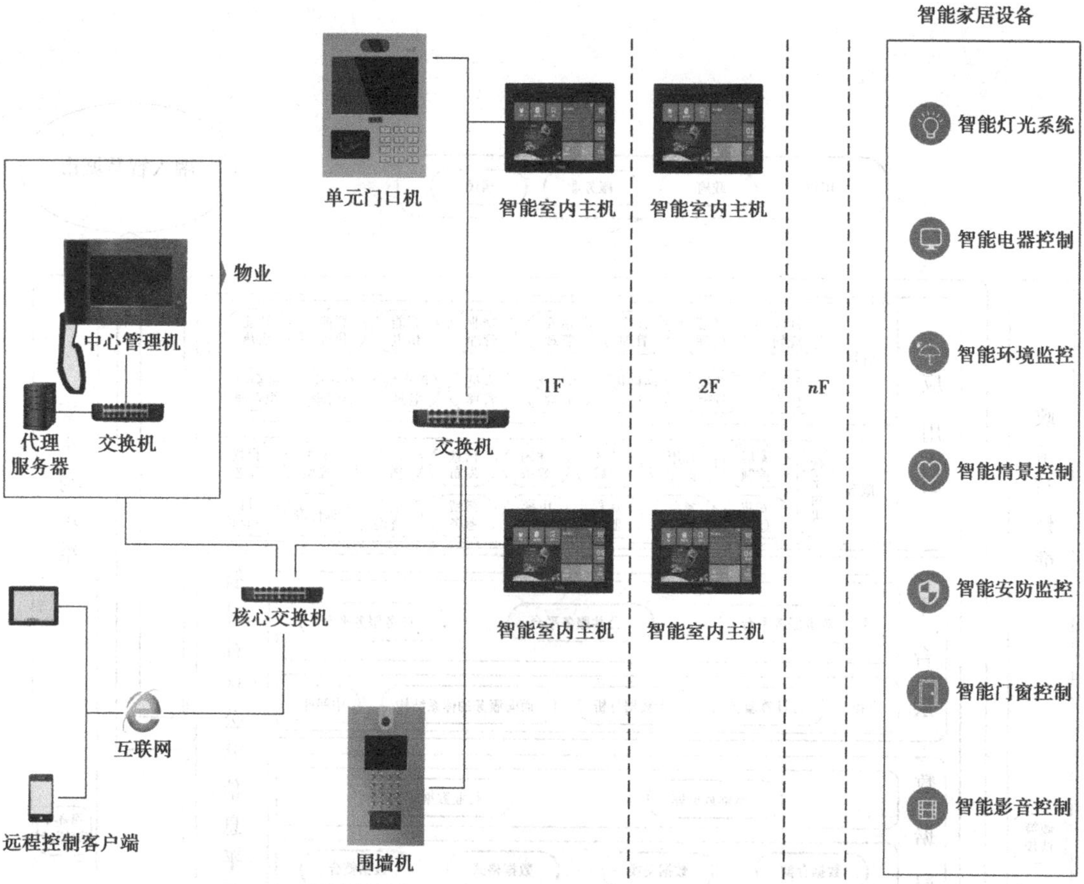

图 2.2　智慧社区的硬件架构示例

2)常见硬件设备示例(表 2.1)

表 2.1　常见智慧社区硬件设备

产品名称	彩色可视智能家居主机(10 寸液晶屏显示)	
产品型号	BLHC-ZJ-SE170/100	
功能描述	集智能家居控制、可视对讲、门禁、娱乐、O2O 商城、物业管理、信息论坛、智慧健康等功能于一体	
技术参数	工作电压	DC 12 V
	额定功率	7 W
	待机功耗	2.5 W
	显示屏幕	10 寸电容式触摸屏
	分辨率	1 024 × 600 像素
	摄像头	648 × 488 像素 CMOS 前置摄像头(选配)

续表

技术参数	屏分辨率	自适应，具有 OSD 功能
	电源需求	DC 5 V,2 A 电源配适器
	工作温度	-10 ~ 55 ℃
	存储温度	-10 ~ 40 ℃
	相对湿度	20% ~80%
	安装说明	预埋标准 86 底盒嵌墙安装（配支架）
	产品尺寸	270 mm × 168 mm × 15 mm
	系统参数	CPU 主频：四核 1.5 GHz 内存：1 GB 支持最大 TF 卡容量：32 GB

接口描述

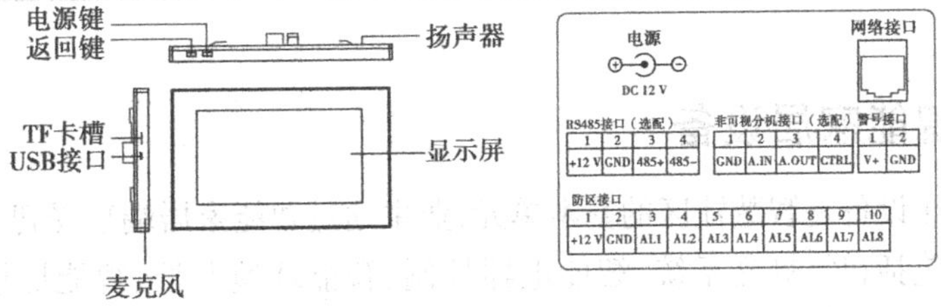

接口及图示

产品名称	彩色可视单元门口机（10 寸液晶屏）
产品型号	BLHC-EO-C3-CO-SC2
功能描述	智能门禁系统是家庭的第一道保险，具有视频门禁、户户通、远程视频等功能，其智能室内机还是智能家居的中控主机。 1. 采用全数字系统（主干及单体均采用 TCP/IP 协议）； 2. 实现住户与管理中心之间、住户与住户之间的信息传递； 3. 具有远程开锁、密码开锁、感应卡开锁 3 种开锁模式

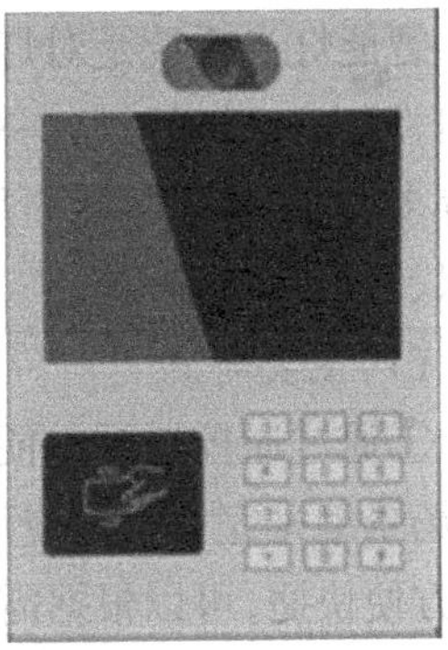

技术参数	显示尺寸	10 寸液晶显示屏
	摄像头	1/3 寸彩色 CMOS，100 万像素
	最低照度	0.05 lx
	主芯片	工作频率四核 1.5 GHz
	内存	512 MB
	闪存	4 GB
	视频编码	H.264 编解码
	音频编码	G.711/G.729 编解码

续表

技术参数	通信方式	10 M ~ 100 M LAN,标准 RJ-45 接口
	操作系统	Android4.4
	音频信噪比	≥25 dB
	通话时间	120 ~ 1 800 s
	工作电压	DC 12 V
	待机功耗	3 W
	工作功耗	7 W
	工作温度	-40 ~ 70 ℃
	成品尺寸	269 mm × 338 mm × 51 mm
	开孔尺寸	260 mm × 334 mm × 72 mm

2.1.3 智能家居设备

智能家居设备是智慧社区的基本单元,业主通过智能家居端享受智慧社区带来的便利。其主要构成包括智能灯光系统、智能电器控制、智能环境监控、智能情景控制、智能安防监控、智能门窗控制、智能影音控制等。

1)智能灯光系统

智能灯光系统是对灯光进行智能控制与管理的系统。与传统照明相比,它可实现灯光软启、调光、一键场景、一对一遥控及分区灯光全开全关等管理,并可用遥控、定时、集中、远程等多种控制方式,甚至用计算机来对灯光进行高级智能控制,从而实现智能照明的节能、环保、舒适、方便等功能。

(1)主要特点

①通过遥控器可方便地管理家中所有的智能开关、插座、窗帘,实现无线控制、场景控制;场景编排完全根据使用者的爱好任意设置,无须采用其他工具,在遥控器面板上随意编排,方便快捷,可以根据需要随时随地调整。

②通过电话远程控制器可实现电话远程语音控制,控制设备可以是固定电话、移动电话。某些品牌的智能家居解决方案可让使用者无论身在何处,都能方便地管理家庭自动化设备,方便实用,体现了科技与人文的深度结合。

③通过情景遥控器可以实现灯光的定时控制。

④智能开关的调光与调光后状态记忆功能既节能又方便场景设置。

⑤无线射频信号能够穿透墙体,不论在家中的哪个房间都能使用。

(2)灯光设计

家庭照明系统一般分为客厅、卧室、餐厅、厨房、书房、卫生间等的照明,由于它们在家庭中不同的作用,可以有区别地设计各个部分的灯光照明。

①客厅。客厅是会客的区域,也是一个家庭集中活动的场所,一般配有吊灯、射灯、壁

灯、筒灯等,可以用不同的灯光相互搭配产生不同的照明效果,如休闲、娱乐、电视、会客等场景模式供随时选用。例如,设定会客场景为吊灯亮80%、壁灯亮60%、筒灯亮80%;看电视场景为吊灯亮20%、壁灯亮40%、筒灯亮10%。由于采用了调光控制,灯光的照度有一个渐变的过程,通过遥控器或面板的现场控制,可以根据需要变换场景,营造合适的灯光环境。

②餐厅。餐厅是就餐的场所,采用场景控制设定各种照明模式,餐厅灯光可设为中餐、西餐等多种场景,给家人营造一种温馨、浪漫、高雅的就餐灯光环境。照明要综合考虑,一般只要中等的亮度就够了,但桌面上的亮度应适当提高。

③卧室。卧室是休息的地方,需要控制卧室中央的吊灯,床头的射灯、壁灯以及四周的筒灯,营造一个宁静、温和的休息场所,同时也要满足主人整理、阅读、看电视、休息等不同亮度要求。根据不同要求,调节出适宜的灯光亮度。

④厨房。厨房要有足够的亮度,而且宜设置局部照明。

⑤卫生间。卫生间的照明要求不高,如果有特殊要求(化妆等)需要有足够的亮度,且应配置局部照明。

⑥书房。书房照明以功能性为出发点,为了减轻长时间阅读所造成的眼疲劳,应考虑色温较接近早晨的太阳光和不闪的照明。

智能照明系统利用遥控器可以随心所欲地调节每组灯的亮度和开关。实用性和舒适度是家庭灯光照明的两大设计原则。另外,个人风格也相当重要,只有这样才能设计出既实用又舒适的家庭生活环境。

总之,照明系统是人们生活中最为常用、最为基础的系统,它的智能化无疑会给生活带来深远的影响。它不仅大大方便了人们的生活,还从一定程度上改变人们的生活方式,从而提高人们的生活质量。

(3)常见硬件设备示例(表2.2)

表2.2 智能开关

<table>
<tr><td>产品名称</td><td colspan="2">博睿零火一/二/三键(银白色)</td><td rowspan="3">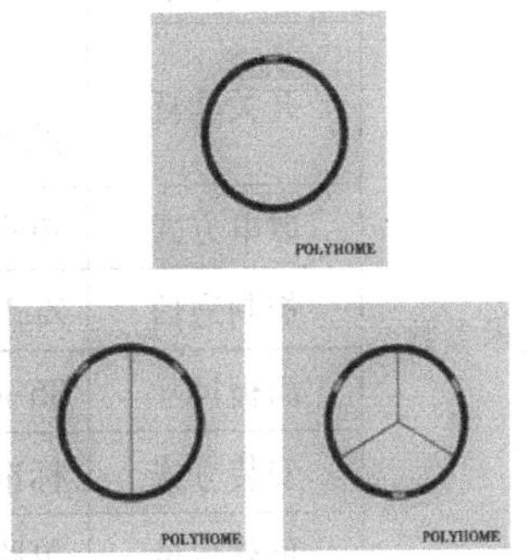</td></tr>
<tr><td>产品型号</td><td colspan="2">BLHC-E-KG1/2/3-BRL</td></tr>
<tr><td>功能描述</td><td colspan="2">需布设零线,可直接替换原有机械开关,实现远程控制并与其他设备实现场景联动。
1. 采用ZigBee零火取电技术,需布设零线;
2. 可直接取代原有86盒开关;
3. 开关状态可以反馈;
4. 适用于所有的灯具控制;
5. 零火开关具有中继作用</td></tr>
<tr><td rowspan="3">技术参数</td><td>电源需求</td><td colspan="2">AC 180 ~ 220 V/50 Hz</td></tr>
<tr><td>开关功耗</td><td colspan="2">360 mW</td></tr>
<tr><td>取电方式</td><td colspan="2">零火线取电</td></tr>
</table>

续表

<table>
<tr><td rowspan="6">技术参数</td><td>控制通信</td><td colspan="2">ZigBee　IEEE802.15.4　2.4 GHz</td></tr>
<tr><td>面板尺寸</td><td colspan="2">86 mm×86 mm×32 mm</td></tr>
<tr><td>安装方式</td><td colspan="2">标准 86 盒安装,需要预先布设零线</td></tr>
<tr><td>负载数量</td><td colspan="2">单路、双路、三路</td></tr>
<tr><td>功率容量</td><td colspan="2">阻性负载:2 000,1 000,600 W
感性负载:200,100,60 W
容性负载:200,100,60 W</td></tr>
<tr><td colspan="3"></td></tr>
<tr><td>接口说明</td><td colspan="3">将玻璃面板扣合到安装好的底板上
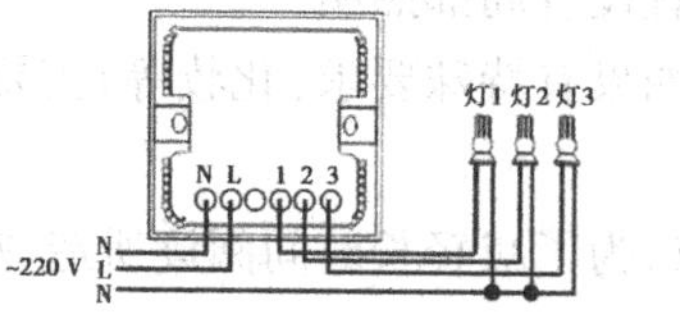

图一
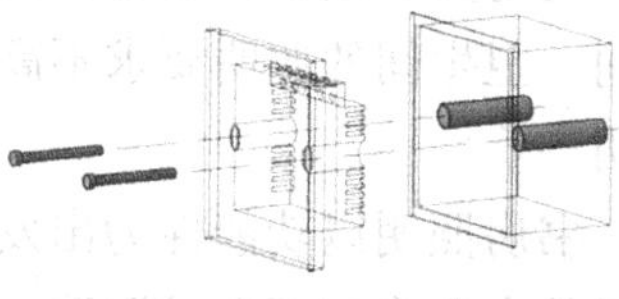
图二</td></tr>
<tr><td>产品名称</td><td colspan="2">博睿单火一/二/三键(银白色)</td><td rowspan="3">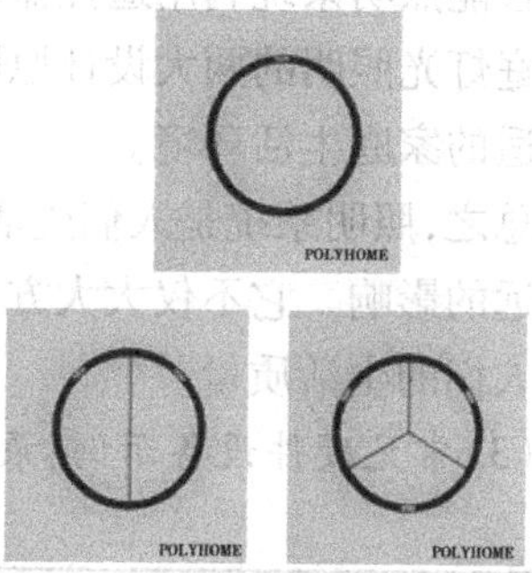
</td></tr>
<tr><td>产品型号</td><td colspan="2">BLHC-E-KG1/2/3-BR</td></tr>
<tr><td>功能描述</td><td colspan="2">无须布零线,可直接替换原有机械开关,实现远程控制并与其他设备实现场景联动。
1. 采用 ZigBee 单火取电技术;
2. 可以反馈开关状态;
3. 适用于所有的灯具控制;
4. 可以自动入网,也可手动入网</td></tr>
<tr><td rowspan="8">技术参数</td><td>电源需求</td><td colspan="2">AC 180～220 V/50 Hz</td></tr>
<tr><td>开关功耗</td><td colspan="2">15.4 mW(此功耗已经包含在总功耗内,用户在使用时不会造成额外的费用)</td></tr>
<tr><td>取电方式</td><td colspan="2">单火线取电</td></tr>
<tr><td>控制通信</td><td colspan="2">ZigBee　IEEE802.15.4　2.4 GHz</td></tr>
<tr><td>面板尺寸</td><td colspan="2">86 mm×86 mm×32 mm</td></tr>
<tr><td>安装方式</td><td colspan="2">标准 86 盒安装,可直接替换原有的 86 机械开关</td></tr>
<tr><td>负载数量</td><td colspan="2">单路、双路、三路</td></tr>
<tr><td>功率容量</td><td colspan="2">阻性负载:1 200,600,400 W
感性负载:120,60,40 W
容性负载:120,60,40 W</td></tr>
</table>

续表

<table>
<tr><td>接口说明</td><td colspan="3">将玻璃面板扣合到安装好的底板上
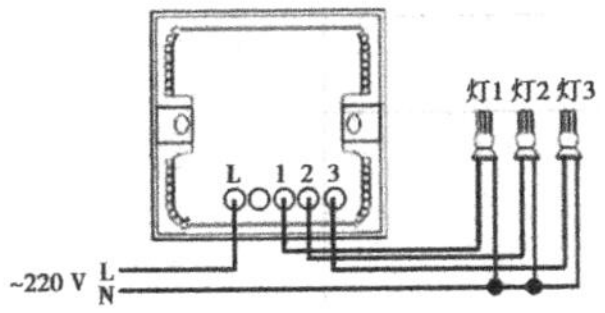
图一
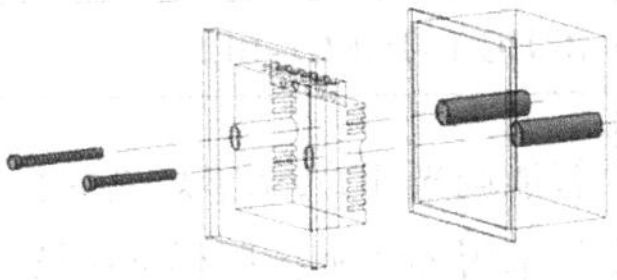
图二</td></tr>
<tr><td>产品名称</td><td colspan="2">单键手势开关</td><td rowspan="3">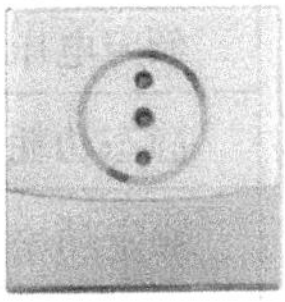</td></tr>
<tr><td>产品型号</td><td colspan="2">POLY-SWLN-GT01</td></tr>
<tr><td>功能描述</td><td colspan="2">适合医院、实验室等特殊场合；独特的柔光壁灯，呵护你的双眼。
1. ZigBee 国际标准协议；
2. 采用 ZigBee 零火取电技术；
3. 内置手势感应装置；
4. 实现挥手灯光感应开或关；
5. 零火开关具有中继作用</td></tr>
<tr><td rowspan="10">技术参数</td><td>电源需求</td><td colspan="2">AC 180 ~ 220 V/50 Hz</td></tr>
<tr><td>开关功耗</td><td colspan="2">360 mW</td></tr>
<tr><td>取电方式</td><td colspan="2">零火线取电</td></tr>
<tr><td>控制通信</td><td colspan="2">ZigBee IEEE802.15.4 2.4 GHz</td></tr>
<tr><td>面板尺寸</td><td colspan="2">86 mm × 86 mm × 32 mm</td></tr>
<tr><td>负载类型</td><td colspan="2">阻性负载、感性负载、容性负载</td></tr>
<tr><td>安装方式</td><td colspan="2">标准 86 盒安装，可直接替换原有的 86 机械开关</td></tr>
<tr><td>负载数量</td><td colspan="2">单路</td></tr>
<tr><td>功率容量</td><td colspan="2">阻性负载：2 000 W
感性负载：200 W
容性负载：200 W</td></tr>
<tr><td>自带壁灯</td><td colspan="2">开关本身自带一路可触摸壁灯</td></tr>
<tr><td>接口说明</td><td colspan="3">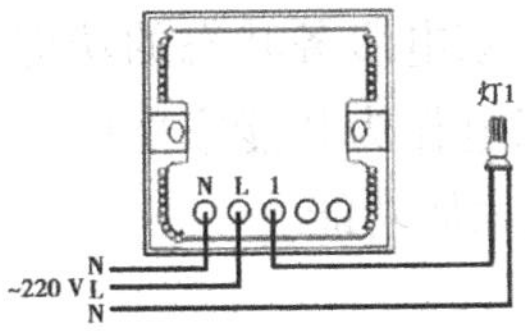
图一
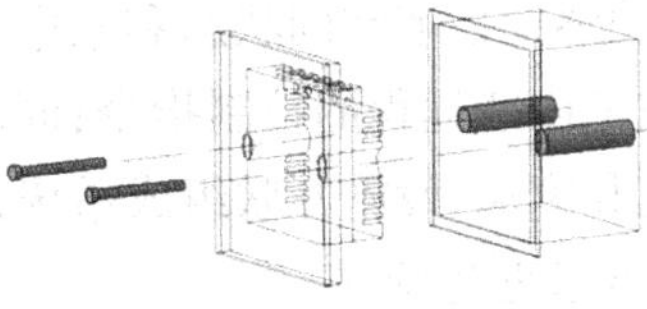
图二</td></tr>
</table>

续表

<table>
<tr><td>产品名称</td><td colspan="2">博睿零火调光一键(银白色)(可控硅/0~10 V)</td><td rowspan="3">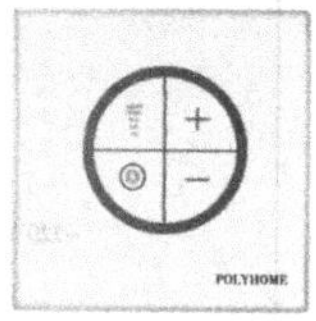</td></tr>
<tr><td>产品型号</td><td colspan="2">BLHC-E-TGKG1-BLL</td></tr>
<tr><td>功能描述</td><td colspan="2">智能调光开关,调节灯光的亮度。
1. 采用 ZigBee 国际标准协议;
2. 采用 ZigBee 零火取电技术,需布设零线;
3. 适用于白炽灯、卤素灯及可控硅调光 LED 灯;
4. 可实现远程调光及情景的控制</td></tr>
<tr><td rowspan="11">技术参数</td><td colspan="3">可控硅参数</td></tr>
<tr><td>额定电压</td><td colspan="2">AC 180~220 V/50 Hz</td></tr>
<tr><td>静态功耗</td><td colspan="2">360 mW</td></tr>
<tr><td>额定功率</td><td colspan="2">300 W/100 W(两种功率选择)</td></tr>
<tr><td>安装方式</td><td colspan="2">建议使用铁 86 底盒安装,便于散热</td></tr>
<tr><td colspan="3">0~10 V 的参数</td></tr>
<tr><td>额定电压</td><td colspan="2">AC 180~220 V/50 Hz</td></tr>
<tr><td>额定电流</td><td colspan="2">10 A</td></tr>
<tr><td>最大负载</td><td colspan="2">1 200 W</td></tr>
<tr><td>输出电压</td><td colspan="2">0~10 V</td></tr>
<tr><td>输出电流</td><td colspan="2">最大 60 mA</td></tr>
<tr><td>接口说明</td><td colspan="3">将玻璃面板扣合到安装好的底板上
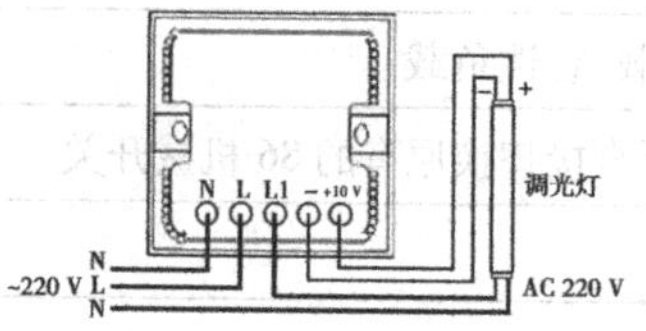图一
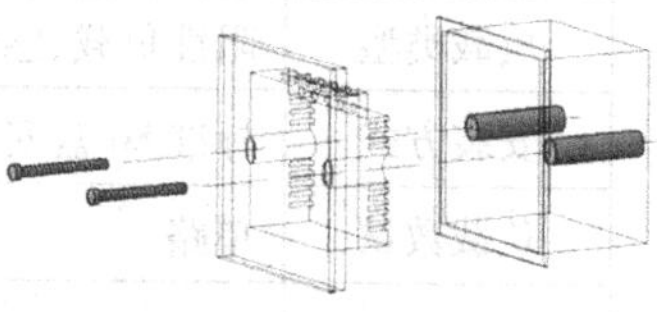图二</td></tr>
</table>

2)智能家电控制

智能家电就是将微处理器、传感器技术、网络通信技术引入家电设备后形成的家电产品,具有自动感知住宅空间状态和家电自身状态、家电服务状态的功能,能够自动控制及接收用户在住宅内或远程的控制指令;同时,智能家电作为智能家居的组成部分,能够与住宅内其他家电和家居、设施互联组成系统,实现智能家居功能。

(1)智能家电的特点

同传统的家用电器产品相比,智能家电具有以下特点:

①网络化功能。各种智能家电可以通过家庭局域网连接到一起,还可以通过家庭网关

接口同制造商的服务站点相连，最终同互联网相连，实现信息的共享。

②智能化。智能家电可以根据周围环境的情况自动作出响应，不需要人为干预。例如，智能空调可以根据不同的季节、气候及用户所在地域，自动调整其工作状态以达到最佳效果。

③开放性、兼容性。由于用户家庭的智能家电可能来自不同的厂商，智能家电平台必须具有开放性和兼容性。

④节能化。智能家电可以根据周围环境自动调整工作时间、工作状态，从而实现节能。

⑤易用性。由于复杂的控制操作由内嵌在智能家电中的控制器解决，因此用户只需了解非常简单的操作。

智能家电并不是单指某一种家电，而应是一个技术系统，随着人类应用需求和家电智能化的不断发展，其内容将会更加丰富，根据实际应用环境的不同，智能家电的功能也会有所差异，但一般应具备以下基本功能：

①通信功能：包括电话、网络、远程控制/报警等。

②消费电子产品的智能控制：例如，可以自动控制加热时间、加热温度的微波炉，可以自动调节温度、湿度的智能空调，可以根据指令自动搜索电视节目并摄录的电视机/录像机等。

③交互式智能控制：可以通过语音识别技术实现智能家电的声控功能；通过各种主动式传感器（如温度、声音、动作等）实现智能家电的主动性动作响应。用户还可以自定义不同场景、不同智能家电的不同响应。

④安防控制功能：包括门禁系统、火灾自动报警、煤气泄漏、漏电、漏水等。

⑤健康与医疗功能：包括健康设备监控、远程诊疗、老人/病人异常监护等。

无论新型家电还是传统家电，其整体技术都在不断提高。家电功能的进步，关键在于采用了先进控制技术，从而使家电从一种机械式的用具变成智能设备，智能家电体现了家用电器最新技术面貌。

智能控制技术、信息技术的飞速发展也为家电自动化和智能化提供了可能。智能家电是具有自动监测自身故障、自动测量、自动控制、自动调节与远程控制中心通信功能的家电设备。

(2)智能家电分类

智能家电产品分为两类：一类是采用电子、机械等方面的先进技术的设备；另一类是模拟家庭中熟练操作者的经验进行模糊推理和模糊控制。随着智能控制技术的发展，各种智能家电产品不断出现。例如，把计算机和数控技术相结合，开发出的数控冰箱、具有模糊逻辑思维功能的电饭煲、变频式空调、全自动洗衣机等。

智能家电的智能程度不同，同一类产品的智能程度也有很大差别，一般可分成单项智能和多项智能。单项智能家电只有一种模拟人类智能的功能。例如，在具有模糊逻辑思维功能的电饭煲中，检测饭量并进行对应控制是一种模拟人的智能的过程。在电饭煲中，检测饭量不可能用重量传感器，这是在环境过热的情况下所不允许的。采用饭量多则吸热时间长这种人的思维过程就可以实现饭量的检测，并且根据饭量的不同采取不同的控制过程。这种电饭煲是一种具有单项智能的电饭煲，它采用模糊推理进行饭量的检测，同时用模糊控制推理进行整个过程的控制。多项智能家电有多种模拟人类智能的功能，如多功能模糊电饭煲。普通智能家电采用廉价“模糊控制”智能控制技术，少数高档家电采用“神经网络”技术（也称神经网络模糊控制技术），模糊控制技术目前是智能家电使用最广泛的智能控制技术。原因在于这种技术和人的思维有一致性，理解较为方便且不需要高深的数学知识表达，可以用单片机进行构造。

（3）常见设备示例（表2.3）

表2.3　智能插座、转发器

<table>
<tr><td>产品名称</td><td colspan="2">无线智能插座（白色/金色）</td><td rowspan="3"></td></tr>
<tr><td>产品型号</td><td colspan="2">BLHC-E-CZ-A</td></tr>
<tr><td>功能描述</td><td colspan="2">智能插座可远程控制插座的断电和通电，从而控制电器的关闭和开启。
1. 采用 ZigBee 零火取电技术；
2. 可以直接替换普通插座；
3. 具有无限中继功能，延长信号传输功能；
4. 插座状态可以反馈；
5. 可本地远程控制开关</td></tr>
<tr><td rowspan="8">技术参数</td><td>面板尺寸</td><td colspan="2">86 mm × 86 mm × 32 mm</td></tr>
<tr><td>工作电压</td><td colspan="2">AC 180 ~ 220 V</td></tr>
<tr><td>工作温度</td><td colspan="2">0 ~ 80 ℃</td></tr>
<tr><td>相对湿度</td><td colspan="2">≤90%</td></tr>
<tr><td>控制通信</td><td colspan="2">ZigBee　IEEE802.15.4　2.4 GHz</td></tr>
<tr><td>最大负载</td><td colspan="2">220 V/10 A</td></tr>
<tr><td>最大功率</td><td colspan="2">2 000 W</td></tr>
<tr><td>安装方式</td><td colspan="2">直接替换普通的5孔插座</td></tr>
<tr><td>接口说明</td><td colspan="3">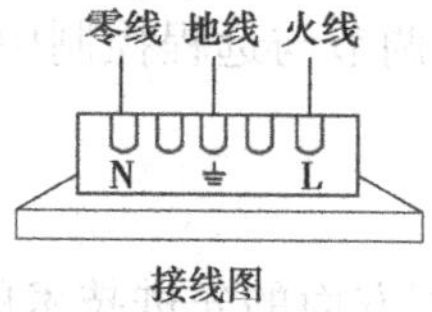
图一
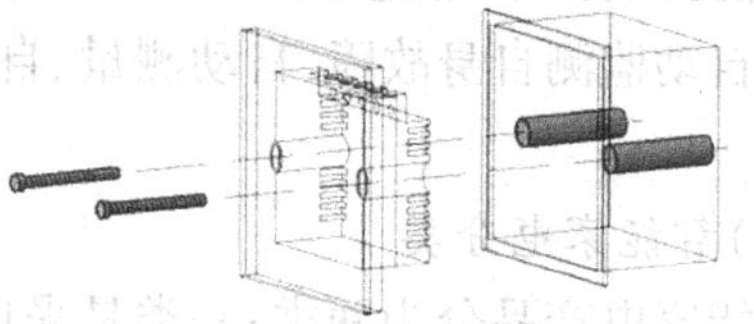
图二</td></tr>
<tr><td>产品名称</td><td colspan="2">无线红外转发器（适配器）</td><td rowspan="3"></td></tr>
<tr><td>产品型号</td><td colspan="2">BLHC-E-HW03</td></tr>
<tr><td>功能描述</td><td colspan="2">红外转发器可将电视、空调等用红外遥控器控制的设备的控制信号转化成 ZigBee 信号控制。
1. 将 ZigBee 控制信号转化成红外信号；
2. 每个红外转发器可以控制 7 个电器设备，可以学习 256 个红外码，360°红外发射角度；
3. 具有中继信号功能</td></tr>
</table>

续表

技术参数	工作电压	5 V/1 A 适配器供电
	环境温度	10 ~ 50 ℃
	相对湿度	≤90%
	控制通信	ZigBee IEEE802.15.4 2.4 GHz
	转发角度	150°锥形
	接收灵敏度	−97 dBm
	通信距离	与路由设备不超过 7 m
	红外遥控距离	无障碍物阻挡的直线距离 8 m
接口说明	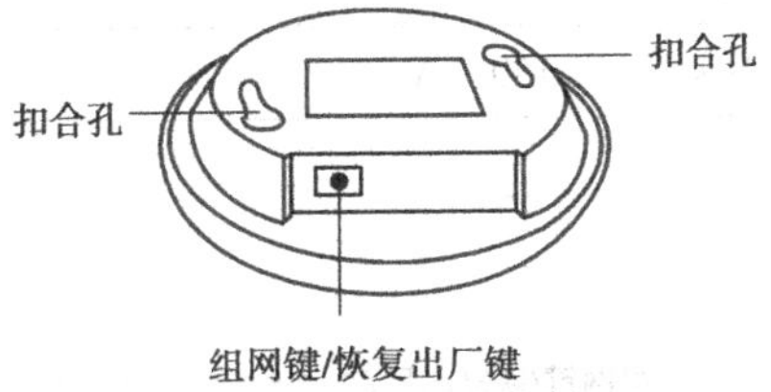	

3)智能环境控制

智能家居环境监测系统主要包括室内温湿度探测、室内空气质量探测、室外气候探测及室外噪声探测,一个完整的家庭环境监测系统主要包括环境信息采集、环境信息分析、控制和执行机构 3 个部分。其系统组成包括温湿度传感器、空气质量传感器、光线环境光探测器、室外风速探测器及无线噪声传感器。

(1)智能环境设备应用

例如,通过一体化温湿度传感器,采集室内温湿度,为空调、地暖等设备提供控制依据。通过太阳辐射传感器、室外风速探测器、雨滴传感器采集室外气候信息,为电动窗帘提供控制依据。

通过无线噪声传感器采集信息,为电动开窗器或背景音乐的控制提供依据。通过空气质量传感器、$PM_{2.5}$探测器采集室内空气污染信息,为净化器、电控开窗器提供依据,自动换气或去污。

目前,市面上的智能环境监测产品有空气质量传感器、空气质量检测仪、窗帘控制电机电动开窗器、太阳辐射传感器、室外风速探测器、雨滴传感器、无线噪声探测器、温湿度一体化传感器等。

如何设计家庭环境检测系统?首先要根据外部居住环境的好坏来设计室内的环境监测系统。如处于空气污染严重的地区,就应以室内空气质量检测为主;处于气温偏低又常年潮湿的地区,就应以室内温湿度监控为主;处于繁华的闹市,就应以噪声监测为主;处于气候多变的地区,就应以室外气候监测为主。总之,设计室内环境监测系统,要以实用性、适用性和稳定性为主。

(2)常见硬件设备示例(表2.4)

表2.4 智能环境控制设备

产品名称	温湿度光照传感器		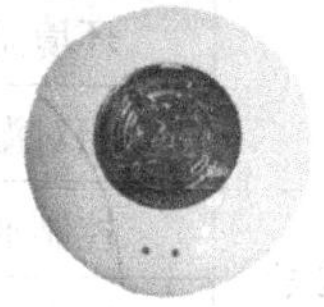
产品型号	BLUC-E-THL01		
功能描述	自动感应空气中的温度和湿度,内置光照传感器,探测光照强度,可以联动空调、电动窗帘、智能开关等		
技术参数	工作电压	5 V/1 A 适配器	
	控制通信	ZigBee IEEE802.15.4 2.4 GHz	
	工作温度	0 ~ 70 ℃	
	相对湿度	≤90%	
	待机功耗	150 mW	
接口说明	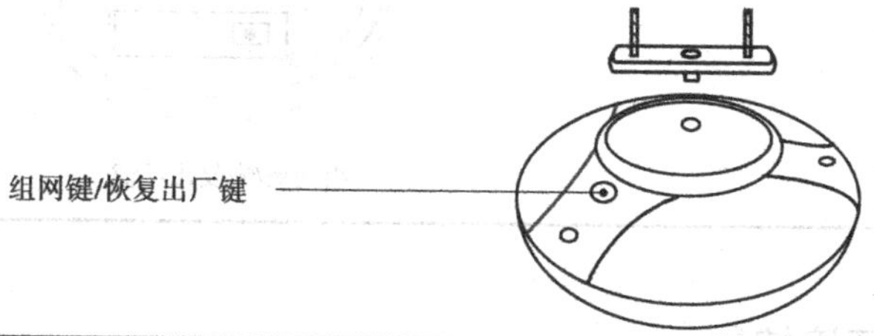		
产品名称	博睿强电窗帘开关(双路,银白色)		
产品型号	BLUC-E-CLK-B04		
功能描述	1. 控制窗帘、投影幕布、开窗器等强电电机的正转、反转、停止; 2. 无须和主机人工对码,系统调试简单; 3. 具有信号中继的功能,可以延长信号的传播范围; 4. 用手机、计算机等网络设备可轻松实现强电电机的开关		
技术参数	电源需求	AC 180 ~ 250 V	
	触摸种类	TFT 电容触摸屏	
	产品颜色	银白色	
	产品尺寸	86 mm × 86 mm × 32 mm	
	控制通信	ZigBee IEEE802.15.4 2.4 GHz	
	工作环境温度	0 ~ 80 ℃	
	工作环境相对湿度	≤90%	
	安装方式	需要预埋 86 底盒,需预先从配电箱敷设零线、火线到该控制器的 86 盒内,并且需敷设 RVV 3 × 1.0 线到强电窗帘电机	
	特别注释	强电窗帘控制器与路由设备的距离必须小于 7 m	

续表

接口说明	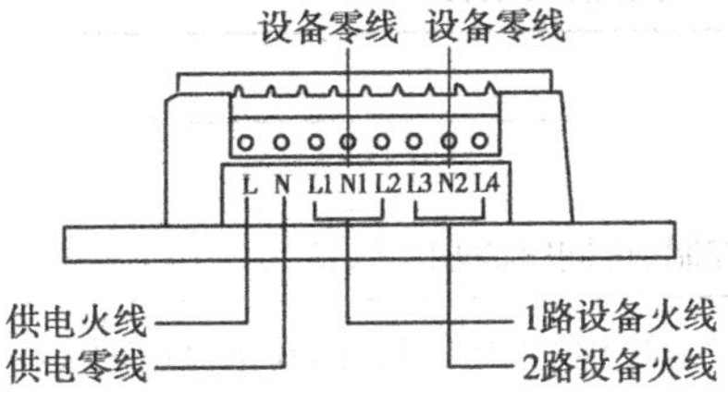 图一 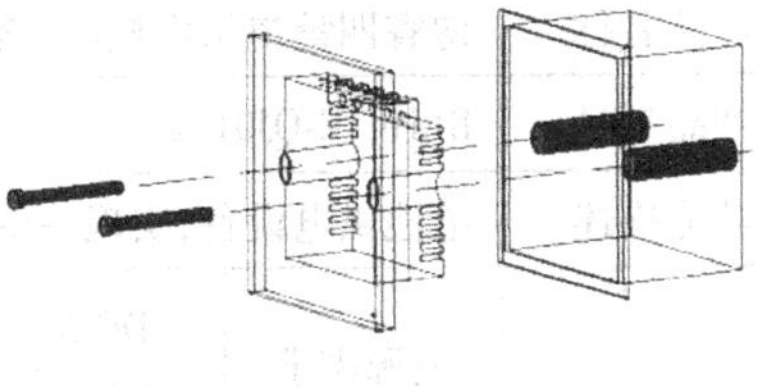 图二	
产品名称	窗帘电机导轨	
产品型号	定制	
技术参数	材质	铝合金
	配置长度	按现场实际测量米数
	轨道宽度	5.2 cm

4) 智能情景控制

ZigBee 无线智能家居系统的情景组合，就是把本应几个动作才能完成的事情，通过一键就能完成。“ZigBee 无线智能家居”可以根据自己的需要设置情景组合。

(1) 常用情景设置

- 离家情景：早上上班时，按下“离家”情景键，智能无线安防系统（门磁、烟雾感应器、红外人体感应器、摄像头）启动，灯光关闭，不用待电的家电关闭；当有小偷闯入时，通知用户有人闯入，让用户第一时间报警。
- 回家情景：按下“回家”情景键，ZigBee 智能无线安防系统解除，客厅主灯开启，窗帘拉上，电视机调到合适的频道。
- 会客情景：当有客人到访时，启动“会客”情景，客厅主灯打开，筒灯关闭，窗帘拉上，电视关闭，营造明亮的、封闭的会客气氛。
- 就餐情景：启动就餐情景时，其他区域主灯关闭，餐厅灯调到合适的亮度，营造出温馨浪漫的气氛。
- 影院情景：启动影院情景时，灯光关闭，电视、DVD、功放打开，自动选中要看的碟片，在触摸屏上调整音量、图像质量、环绕等功能。
- 就寝情景：按下“就寝”情景键，灯光关闭，窗帘全都闭合，安防系统（睡眠设置）启动，使你安心地进入梦乡。
- 起夜情景：按下“起夜”情景键，地灯亮起，过道和卫生间的灯亮起；返回几秒钟后，灯自动关闭。

(2)常见硬件设备示例(表2.5)

表2.5 智能情景设备

产品名称	博睿四键情景面板(会客/起床)		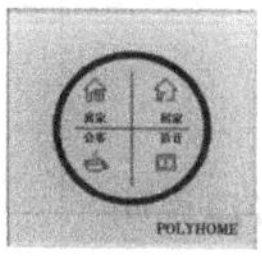
产品型号	BLHC-E-QJ01/2		
功能描述	电池供电设备,实现一键情景控制,可同时添加4组情景		
技术参数	电源需求	DC 3 V(两节7号电池)工作时长:约6个月(使用频率不同时间长短不同)	
	产品颜色	银灰色和香槟色可选	
	环境温度	0~80 ℃	
	相对湿度	≤90%	
	控制通信	ZigBee IEEE802.15.4 2.4 GHz	
	面板尺寸	83 mm×83 mm×14 mm	
	安装方式	无须布线,无线控制,电池供电,只需在墙上打孔	
	待机功耗	20 μA/3.3 V	
	特别注释	与路由设备的距离不超过7 m	
接口说明	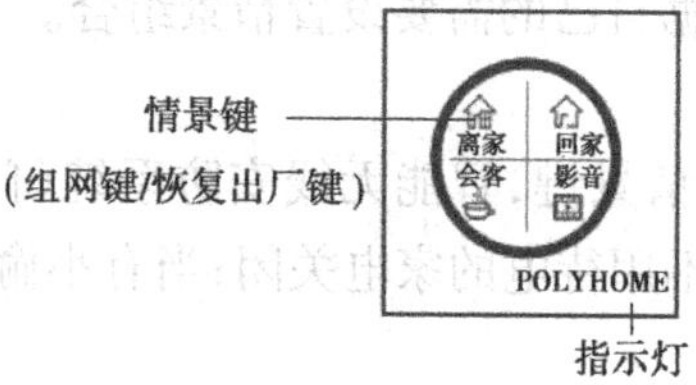 图一	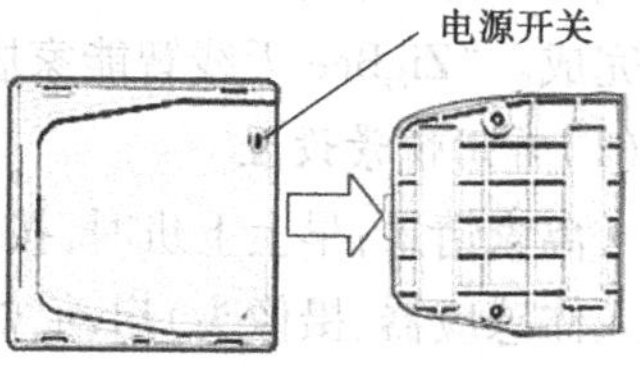 图二	
产品名称	强电四键情景面板		
产品型号	BLHC-E-QJ03		
功能描述	实现一键情景控制,可同时添加4组情景		
技术参数	额定电压	220 V/50 Hz	
	产品颜色	白色	
	环境温度	0~80 ℃	
	相对湿度	≤90%	
	工作频率	ZigBee 2.4 GHz	
	面板尺寸	83 mm×83 mm×32 mm	
	安装方式	固定锁入86底盒	
	额定电流	8 mA	
	特别注释	与路由设备的距离不超过7 m	

续表

接口说明	将玻璃面板扣合到安装好的地板上 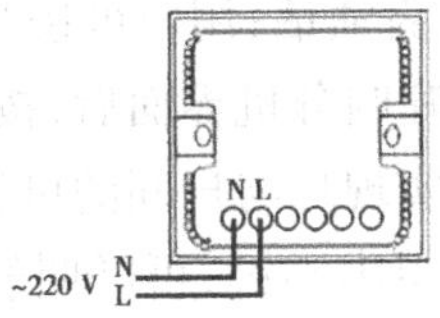 图一 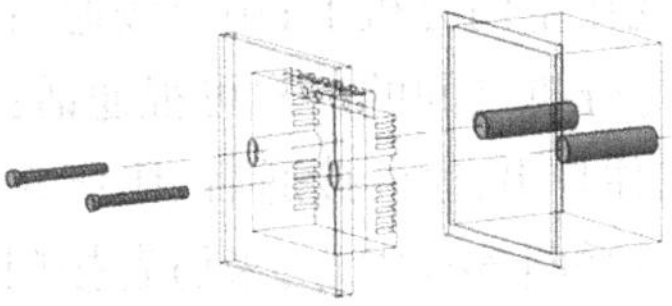 图二

5) 智能安防控制

智能化安防技术的主要内涵是其相关内容和服务的信息化、图像的传输和存储、数据的存储和处理等。一个完整的智能化安防系统主要包括门禁、报警和监控三大部分(图 2.3)。

图 2.3 智能家居安防布防图

从产品的角度讲,智能安防系统应具备防盗报警系统、视频监控报警系统、出入口控制报警系统、保安人员巡更报警系统、GPS 车辆报警管理系统和 110 报警联网传输系统等。这些子系统可以是单独设置、独立运行,也可以由中央控制室集中进行监控,还可与其他综合系统进行集成和集中监控。

(1) 智能家居安防系统功能

①可视对讲呼叫功能:

- 门口主机呼叫室内分机:来访者键入正确的用户分机号码时,室内分机发出悦耳的铃声,来访者图像同时出现在室内分机上;用户按通话键,可与来访者通话;用户可按开锁键开锁。

• 门前机呼叫室内分机:来访者按下门前机的按键,室内分机发出悦耳的铃声,来访者图像同时出现在室内分机上;用户按通话键,可与来访者通话;用户可按开锁键开锁。

• 分机与分机之间的户户可视通话:住户 A 进入呼叫分机界面后,按数字键输入住户 B 的房号,呼叫住户 B;通话接通后,住户 A 和住户 B 可实现户与户间的可视通话功能。

• 门口机呼叫管理中心:来访者按门口机上的呼叫中心键,可呼叫管理中心;呼叫接通后,来访者图像显示在管理中心机上;物业管理人员单击接听后,来访者可与物业管理人员进行通话,物业管理人员可以远程开锁。

• 室内分机呼叫管理中心:住户进入呼叫中心界面后,可呼叫管理中心;呼叫接通后,住户图像显示在管理中心机上;物业管理人员单击接听后,则住户可与物业管理人员进行通话。

• 管理中心呼叫室内分机:物业管理人员通过对讲管理中心机输入住户分机号码后,可呼叫住户分机;住户振铃,并显示管理中心来电;住户按通话键可与物业管理人员进行通话。

②手机无线可视对讲与开锁。数字可视对讲终端支持手机的无线接入,当访客呼叫数字可视对讲终端时,业主可以使用身上的手机与来访者进行无线可视通话与开锁,不必走到客厅来接听,真正实现数字楼宇对讲的智能化。

③门禁控制管理功能。采用单元门口机,可实现门禁控制功能。用户可通过 IC 卡、密码或指纹等打开单元门口机进行密码开门或刷卡开门。

④视频通话功能。数字可视对讲终端支持标准 SIP 协议,不同社区在互联网内终端机与终端机之间可进行音频、视频呼叫。

⑤安防报警功能。外接各种安防探测器与警灯、警号,可实现安防报警功能。例如,防线可以分三道,外界周界红外对射形成第一道防线,门窗等安装门磁或者幕帘探测器组成第二道防线,室内重要部位设置探测器形成第三道防线;厨房等区域加装煤气探测器,每个区域都安装上火灾报警发生器保证财产及生命安全。

所有幕帘探头、煤气、水浸、紧急按钮等设备报警时,可视对讲终端有声光报警提示,能发送报警信号到管理中心,同时把报警信息通过电信网络远程传输到用户设定的电话、手机。

布防方式分为在家、休息、出门、自定义等多种方式。用户可以在室内可视对讲终端机上自行设置、修改防盗报警系统布防/撤防的住户密码;可通过无线遥控器对可视对讲终端的防区进行布防/撤防及紧急求助控制,密码撤防可以在胁迫的情况下隐蔽报警,用户也可查询报警类型、报警点、报警时间等。

触发警情后,通过网络向保安中心报警,管理机能接收小区内所有住户的报警。各住户呼叫(或报警)时,管理机可显示房号,并记录报警信息。

(2)常见硬件设备示例(表2.6)

表2.6 智能安防设备

<table>
<tr><td>产品名称</td><td colspan="2">新式人体探测器(360°)</td><td rowspan="2">
</td></tr>
<tr><td>产品型号</td><td colspan="2">BLHC-E-PIR01</td></tr>
<tr><td rowspan="7">技术参数</td><td>工作电压</td><td colspan="2">5 V/1 A 适配器或两节 7 号电池</td></tr>
<tr><td>控制通信</td><td colspan="2">ZigBee IEEE802.15.4 2.4 GHz</td></tr>
<tr><td>待机功耗</td><td colspan="2">60 μA/3.3 V</td></tr>
<tr><td>触发距离</td><td colspan="2">距离设备垂直距离 6 m</td></tr>
<tr><td>工作温度</td><td colspan="2">0 ~ 80 ℃</td></tr>
<tr><td>相对湿度</td><td colspan="2">≤90%</td></tr>
<tr><td>安装方式</td><td colspan="2">吸顶安装,需要预留电源线 220 V</td></tr>
<tr><td>接口说明</td><td colspan="3">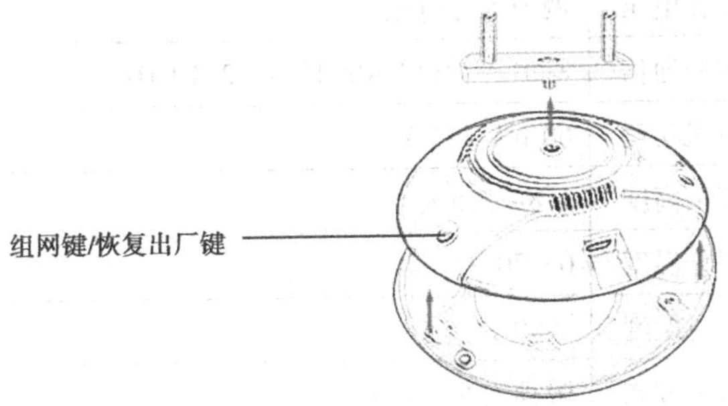
</td></tr>
</table>

<table>
<tr><td>产品名称</td><td colspan="2">无线门窗磁感应器</td><td rowspan="3">
</td></tr>
<tr><td>产品型号</td><td colspan="2">BLHC-E-MC</td></tr>
<tr><td>功能描述</td><td colspan="2">两个部分被分离超过 0.5 cm,感应器就会发出 ZigBee 信号到中控主机,可以与灯光、安防设备联动,设置情景控制</td></tr>
<tr><td rowspan="7">技术参数</td><td>供电方式</td><td colspan="2">CR2477 纽扣电池</td></tr>
<tr><td>通信方式</td><td colspan="2">ZigBee IEEE802.15.4 2.4 GHz</td></tr>
<tr><td>待机功耗</td><td colspan="2">10 μA/3.3 V</td></tr>
<tr><td>工作温度</td><td colspan="2">0 ~ 80 ℃</td></tr>
<tr><td>相对湿度</td><td colspan="2">≤90%</td></tr>
<tr><td>安装方式</td><td colspan="2">胶粘到门窗上</td></tr>
<tr><td>产品尺寸</td><td colspan="2">72 mm × 50 mm × 15 mm</td></tr>
</table>

续表

<table>
<tr><td>接口说明</td><td colspan="3">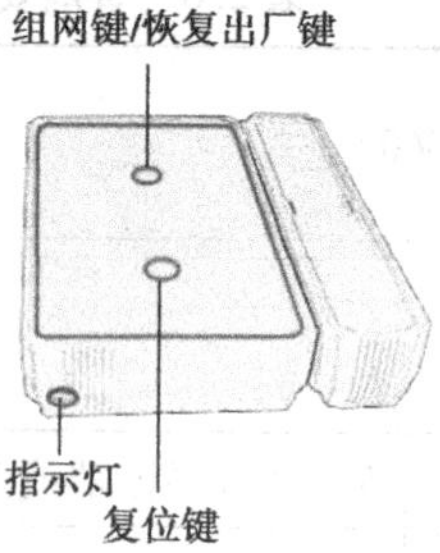
</td></tr>
<tr><td>产品名称</td><td colspan="2">红外幕帘</td><td rowspan="3">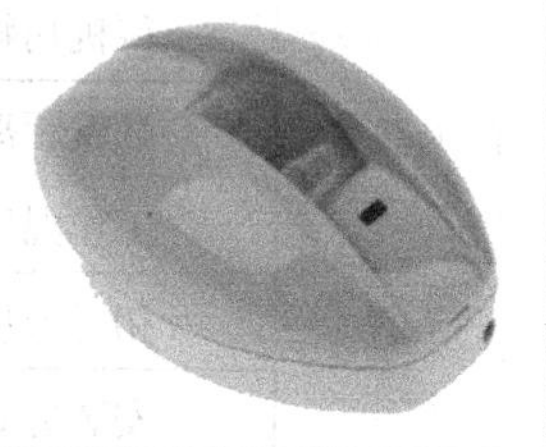</td></tr>
<tr><td>产品型号</td><td colspan="2">BLHC-E-PIR02</td></tr>
<tr><td>功能描述</td><td colspan="2">ZigBee 自动组网技术，感应灵敏，抗干扰强，安全实用，人体探测器触发后，可联动报警，同时也可和任何一个情景进行联动</td></tr>
<tr><td rowspan="7">技术参数</td><td>工作电压</td><td colspan="2">两节 5 号电池</td></tr>
<tr><td>控制通信</td><td colspan="2">ZigBee　IEEE802.15.4　2.4 GHz</td></tr>
<tr><td>待机功耗</td><td colspan="2">60 μA/3.3 V</td></tr>
<tr><td>安装高度</td><td colspan="2">1.8 ~ 2.5 m</td></tr>
<tr><td>工作温度</td><td colspan="2">0 ~ 70 ℃</td></tr>
<tr><td>相对湿度</td><td colspan="2">≤90%</td></tr>
<tr><td>安装方式</td><td colspan="2">吸顶安装，侧装</td></tr>
<tr><td>接口说明</td><td colspan="3">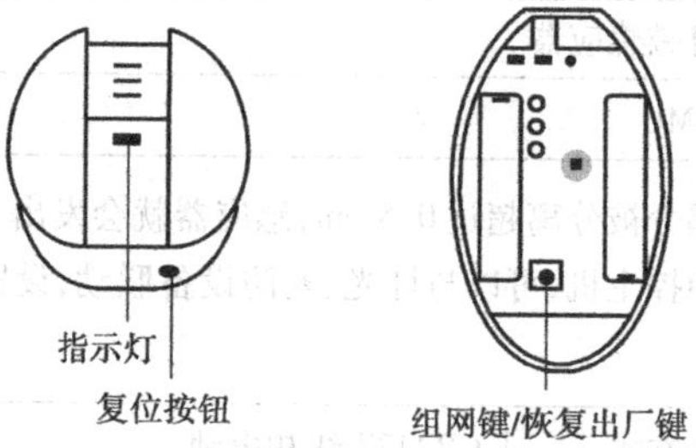

图一　图二</td></tr>
<tr><td>产品名称</td><td colspan="2">警号</td><td rowspan="3">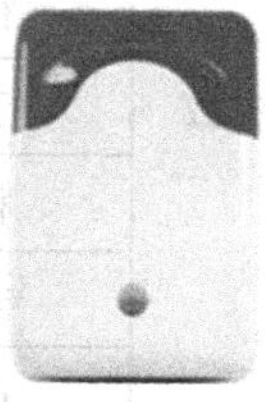</td></tr>
<tr><td>产品型号</td><td colspan="2">BLHC-E-JH</td></tr>
<tr><td>功能描述</td><td colspan="2">1. 声光报警，模仿警笛声音；
2. 具有信号中继作用，可延长信号传播范围；
3. 可联动电话拨号报警器、烟雾报警器、门窗磁感应器和红外幕帘</td></tr>
</table>

续表

<table>
<tr><td rowspan="7">技术参数</td><td>供电方式</td><td colspan="2">AC 180～220 V/50 Hz</td></tr>
<tr><td>通信方式</td><td colspan="2">ZigBee IEEE802.15.4 2.4 GHz</td></tr>
<tr><td>待机功耗</td><td colspan="2">360 mW</td></tr>
<tr><td>工作环境</td><td colspan="2">0～70 ℃</td></tr>
<tr><td>相对湿度</td><td colspan="2">≤90%</td></tr>
<tr><td>安装方式</td><td colspan="2">用安装螺丝固定在墙上</td></tr>
<tr><td>产品尺寸</td><td colspan="2">122.2 mm×72.8 mm×43 mm</td></tr>
<tr><td>产品名称</td><td colspan="2">GSM 电话拨号报警器</td><td rowspan="3"></td></tr>
<tr><td>产品型号</td><td colspan="2">BLHC-E-DHBJ</td></tr>
<tr><td>功能描述</td><td colspan="2">ZigBee 自动组网技术，可以和其他设备联动。GSM 电话拨号报警器配有紧急呼叫按钮，按下后将按照设定顺序循环拨打预设的电话号码，直到电话被接听，最多可以预设 5 个电话号码；自带拾音器，电话拨通后可以监听家里的动静，具有无线中继功能，可以延长信号传播距离</td></tr>
<tr><td rowspan="6">技术参数</td><td>供电方式</td><td colspan="2">5 V/2 A 适配器供电</td></tr>
<tr><td>通信方式</td><td colspan="2">ZigBee IEEE802.15.4 2.4 GHz</td></tr>
<tr><td>待机功耗</td><td colspan="2">1 W</td></tr>
<tr><td>工作环境</td><td colspan="2">0～70 ℃</td></tr>
<tr><td>相对湿度</td><td colspan="2">≤90%</td></tr>
<tr><td>产品尺寸</td><td colspan="2">117 mm×87 mm×45 mm</td></tr>
<tr><td>接口说明</td><td colspan="3">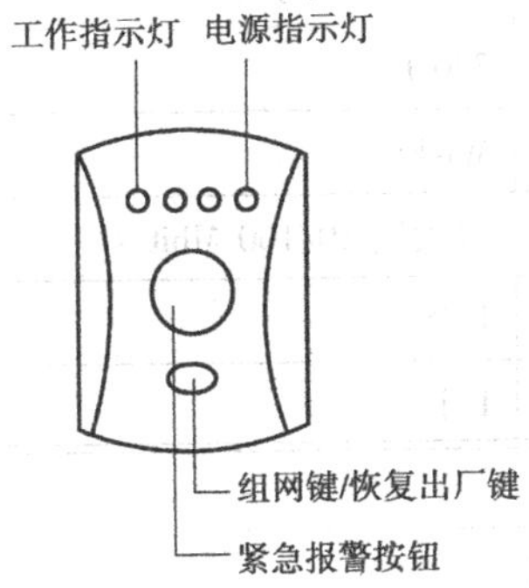
</td></tr>
<tr><td>产品名称</td><td colspan="2">燃气报警器</td><td rowspan="3"></td></tr>
<tr><td>产品型号</td><td colspan="2">BLHC-E-HW04</td></tr>
<tr><td>功能描述</td><td colspan="2">天然气泄漏达到一定浓度时会触发燃气报警器，在发生警情时和机械手联动还会自动关闭燃气阀门</td></tr>
</table>

续表

技术参数	供电方式	220 V 适配器	
	检测浓度	天然气:0.1%~1%; 液化气:0.1%~0.5%; 城市煤气:0.1%~0.5%	
产品名称	机械手		
产品型号	BLHC-E-JXS		
功能描述	与燃气报警器联合使用,当燃气泄漏达到一定的浓度时,燃气报警器会报警并联动机械手关闭燃气阀门		
技术参数	工作电压	直流 10~14 V	
	工作电流	100 mA(正常),600 mA(最大)	
产品名称	Wi-Fi 室内摄像头		
产品型号	BLHC-E-SXT05		
功能描述	1. 100 万像素,自带云台,支持水平 350°、上下 100°范围内转动; 2. 红外夜视功能,10 m 夜视范围; 3. 自带存储功能; 4. 手机远程实时查看、语音对讲		
技术参数	产品类别	Wi-Fi 摄像头	
	供电方式	5 V/1.5 A 适配器	
	存储容量	可扩展至 32 GB	
	夜视距离	10 m(红外)	
	旋转角度	水平 350°,上下 100°	
	分辨率	720 P	
	控制通信	Wi-Fi	
	接口类别	以太网 10/100 Mbit/s	
	RS48 接口	1 个	
	RJ45 接口	1 个	
产品名称	烟雾报警器		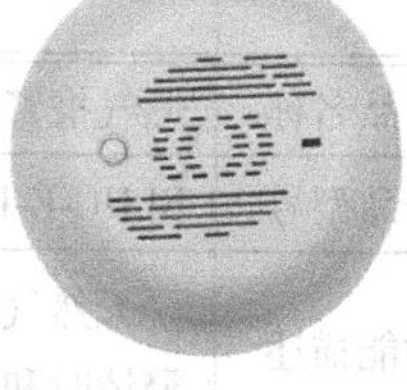
产品型号	BLHC-E-YWBJ		
功能描述	1. 放置于厨房、客厅,检测烟雾浓度; 2. 超过预设值可发出报警信号提示现场人员,可与电话拨号报警器联动,给预设好的手机号码拨打电话,远程报警; 3. 还可以与其他设备联动实现用户自定义的功能		

续表

技术参数	传感芯片	MIC145018
	供电方式	9 V 500 mA · h 方块电池
	通信方式	ZigBee IEEE802.15.4 2.4 GHz
	待机功耗	20 μA/3.3 V
	烟雾灵敏度	符合 UL 的 217 号标准
	测试值	每英尺① 5% 微灰烟
	使用时长	可连续声光报警 24 h
	工作温度	0 ~ 50 ℃
	相对湿度	≤90%
	通信距离	与路由设备的距离不得超过 7 m
	产品尺寸	直径 135 mm、高 50 mm
接口说明	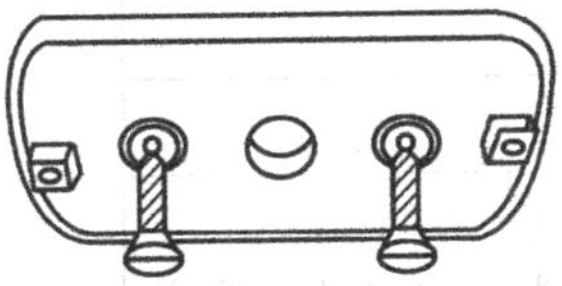 图一	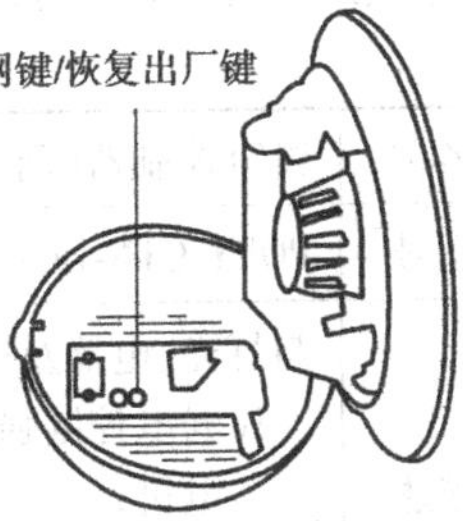 图二
产品名称	智能门锁(带指纹,霸王锁体)	
产品型号	BLHC-E-MS05	
功能描述	1. 多种开启方式:人脸识别、指纹、密码、身份证、银行卡、手机感应卡 NFC、短信、网络、遥控器; 2. 适合高档住宅、别墅、写字楼、政府机构等场所	
技术参数	适用门型	铜门、铁门、不锈钢门
	适用门厚	40 ~ 55 mm(可调整)
	钥匙数量	卡(或密码)1 000 个;指纹 1 000 枚
	工作电源	DC 6 V(4 节 5 号电池),没电时需 DC 9 V 备用电源供电
	工作电压	4.0 ~ 6.0 V

6)智能门窗控制

智能门窗在一些公共场所、高档商品房、商场中运用广泛。智能门窗控制系统由无线遥控器、智能主控器、门窗控制器、门窗驱动器等组成。

① 1 英尺 = 0.304 8 米

(1)智能门窗常见功能

①无线遥控:在室内任何位置均可无线遥控门窗(窗帘)的开、关和在任意处停留。

②自动防风防雨:其外侧装有风雨传感器,当风力达到3级或雨水打在传感器上时,窗户立即自行关闭,让你从此大胆出门无忧无虑。

③紧急求助:若遭遇坏人入室,可即时发送报警信号,也可用于家中老人、小孩意外事故和急病呼救报警。

④自动检控燃气:当检测到煤气、有害气体等信号时,智能控制器内微处理器自动发出相应的指令,将窗户、排气扇自动开启,同时发出警报并将警情传递给主人手机和保卫处。

⑤自动检控火灾:一旦有火灾发生,传感器会第一时间检测到烟雾信号,智能控制器发出指令,将门窗打开,同时发出警报并将警情传到主人手机上。

⑥防小孩坠楼:当传感器检测到人体信息时,窗户会自动关闭,将小孩关在室内,可以有效地保护小孩的安全。

⑦净化室内空气:当室内空气中香烟粒子、丙酮、甲醛、苯、乙胺、庚烷等有害物质超标时,传感器检测到浑浊气体并开启室内空气净化系统。

(2)常见硬件设备示例(表2.7)

表2.7　智能门窗控制设备

<table>
<tr><td>产品名称</td><td colspan="2">窗帘控制器(新/单/双路)</td><td rowspan="3"></td></tr>
<tr><td>产品型号</td><td colspan="2">POLY-CTN-DC1/2</td></tr>
<tr><td>功能描述</td><td colspan="2">与灯光、电器及安防等设备联动,实现场景控制。
1. 弱电控制强电电机,不用布强电线,适用于直流窗帘电机;
2. 具有无线中继功能,延长信号传输距离;
3. 可以实现本地和远程的窗帘开关控制</td></tr>
<tr><td rowspan="8">技术参数</td><td>供电需求</td><td colspan="2">5 V/1 A适配器</td></tr>
<tr><td>产品用途</td><td colspan="2">控制窗帘电机正转、反转和停止,实现控制窗帘的开、闭、停等功能</td></tr>
<tr><td>待机功率</td><td colspan="2">150 mW</td></tr>
<tr><td>产品尺寸</td><td colspan="2">115 mm×47 mm×33 mm</td></tr>
<tr><td>控制通信</td><td colspan="2">ZigBee　IEEE802.15.4　2.4 GHz</td></tr>
<tr><td>环境温度</td><td colspan="2">0～80 ℃</td></tr>
<tr><td>相对湿度</td><td colspan="2">≤90%</td></tr>
<tr><td>安装方式</td><td colspan="2">与窗帘电机通过网线连接</td></tr>
<tr><td>接口描述</td><td colspan="3">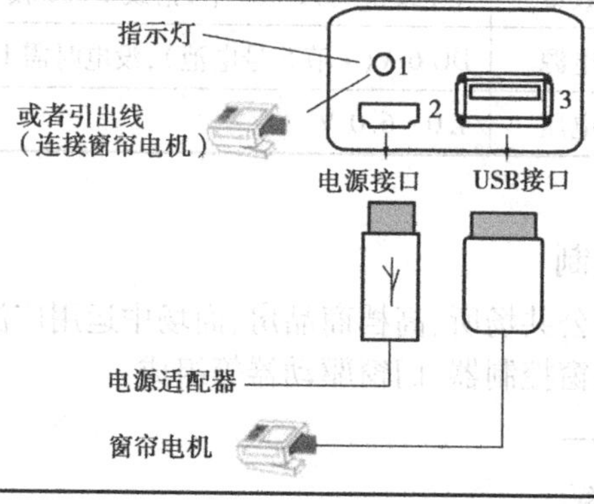</td></tr>
</table>

续表

<table>
<tr><td>产品名称</td><td colspan="2">博睿强电窗帘开关(双路,银白色)</td><td rowspan="3">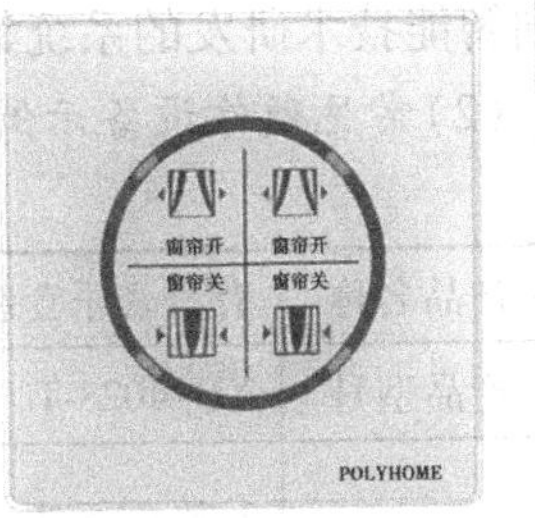
</td></tr>
<tr><td>产品型号</td><td colspan="2">BLHC-E-CLK-B04</td></tr>
<tr><td>功能描述</td><td colspan="2">1. 控制窗帘、投影幕布、开窗器等强电电机的正转、反转、停止;
2. 无须和主机人工对码,系统调试简单;
3. 具有信号中继的功能,可以延长信号的传播范围;
4. 用手机、计算机等网络设备可轻松实现强电电机的开关</td></tr>
<tr><td rowspan="9">技术参数</td><td>电源需求</td><td colspan="2">AC 180 ~ 250 V</td></tr>
<tr><td>触摸种类</td><td colspan="2">TFT 电容触摸屏</td></tr>
<tr><td>产品颜色</td><td colspan="2">银白色</td></tr>
<tr><td>产品尺寸</td><td colspan="2">86 mm × 86 mm × 32 mm</td></tr>
<tr><td>控制通信</td><td colspan="2">ZigBee　IEEE802.15.4　2.4 GHz</td></tr>
<tr><td>环境温度</td><td colspan="2">0 ~ 80 ℃</td></tr>
<tr><td>相对湿度</td><td colspan="2">≤90%</td></tr>
<tr><td>安装方式</td><td colspan="2">需要预埋 86 底盒,预先敷设需从配电箱敷设零线、火线到该控制器的 86 盒内;敷设 RVV 3 × 1.0 线到强电窗帘电机</td></tr>
<tr><td>特别注释</td><td colspan="2">强电窗帘控制器与路由设备的距离必须小于 7 m</td></tr>
<tr><td>接口说明</td><td colspan="3">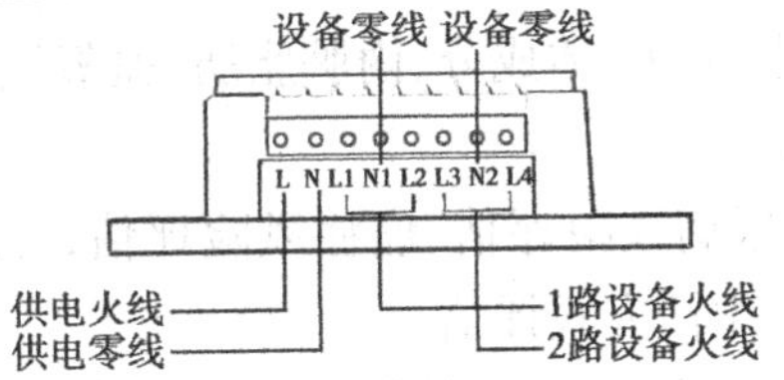

图一
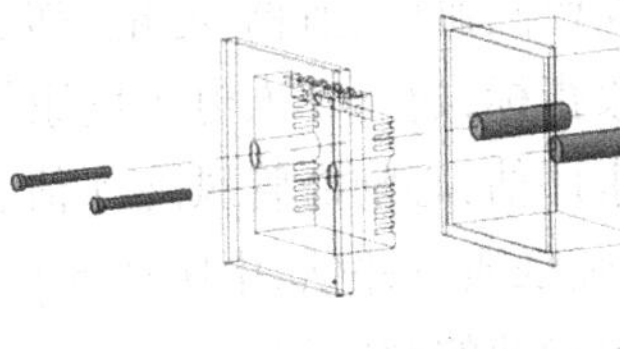
图二</td></tr>
</table>

7) 智能影音控制

(1) 智能家居影音控制系统的构成

智能家居影音控制系统包括家庭影视交换中心(视频共享)和背景音乐系统(音频共享),是家庭娱乐的多媒体平台,它运用先进的微电脑技术、无线遥控技术和红外遥控技术,在程序指令的精确控制下,把机顶盒、卫星接收机、DVD、计算机等多路信号源根据用户的需要,发送到每一个房间的电视机、音响等终端设备上,实现一机共享客厅的多种视听设备。

不管是在客厅、书房还是厨房或卧室,整个智能家居控制系统都能以智能手机或 PAD 为载体,实现互联互通互控,其关键在于系统集成创新。整个系统的软件集成开发平台特别重要,该软件平台系统要能够快速启动多种人机交互方式、多屏实时互动等,才能保障客厅以智能电视为中心的娱乐和信息服务系统、书房的智能影音系统、智能厨电系统、智能灯光控制系统以及智能安防系统等良好运转。

在互联网和物联网环境下，这些特色智能终端通过系统集成，实现了互联互通互控，不仅使单个终端智能化，也使这些终端呈现出单一终端难以具备的集成应用，这种变化是企业面向智能技术研发的系统集成创新。

(2)常见硬件设备示例(表2.8)

表2.8 智能影音控制设备

<table>
<tr><td>产品名称</td><td colspan="2">背景音乐套装</td><td rowspan="3">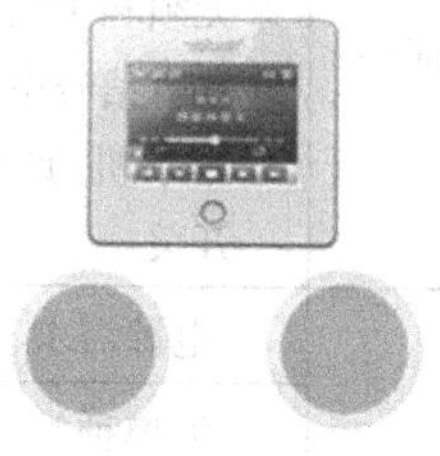</td></tr>
<tr><td>产品型号</td><td colspan="2">YO-4028-T</td></tr>
<tr><td>功能描述</td><td colspan="2">1. 影院级功放芯片；
2. 采用单片机嵌入式方案，界面简单、系统稳定、定制性强；
3. 内置蓝牙、MP3、FM、AUX 外接音源等</td></tr>
<tr><td rowspan="2">技术参数</td><td>面板尺寸</td><td colspan="2">86 mm×86 mm×36 mm</td></tr>
<tr><td>吸顶喇叭</td><td colspan="2">高低音分频 20 W，输出高保真立体声，谐振频率 65 Hz，频率范围 86 dB，额定阻抗 8 Ω</td></tr>
</table>

8)智能健康设备

智能健康设备旨在为老人提供便利的居家养老服务，推出远程健康监测、远程监护，让老人即使一人在家也可以进行医疗救助。

(1)具体服务项目

● 长期监测血压、血糖、心电、肺功能、体重、体成分、内脏脂肪、血氧饱和度、基础代谢率等基础健康指标，建立个人电子健康档案。

● 健康评估：心脑血管风险评估、糖尿病风险评估、癌症风险评估、心理评估、睡眠呼吸障碍评估、睡眠质量评估、中医体质评估、生活方式评估。

● 提出专业的健康促进计划：个性化的方案、运动计划、降血压计划、降血糖计划等。

● 体检结果实时上传，后台由专家进行评估；通过微信平台查看监测数据，并获得专业咨询意见。

● 如果感觉身体不适，可以随时申请体检，及时记录健康状态、不适状态下的数据对于治疗具有极高参考价值。

(2)远程健康监测、远程监护

采用硬件设备入户的方式进行老年人日常生活活动监测，通过微波+红外的监测设备连接报警设备+可穿戴设备，通过后台软件对老年人日常生活活动进行数据采集(如老年人的生活习惯：起床时间、户外活动时间及频率)，监测出老年人日常生活规律，如果出现正常生活状态下的异常情况，则由后台人员拨打电话沟通情况，提供及时关怀；另外，还可开设线下服务站，服务站设有医疗保健器械，并提供有机健康食品供选购。

(3)常见硬件设备示例(表2.9)

表2.9 智能健康设备

<table>
<tr><td>产品名称</td><td colspan="2">身体成分检测仪</td><td rowspan="3"></td></tr>
<tr><td>产品型号</td><td colspan="2">BLHC-E-YL-TZ</td></tr>
<tr><td>功能描述</td><td colspan="2">1. 人体电阻法精确测量数据;
2. 可测量体脂、体质指数、身体水分等多种类型健康数据;
3. 硬件最大支持9组用户,20条存储记录;
4. 标配健康管理软件,含数据同步、趋势分析、信息分享等功能;
5. 开放SDK接口,内置USB、蓝牙或无线等连接方式;
6. 适合个人、家庭、健身中心等场所使用</td></tr>
<tr><td rowspan="7">技术参数</td><td>电源</td><td colspan="2">DC 3 V AAA(×2)</td></tr>
<tr><td>环境温度</td><td colspan="2">5~40 ℃</td></tr>
<tr><td>相对湿度</td><td colspan="2">≤80%</td></tr>
<tr><td>身体脂肪率</td><td colspan="2">5%~50%</td></tr>
<tr><td>基础代谢率</td><td colspan="2">385~5 000 kcal</td></tr>
<tr><td>体质指数</td><td colspan="2">10.0~70.0</td></tr>
<tr><td>数据输出</td><td colspan="2">依据型号不同,支持串行接口或无线接口</td></tr>
<tr><td>产品名称</td><td colspan="2">血氧检测仪</td><td rowspan="3"></td></tr>
<tr><td>产品型号</td><td colspan="2">BLHC-E-YL-XY</td></tr>
<tr><td>功能描述</td><td colspan="2">1. 一键快速检测,测量准确;
2. 自动上传数据,无须进行任何操作配置;
3. 双色OLED实时显示脉搏和血氧含量;
4. 自动关机功能,SDK接口开放,支持串口数据输出,内置蓝牙或无线等连接方式;
5. 适合家庭日常保健、社区健康档案采集及医生随诊等使用</td></tr>
<tr><td rowspan="10">技术参数</td><td>电源</td><td colspan="2">4.2 V 锂电池 1 000 mA·h</td></tr>
<tr><td>指示方式</td><td colspan="2">LED灯</td></tr>
<tr><td>数据传输</td><td colspan="2">通过GPRS进行数据传输</td></tr>
<tr><td>网络协议</td><td colspan="2">TCP、UDP</td></tr>
<tr><td>配置方式</td><td colspan="2">专用软件登录管理</td></tr>
<tr><td>支持速率</td><td colspan="2"><256 kbit/s(GPRS接口)</td></tr>
<tr><td>数据缓存</td><td colspan="2">50 kB</td></tr>
<tr><td>无线频段</td><td colspan="2">433 MHz</td></tr>
<tr><td>无线天线</td><td colspan="2">内置单天线</td></tr>
<tr><td>传输类型</td><td colspan="2">包括连续实施监护数据(特殊格式)及片段式数据文件的专用通信协议</td></tr>
</table>

续表

<table>
<tr><td>产品名称</td><td colspan="2">血糖测量仪</td><td rowspan="3"></td></tr>
<tr><td>产品型号</td><td colspan="2">BLHC-E-YL-XT</td></tr>
<tr><td>功能描述</td><td colspan="2">1. 采血量极小,只需 1.5 μL;
2. 自动开关机,10 s 快速测量;
3. 180 组数据记忆,自动计算 1 ~ 4 周的测量平均值;
4. 测量时温度显示及自动温度补偿;
5. 大屏幕显示,使用两节 AAA 干电池供电;
6. 进口试纸,测量准确;
7. SDK 接口开放,支持串口数据输出,内置蓝牙或无线等连接方式;
8. 适合家庭日常保健、指导用药,社区健康档案采集及医生随诊、康复治疗等使用;
9. 存储数据数量 180 条</td></tr>
<tr><td rowspan="13">技术参数</td><td>保存环境温度</td><td colspan="2">-20 ~ 50 ℃</td></tr>
<tr><td>保存环境相对湿度</td><td colspan="2">≤90%</td></tr>
<tr><td>大气压力</td><td colspan="2">860 ~ 1 060 hPa</td></tr>
<tr><td>电源需求</td><td colspan="2">两节 1.5 V(AAA)电池</td></tr>
<tr><td>仪器质量</td><td colspan="2">53 g(不含电池)</td></tr>
<tr><td>平均值显示</td><td colspan="2">可显示 7/14/21/28 d</td></tr>
<tr><td>测试片</td><td colspan="2">仅可使用与该机型对应的测试片</td></tr>
<tr><td>测试温度</td><td colspan="2">10 ~ 40 ℃</td></tr>
<tr><td>测试相对湿度</td><td colspan="2">≤85%</td></tr>
<tr><td>测试血样</td><td colspan="2">微血管全血(指尖或耳垂)</td></tr>
<tr><td>测试时间</td><td colspan="2">约 10 s</td></tr>
<tr><td>测试范围</td><td colspan="2">20 ~ 600 mg/dL</td></tr>
<tr><td>存储数据数量</td><td colspan="2">180 条</td></tr>
<tr><td>产品名称</td><td colspan="2">全自动上臂式血压计</td><td rowspan="3">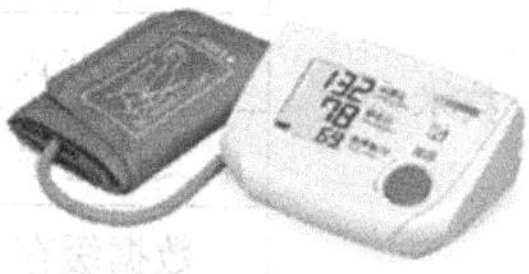</td></tr>
<tr><td>产品型号</td><td colspan="2">BLHC-E-YL-XY</td></tr>
<tr><td>功能描述</td><td colspan="2">1. 日本 AND 原装品质保证,医疗级测量产品;
2. 一键快速专业检测,上臂式测量更加准确;
3. 自动上传数据,无须进行任何操作配置;
4. 大屏幕清晰显示结果,支持自动关机功能;
5. 使用 4 节 AA 干电池供电,可外接电源;
6. SDK 接口开放,支持串口数据输出、无线等连接方式;
7. 适合高端家庭日常保健、指导用药,社区健康档案采集及医生随诊、康复治疗等使用;
8. SFDA 资质、CE 资质、欧洲高血压协会认可、英国高血压协会认可</td></tr>
</table>

续表

技术参数	工作电压	AC (220 ±22) V, (50 ±1) Hz; DC 6 V,允差 ±10% (4×1.5 V AA 或 R6P 电池供电)
	电池寿命	电池使用寿命(碱性电池):能使用 200 次或以上(180 mmHg、1 次/d、室温 ±2 ℃); 设备使用寿命:平均无故障工作时间大于 2 000 h
	压力范围	20～280 mmHg
	脉搏范围	40～200 次/min
	测量准确性	压力: ±3 mmHg;脉搏: ±5%
	密封性	袖带在 1 min 内漏气量应不超过 0.4 kPa(3 mmHg)
	自动放气速率	0.3～1.6 kPa/s(2～12 mmHg/s)
	消耗电流	关机状态下消耗电流应不大于 100 μA; 开机状态(非测量状态)消耗电流应不大于 30 mA
	超压保护	当血压计输入气压至 42.6 kPa,允差 ±5% (320 mmHg 允差 ±5%)时,应有自动超压保护功能
	自动补偿	测量时,当充气不完全或不能得到合适的压力时,血压计的加压装置将自动再次重启
	加压能力	血压计强制加压时,0～280 kPa(37.3 mmHg)应不大于 12 s;负荷容量 300 mL
	加压方式	使用气泵自动加压
	测量方法	示波法
	袖带	符合 GB 3053—93 规定要求
	安全要求	符合 GB 9706.1—2007 相关要求
	EMC	IEC 60601-1-2:2001
	操作环境温度	10～40 ℃
	操作环境相对湿度	30% ～85%
	存储条件温度	-10～60 ℃
	存储条件相对湿度	30% ～85%
	产品尺寸	147 mm×64 mm×110 mm
	产品质量	约 300 g,不包含电池
	数据输出	依据型号不同,支持串行接口,或具有蓝牙接口或带有 433 MHz 无线接口

续表

产品名称	心电图检测仪	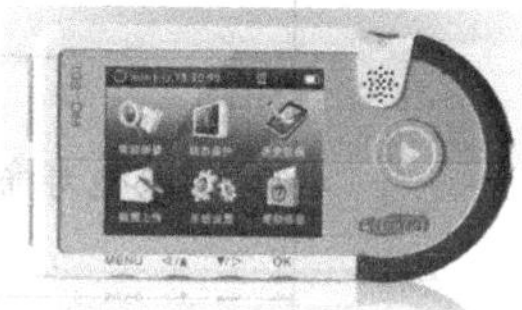
产品型号	BLHC-E-YL-XD	
功能描述	1. 体积小巧,携带方便,彩屏显示,清晰易读; 2. 内置 7 号干电池供电,安全可靠,实用性强; 3. 即时显示结果,大容量数据存储支持 TF 扩展; 4. 30 s 快速测量及长期动态测量两种记录方式; 5. 支持外接导联线及内部金属电极两种使用方式; 6. ECG 分析显示软件,计算机即插即用	
技术参数	工作电压	DC 3 V(两节 AAA 干电池供电)
	电池寿命	电池使用寿命(碱性电池):能使用 200 次或以上(180 mmHg、1 次/d、室温 ±2 ℃); 设备使用寿命:平均无故障工作时间 >2 000 h
	环境温度	5 ~ 40 ℃
	相对湿度	<80%
	心率测量误差	30 ~ 200 次/min 不超过 ±5%
	输入回路电流	各输入回路电流≤0.1 μA
	输入阻抗	各输入回路之间的输入阻抗≥5 MΩ
	共模抑制比	≥60 dB
	内部噪声	折合到输入端的噪声电压≤30 μV p-p
	频率特性	以 10 Hz、1 mV p-p 正弦信号参考值,在 1 ~ 25 Hz 随频率变化,幅度的最大允许偏差 +5% 及 -30%
	显示灵敏度	具有 5,10,20 mm/mV 3 挡可调,误差 < ±5%
	扫描速度	具有 12.5,25,50 mm/s 3 挡可调,误差 < ±10%
	心电导联线和电极	使用具有正规医疗器械注册证的心电导联线和电极
	常规测量	快速采集 15 s 的心电图,屏幕显示心电图并自动分析心率,给出参考判断结果,并能进行数据保存
	动态监护	用户需要首先插入 SD 存储卡后进入选择此菜单,可以长时间监测用户的心电数据,屏幕显示用户的心电图并自动保存,超过一定时间无按键操作屏幕将自动关闭,但是数据一直在采集保存,直到用户中止或电池电量消耗完
	历史数据	IEC 60601-1-2:2001

续表

产品名称	无线健康终端接入网关	
产品型号	HG-2000GR	
功能描述	1. 433 MHz 无线通信产品专用网关设备； 2. 低功耗高可靠设计，无须设置开机即用； 3. 可接入包括心电、血压、血氧、血糖、脂肪仪、体重秤等多种无线医疗健康终端； 4. 支持多用户刷卡功能，适用于企业、社区等多人场景； 5. 支持跨网漫游及省电模式； 6. 可选 RFID 版本和磁卡刷卡版本； 7. 支持互联网传输协议，支持 GPRS 数据传输方式； 8. 开发通信协议，可根据需求定制	
技术参数	电源	4.2 V 锂电池 1 000 mA · h
	指示方式	LED 灯
	传输方式	通过 GPRS 进行数据传输
	支持协议	TCP、UDP
	配置方式	专用软件登录管理
	支持速率	<256 kbit/s（GPRS 接口）
	缓存大小	50 kB
	无线频段	433 MHz
	无线天线	外置单天线
	传输数据类型	包括连续实施监护数据（特殊格式）及片段式数据文件的专用通信协议，可选配 USB 接口、GPRS 或者 3G 接口

任务 2　智慧社区软件架构与服务

任务导读

- **基本要求**　通过本任务的学习，了解智慧社区软件的基本架构，熟悉智慧社区软件的构成、类别以及常见业务功能。
- **重点**　智慧社区管理软件的架构。
- **难点**　智慧社区管理软件的应用与创新。

2.2.1　智慧社区服务平台建设目标

智慧社区服务平台整合应用信息和网格技术，构筑居民管理、社区网格、便民服务及互动交流于一体,为政府的政务管理、民生服务提供信息化手段,并通过对社区信息资源的共享和利用,为居民提供更优质的信息化服务,同时为小区物业管理提供科学、高效的管理手段。

1)便民服务平台

通过社区服务平台可以为社区业主发布商品、服务、打折、促销、优惠、活动信息,社区业主在线查看便民信息,方便业主居家生活,从而实现社区服务的配套化。

2)政务服务平台

通过社区服务平台可以为街道办事处提供电子政务系统,街道办事处可以发布办事机构、办事电话、办事指南、政务公开信息供社区业主查询,同时受理社区业主的咨询投诉和办事预约,从而实现社区政务的在线化。

3)社区娱乐平台

通过社区服务平台可以为社区业主建立图书、音乐、电影、游戏等媒体资源库,社区业主可以通过计算机、电视、手机等工具享受在线的社区文化、娱乐服务,丰富社区业主的业余文化生活。

4)社区服务平台

通过社区服务平台可以为社区业主提供微博系统,社区业主之间可以通过计算机、手机等工具进行在线交流和适时互动,参与社区共建、社区聚落、社区交易和邻里互助。

2.2.2 智慧社区软件的架构

智慧社区以云服务中心为依托,与物业公司合作,确定业主身份,使得智慧社区能作为一个平台把传统社区服务提供商和网络应用服务提供商有机地整合在一起,为社区业主提供各类服务,形成相互依赖、相互促进、相互补充的各个环节。智慧社区的软件架构一般需解决3个特殊问题:

①需考虑软件平台内部多个子系统的集成以及与外部的协调;

②平台的业务应用需调用若干基础构件,而基础构件存在交集;

③需求的变化和技术革新。基于先进性、灵活性和可扩展性等原则对复杂的软件体系进行分层设计(图2.4)。

2.2.3 智慧社区软件系统常见业务功能

1)智慧社区信息服务

智慧社区系统不仅能为社区用户提供信息资讯、小区物业信息,还能将社区周边商圈、社区医疗、邮政快递、餐饮酒店与家庭数字智能终端真正互联互通,进一步将社区打造成智慧社区,进而融入智慧城市。

2)智慧社区家居数据分析

智慧社区是基于物联网及云服务技术综合应用的开发平台,本着"节能、环保、智能"的理念,通过智能开关和智能插座对照明设备和各类家用电器用电量进行采集,让用户时刻了

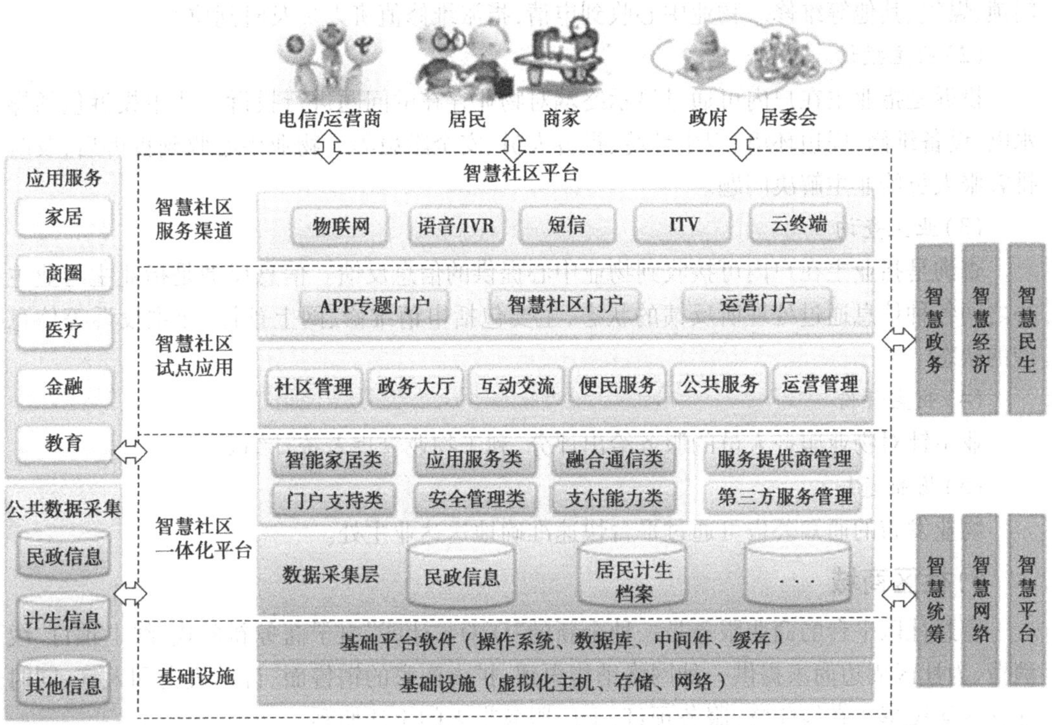

图 2.4 智慧社区系统构架示例图

解家中各设备的情况，提醒用户节约能源，逐步引导用户养成良好的习惯；对业主报修、投诉，服务人员的考核等数据实时传送至社区云服务平台中心，为业主和物业公司架起沟通的桥梁；对数据进行汇总分析，提高物业管理的工作效率，提升物业公司整体的口碑。

3）智慧社区 APP

针对“智慧社区”概念，以移动互联网的技术为基础，以满足业主衣食住的需求为目标，专门为生活社区定制功能强大的智能手机应用。通过智能社区系统平台，完美实现了从社区安防、物业管理、家居环境控制、家居环境监测、家居水电气量分析等多功能无缝衔接，并以云服务运用平台为核心构建起智慧社区的核心云生态体系。

4）智慧社区远程控制

智慧社区系统室内控制部分采用无线技术网络通信协议，通过建立 WPAN 网络，将用户家中的电器和电子设备，如电灯、液晶电视、冰箱、家庭影院、空调、新风系统、匪警、火警、煤气泄漏、温湿度监测、室内有毒有害气体监测等，有效地联系起来，组成一个网络，实现数字智能终端对这些社区的控制、反馈和有效的数据采集。

5）智慧物业服务

智慧物业服务是社区服务平台与物业服务系统相结合的多种服务。客户可通过社区服务平台，让客户与物业有效、简单、快速互动。物业管理人员可通过该平台第一时间解决客户的问题，让住户真真正正体验到尊贵的服务。

（1）业主报修

报修是指业主在户内 24 小时都可通过信息显示终端申请电力、暖气、装修、通信、门窗、门锁、煤气、其他等维修。物业中心收到申请，指派维修值班人员及时到位。

(2)业主投诉

投诉是指业主在户内可通过显示终端对物业存在的问题进行投诉。业主投诉包括煤气水电、设备维修、周边环境、卫生环境、投诉人员、安全隐患等。物业中心收到投诉后，及时安排客服人员给业主解决问题。

(3)业主查询

查询是指业主在户内可接收到物业中心提供的信息反馈。信息反馈是指业主与业主中心之间各种信息通过处理所反馈的状态，主要包括申请维修、网上预订、业主投诉等信息处理的状态。

(4)业主评价

业主针对物业服务人员的服务给出评分，利于物业管理者统计绩效等。

(5)物业通知

物业发布的通知公告可通过平台快速准确地送达业主处。

6)社区商城

智慧社区平台的商业服务是一种全新的"O2O+社区"电子商务新模式，线上预订、线下消费，为社区周边商家提供一种网络销售渠道，扩大商家的销售面、订单机会和人气，同时也让社区居民享受在线购物、服务预订、上门服务带来的生活便利。

7)餐饮美食

为业主提供便捷的餐饮美食查询，由商家上传信息，物业维护。业主可以浏览周围商家提供的餐饮美食，通过网络预订自己喜欢的美食，提高生活品质。

8)便民服务

为业主提供便捷的生活查询服务，由平台运营商运维。业主通过服务平台可以查询列车时刻、手机归属、邮编、交通出行线路等信息，同时也可作为各类公共服务资源在社区内的服务窗口，提供各类缴费充值、事务代办、生活事务咨询服务，居民足不出社区即可快捷办理民生事务。

9)政务之窗

在社区内建立政务之窗平台，方便居民了解最新政务消息，关注城市发展动态，促进社区和谐。其主要功能有政策通知、民生管理、政民交流。

10)通知公告

物业管理部门可通过通知公告系统发布小区公告，如天气预报、社区活动、社区公告、水电费收缴、寻物启事、失物认领等信息，方便物业管理部门与业主之间的沟通，促进社区和谐发展。

11)社区论坛

在社区区域内建立社区论坛服务平台，方便业主发布租房、二手设备的买卖信息，同时也可以让业主对于社区建设提供改善性意见。社区论坛既是物业的宣传领地，也是为了能更好地促进物业与业主的信息交流，为业主更好地服务。

12）广告精准投放

智慧社区可为广告主提供多种广告投放形式，如在楼宇对讲室内外机屏幕，利用专业数据处理算法实现成本可控、效益可观、精准定位的效果广告投放系统来实现广告投放。

13）家政服务

家政服务系统发布各商家提供的房屋装修、家电维修、送水服务、家庭清洁等业务，由专业家政人员进行室内外清洁、外墙清洗、地毯清洗、石材翻新、石材养护、钟点服务等家政服务业务，将部分家庭事务社会化、职业化，以此来帮助家庭与社会互动，提高家庭生活质量，以此促进整个社会的发展。

14）休闲健身

随着社会的快速发展，生活节奏加快，健康问题也越来越突出，因此需要强健体魄。休闲健身系统提供社区周围的健身会所、散步公园等健身、娱乐场地，让业主在城市的快生活中享受另一片净土。

15）快递服务

业主可以把当天要寄的快递放到服务点，然后放心地去上班或者去休闲度假，完全不用等待；业主也可以下班回家或休闲度假归来，一次性领取当天的包裹，完全不必改期；无须再给陌生人开门，保证了自身的安全；家中有老人的还能提供上门服务。智慧社区让你的快递收发自如、一站式搞定，再也不用苦苦等待快递人员，再也不必让上门的包裹改期再送。

16）洗衣服务

洗衣服务全面满足高中低档服饰对经济性和养护的不同需求。提供上门取送衣物服务，代收代送，服务全程录像留证，还能先洗后付，保证衣物卫生、洁净，让业主足不出户即可享受洗衣服务。

实训任务 1　智能家居设备配置

1）实训目的

熟悉常见的智能家居设备，能根据客户需求提出初步的智能家居配置方案。

2）实训要求

①根据图 2.5 户型图提出智能家居点位布置方案。

②分析智能家居点位布置的合理性。

3）实训步骤

①分组实地现场调查。

②讨论该户型的智能家居配置方案。

③根据户型图列出智能家居配置清单。

4）实训时间

实训时间为 2 学时。

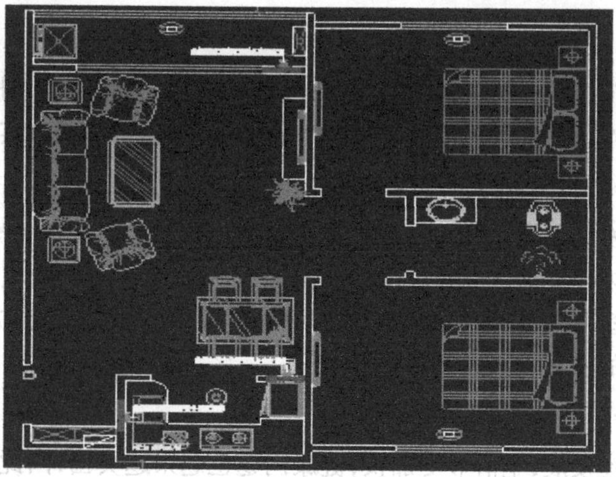

图 2.5 两居室户型图

5)实训考核

①考核组织。将学生分组,由指导教师进行考核。

②考核内容。各小组运用 PPT 进行汇报,教师根据各小组的方案提出 3 个问题让学生回答,然后给出实训考核成绩。

实训任务 2 社区广告推送

1)实训目的

掌握社区广告推送的技巧和方法。

2)实训要求

选择一种产品或服务,编制社区广告推送方案。

3)实训步骤

①对某个社区进行市场调查。

②分组进行广告方案编制。

③制作 PPT,展示推广方案。

4)实训时间

实训时间为 2 学时。

5)实训考核

①考核组织。将学生分组,由指导教师进行考核。

②考核内容。着重对广告方案的创意、可行性进行考核,并向每组提 3 个问题,然后综合评定成绩。

项目小结

(1)智慧社区硬件架构主要通过综合集成的方式完成,包括智能物业及设施设备、智慧社区智能化设备、智能建筑设备和智能家居设备系统等。

(2)智能家居设备是智慧社区的基本单元,业主通过智能家居端享受智慧社区带来的便利。其主要构成包括智能灯光系统、智能电器控制、智能环境监控、智能情景控制、智能安防控制、智能门窗控制、智能影音控制等。

(3)智能灯光系统是对灯光进行智能控制与管理的系统。与传统照明相比,它可实现灯光软启、调光、一键场景、一对一遥控及分区灯光全开全关等管理,并可用遥控、定时、集中、远程等多种控制方式。

(4)智能家电就是将微处理器、传感器技术、网络通信技术引入家电设备后形成的家电产品,具有自动感知住宅空间状态和家电自身状态、家电服务状态的功能,能够自动控制及接收用户在住宅内或远程的控制指令。

(5)智能家电产品分为两类:一类是采用电子、机械等方面的先进技术和设备;另一类是模拟家庭中熟练操作者的经验进行模糊推理和模糊控制。

(6)智能家居环境监测系统主要包括室内温湿度探测、室内空气质量探测、室外气候探测及室外噪声探测,一个完整的家庭环境监测系统主要包括环境信息采集、环境信息分析、控制和执行机构3个部分。其系统组成包括温湿度传感器、空气质量传感器、光线环境光探测器、室外风速探测器及无线噪声传感器。

(7)智能化安防技术的主要内涵是其相关内容和服务的信息化、图像的传输和存储、数据的存储和处理等。一个完整的智能化安防系统主要包括门禁、报警和监控三大部分。

(8)智能门窗在一些公共场所、高档商品房、商场中运用广泛。智能门窗控制系统由无线遥控器、智能主控器、门窗控制器、门窗驱动器等组成。

复习思考题

1. 简述智慧社区的体系架构。
2. 智能家居系统通常包含哪些内容?
3. 阐述智慧社区软件的常见业务功能。
4. 简述智能家居环境监测的内容。

项目3

智慧社区的建设规划

任务1 智慧社区的规划概述

任务导读

- **基本要求** 通过本任务的学习，了解智慧社区规划的基本含义和特征，熟悉智慧社区规划的技术路线和内容，掌握智慧社区规划的目标体系，了解国内外智慧社区的规划现状。
- **重点** 智慧社区规划的目标体系。
- **难点** 智慧社区规划的技术路线和内容。

3.1.1 智慧社区规划的基本含义和特征

1)规划和社区规划

规划是指一定时期内对某个区域发展目标、实现手段以及资源的总体部署。在国外，将建成社区的规划称为“社区发展规划”，也可称为“社区规划”“社区设计”；将新建社区的规划称为“社区规划与设计”。社区规划是指为了有效地利用社区资源，合理配置生产力和城乡居民点，提高社会经济效益，保持良好的生态环境，促进社区开发与建设，从而制订比较全面的发展计划。

2)智慧社区规划及特征

智慧社区规划具有以下5个方面的特征：

(1)规划结构的整体性

智慧社区规划并非对社区某一方面的发展部署和安排，而是对智慧社区全方位建设作出的结构上具有整体性特征的战略部署,是一个完整的社区发展计划体系。智慧社区规划并非智慧社区各主要部分发展规划或智慧社区建设各项计划的简单相加,而是具有自身的结构性和系统性的整体规划结构。社区规划结构的整体性特征是智慧社区规划功能的集中体现,也是智慧社区作为相对完整的社会实体的一种反映。

(2)规划地域的特殊性

如果说智慧社区规划具有突出的地域性特征,具有明显的地方性色彩的话,那么,这个特征反映在整个智慧社区规划的过程中,就使社区规划具有了明显的地域特殊性。不同社区具有不同的地域特征和资源条件,不同社区的社区规划当然也就具有各自不同的目标定位,应确立各自不同的重点内容,选择各自不同的落实方案。

(3)规划方案的预设性

智慧社区规划是对社区未来发展的一种设想、设计和设定,社区规划方案具有预设性特征。智慧社区规划方案的预设性告诉我们:第一,社区规划是在对智慧社区未来发展进行预测的基础上预设的一种发展目标,它的实现需要以规划的落实为保障;第二,智慧社区规划的成果分为规划方案和规划实施成效两种,不能以规划方案本身代替规划实施成效;第三,智慧社区规划必须为社区的未来发展指明方向,要预见到可能影响社区发展的有利条件和不利因素。

(4)规划体系的开放性

规划体系的开放性是指智慧社区规划的体系应是一个开放的体系,而不是一个封闭的体系。这是因为:第一,智慧社区规划所涉及的各项社区要素均处于动态发展之中,在快速社会转型时期更是如此;第二,智慧社区规划需要吸收各种外部资源和外部力量,才能使规划更加科学、合理、适用。

(5)规划过程的动态性

规划过程的动态性特征是指智慧社区规划"与时俱进"的特征。当代社区发展一日千里,任何智慧社区规划想一次完成而"一劳永逸"并不现实。只有跟随社会发展的脉搏,随着社会发展的步伐,不断更新社区规划,才是智慧社区规划的正确做法。为此,在社区规划中,不仅要编制整体性规划,而且要编制阶段性规划,阶段性规划得到落实后,还要编制下一阶段的社区规划。同时,对于某一阶段的社区规划,还要根据社会发展的要求和社区发展的需要适时进行修编。

3.1.2 智慧社区规划的技术路线和内容

1)智慧社区规划的技术路线

智慧社区规划的技术路线首先是基于智慧社区所涉及的业务进行分析,依据信息系统的建设基础和需求分析,在信息系统战略分析的前提下,对信息系统进行总体设计(包括逻辑结构设计、网络拓扑结构设计、关键技术选择等),从而进行详细的平台应用系统设计,完成系统示范工程配置(软硬件)、平台系统测试与综合评估等相关工作,技术路线如图3.1所示。

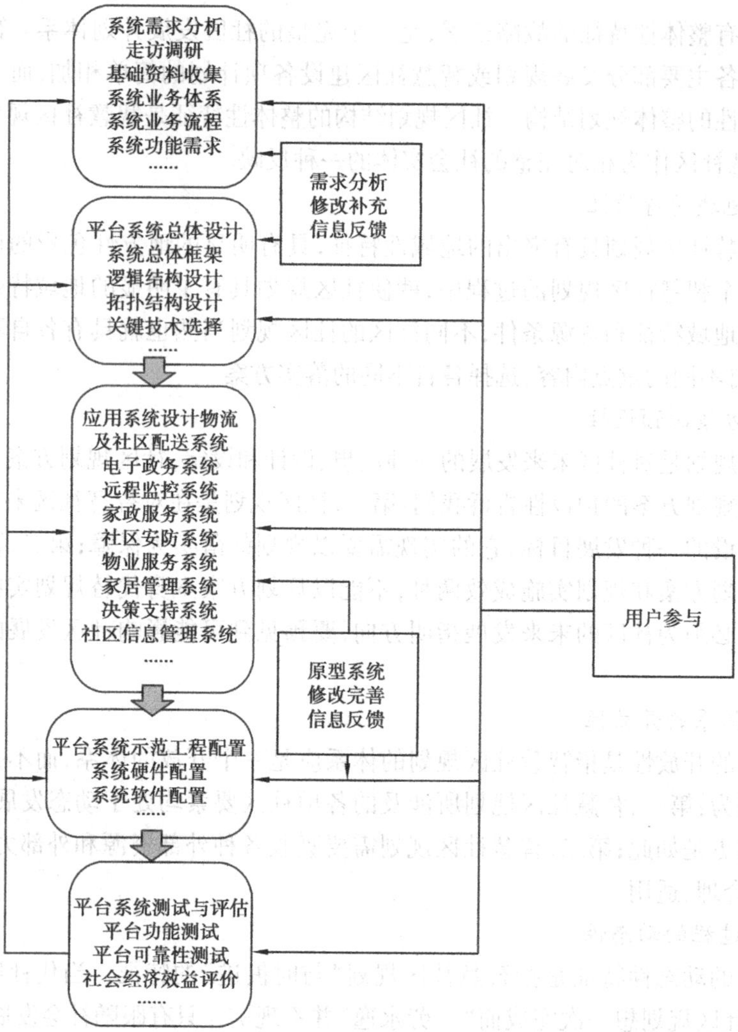

图 3.1　智慧社区规划的技术路线

2)智慧社区规划的内容

结合以上分析,智慧社区规划的内容包括基础设施层、基础环境层、感知层、应用支撑层、业务应用层和呈现层等6个层次的规划设计。

(1)基础设施层的规划设计

基础设施层的规划是智慧社区规划建设的核心内容,主要包括智慧社区系统的基础应用条件。一方面,它是支持电子政务功能的政府机构,能够体验、支持智慧社区运作的智慧人群,具备自动化功能的楼宇建筑及家庭中能够与系统对接的智能家居;另一方面,智慧社区服务系统又通过芯片、摄像装置、传感器来接收处理相关信息,两部分共同构成智慧社区的基础设施层。

(2)基础环境层的规划设计

基础环境层是智慧社区信息采集、处理和交互传输中心,是核心的组成部分,其规划包括支撑环境层规划以及网络层规划。支撑环境层是基于物联网的技术架构，包括系统的运营环境、操作系统环境、数据库和数据仓库环境。它们为物流系统运行、开发工具的使用、Web Service 的服务和大规模数据采集与存储等提供了环境支撑，保障了整个平台架构的运营环境的完整性。网络层主要提供平台运行的网络设施，包括物联网的承载网、广域网、局域网、移动通信网、网络设施以及接入隔离设备。网络层与相关系统接口可为 Web Service 信息服务、资源寻址服务等提供服务基础，用于支持社区外进行相关业务的信息传输。

(3)感知层的规划设计

感知层是实现信息采集功能的核心组成，通过感知工具的相关信息处理模块和数据集成处理模块，实现消息队列服务、信息管理，对数据管理中心、数据交换和应用集成所需的数据格式定义进行统一管理，主要感知设备包括数字电视、报警传感器、摄像机、电话、触摸屏、RFID、传感器和采集器等。

(4)应用支撑层的规划设计

应用支撑层的规划包括技术支持平台的规划和外部接入平台的规划。一方面，技术支持平台通过服务引擎与资源、数据访问服务与感知技术相关功能有机结合，以安全认证服务、调度引擎、工作流引擎、规则引擎、异常处理机制、元数据服务等关键功能为基础，实现感知系统的数据处理、业务过程执行引擎功能等；另一方面，技术支持平台通过云计算平台、数据交换平台、数据字典等对感知数据在业务应用方面提供传输、处理、转换等功能支持。外部接入平台主要包括企业完成各项业务所需的外部接口，智慧社区信息平台通过电子商务、客户端、电子政务、家政服务、医疗信息服务等接口与社区外客户、政府机构、服务机构等的信息系统对接，从而实现社区内外各部门间的协同工作与服务，以及动态联盟间有效的信息协同和信息共享。

(5)业务应用层的规划设计

业务应用层的规划是智慧社区最关键的部分，强大的基础信息平台只有通过业务应用层的各个模块才能将信息优势转化成应用优势，最终服务于社区居民。业务应用层的规划设计主要包括社区基础信息管理系统的构建，社区交流服务系统、社区电子商务系统、社区物流服务系统、社区物业及综合监督管理系统、社区电子政务系统、社区智能家居系统、社区医疗卫生系统、社区家政服务系统和社区智能决策支持系统的规划设计。

(6)呈现层的规划设计

运用感知层中的应用技术将采集到的数据信息通过数据库技术、数据挖掘工具等与物联网技术相结合，利用业务应用系统的处理，根据业主的不同需求，将所需信息呈现在相关设备上，包括 IPTV、手机短信、门户网站和电子屏公告等。

整个智慧社区规划的内容可以用图 3.2 表示。

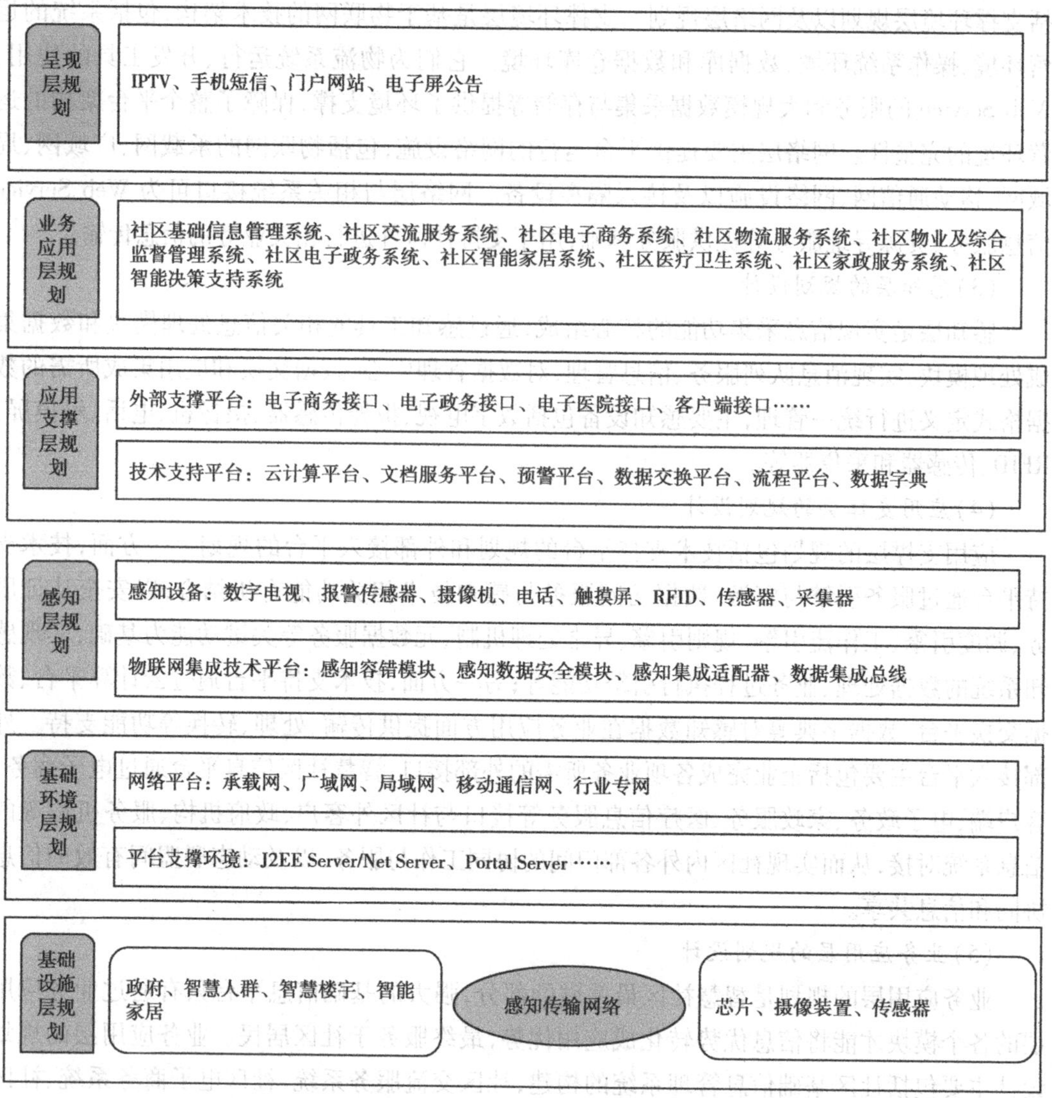

图 3.2 智慧社区规划的内容图

3.1.3 智慧社区规划目标体系和重要作用

智慧社区规划的目标体系主要包括建立社区管理和应用服务体系、构建社区公共信息平台和建设社区信息化基础设施。

1）建立智慧社区管理和应用服务体系

建立智慧社区管理和应用服务体系是实现社区管理信息化和社区服务信息化的基础。社区管理信息化包括网格化管理、可视化管理、社区应急管理、社会组织管理、社区规划、环境管理、节能管理、治安管理、居民管理、物业管理、停车场管理、公共事业管理等。社区服务信息化具有将政府电子政务延伸到社区和家庭的政务服务、社区物业和智能化系统提供的公共服务，以及社区商业机构的商务服务等功能。

2)构建智慧社区公共信息平台

智慧社区公共信息平台支撑社区管理和服务应用体系,推动着社区管理信息化和社区服务信息化。通过智慧社区公共信息平台,实现社区应用系统间的"数据互联互通、信息资源共享、业务和功能协同"。智慧社区公共信息平台与智慧城市级公共信息平台联系,是实现智慧社区融入智慧城市的关键。

3)建设智慧社区信息化基础设施

智慧社区信息化基础设施支撑了社区公共信息平台。智慧社区信息化基础设施包括社区综合通信网络及其所连接的各类服务器,具有感知和控制功能的器件和设备、短距离通信网(包括自组网)以及社区数据中心(或监控中心)。

3.1.4 国内外智慧社区规划的兴起与现状

1)国外智慧社区规划的兴起和现状

在全球范围内,智慧社区规划整体上已伴随着智慧城市规划建设而发展,其中欧美和亚洲是智慧社区规划建设开展较为积极的地区。

2009年9月,美国中西部艾奥瓦州迪比克市与IBM共同宣布,将建设美国第一个"智慧城市"(实际为由高科技武装的6万人的智慧社区)。采用一系列IBM新科技"武装"迪比克市将之完全"数字化",将城市资源连接起来,侦测、分析和整合各种数据,服务广大市民。欧盟推出了"信息社会"计划,2007—2013年,欧盟为信息和通信技术研发投入资金超过20亿欧元,如瑞典在智慧交通上取得进展,通过使用RFID技术以及利用激光、照相机和先进的自由车流路边系统,自动识别进入市中心的注册车辆,自动向周一至周五在6:30—18:30进出市中心的车辆收税,减少车流,交通拥堵降低了25%,交通排队所需时间减少50%,道路废气排放减少8%~14%,二氧化碳等温室气体排放下降了40%。新加坡近年来全力打造智慧花园型城市国家,在构建智能交通系统、清洁能源系统、电子政务系统、通信基础设施等方面取得了显著的成果。新加坡智慧社区作为智慧城市的重要组成部分,其规划建设以政府主导,充分发挥社团、公民的作用,是典型的政府主导与社区高度自治相结合的模式。智慧社区以全体社区居民为服务对象,提供物业服务、物流服务、商业服务、家庭服务、医疗服务以及公益服务等服务内容,以满足社区居民的日常生活需求(图3.3)。

2)我国智慧社区规划现状

我国智慧社区管理是由居委会和物业公司共同管理的。居委会作为社区居民自我管理、自我教育、自我服务的基层群众性自治组织,是政府对社区居民服务的主要机构。物业公司对社区内的物业进行相应的管理,主要接受社区内业主的委托,依照有关法律法规的规定或合同的约定,对社区内的物业实施专业化管理并获得相应的报酬。居民作为社区的主体,则希望社区管理者能为自己的日常生活提供便捷、全面的服务,以满足自身多样化的需求。因此,目前我国智慧社区的规划主要是建立行政主体、市场主体和应用主体的协同机制(图3.4)。

(1)行政主体

行政主体负责顶层设计及统一规划。智慧社区规划是智慧城市的主要组成部分,需要

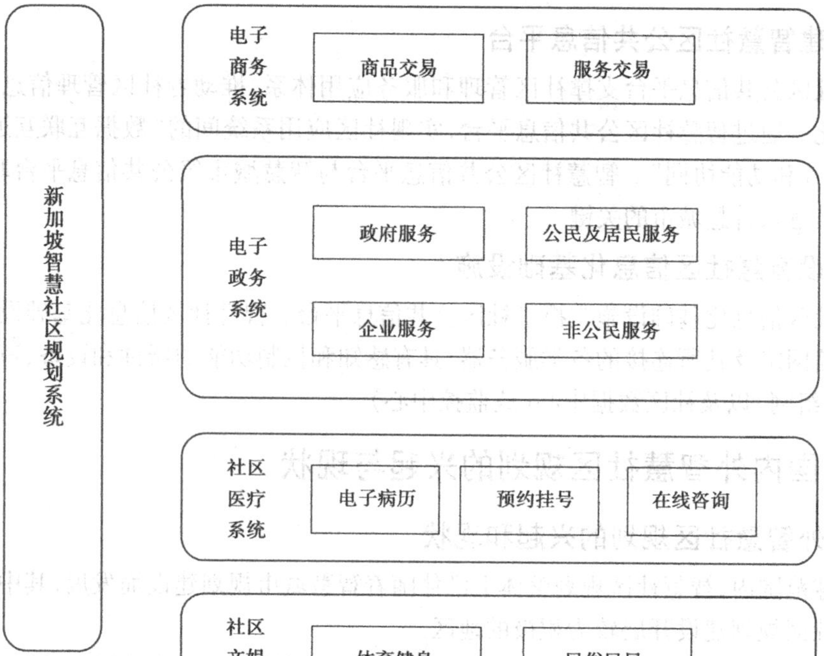

图 3.3　新加坡智慧社区规划系统

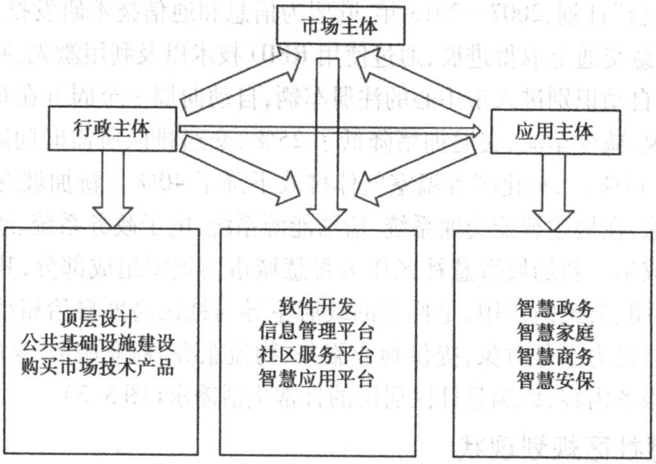

图 3.4　智慧社区规划的协同机制

资金上的大力支持和投入,需要较强的硬件基础及能够使用现代化信息技术的居民,因此,根据城市总体的经济实力及硬件条件统一设计并酌情推广是智慧社区建设的理性选择。这方面的责任将主要由政府承担,具体负责组织公共基础设施建设、购买市场主体产品及服务并推广。行政主体处于主导地位,负责设计提供何种公共产品和公共服务,与市场主体进行协调、谈判,并形成合作伙伴关系。行政主体还要为应用主体(尤其是社区和社区非营利组织)提供政策支持,其中包括法律、财政支持,并提供发展框架。尤其要处理好政府主导和社区自治的关系,要特别明确社区自治是在政府指导下的自治。也就是说,社区自治要求获得政府的支持,但政府想实现对基层的管理也要依靠社区才能做到,二者既是指导与被指导、扶持与被扶持的关系,同时也是相互依赖的关系。

(2)市场主体

市场主体主要负责技术研发、产品设计与生产工作。智慧社区建设离不开物联网、宽带移动互联网、云计算、数据挖掘等新一代信息技术,其最终的承载体是社区运行管理与服务平台,也就是一系列基于信息技术的应用系统的集合。在具体操作中,需要建立信息管理平台、社区服务平台及应用平台,这些问题将主要由市场中的软件开发设计企业及通信企业完成。在智慧社区规划中,既要承认市场主体是作为“理性经济人”存在的事实,也应该关注其社会价值的存在,承认它是应用主体应用智慧平台的直接服务指导者。

(3)应用主体

应用主体包括社区、社会组织和家庭,是智慧社区建设中的受益者和基础设施的使用者。智慧社区建设需要有若干个应用主体配合才能具体落到实处,需要家庭配备终端系统、社区建立信息服务与管理平台,各个社会组织也要配备相应的服务平台。社区管理机构负责接受行政主体的政策支持与市场主体的技术服务,实现社区有限自治,完成智慧社区政务、智慧治安,与社区非营利组织一起提供智慧民生服务,并负责完善虚拟服务平台及提供实体服务。驻社区企业通过电子商务平台,为居民提供智慧商务服务。

任务2　智慧社区的规划实施

任务导读

- **基本要求**　通过本任务的学习,了解智慧社区规划的目标和原则,掌握智慧社区规划的四大模式和综合建设模式,熟悉智慧社区规划的结构和布局。
- **重点**　智慧社区规划的综合建设模式。
- **难点**　智慧社区规划的结构和布局。

3.2.1　智慧社区规划的目标和原则

1)智慧社区规划的目标

基于物联网、云计算等高新技术的智慧社区是智慧城市的一个细胞,是一个以人为本的智能管理系统。系统的建成将为智慧城市的建设打下基础,为社区服务以及城市发展做出突出贡献,平衡社会、商业和环境需求,同时优化可用资源,最终使城市居民的工作和生活更加便捷、舒适、高效。

智慧社区系统是针对智慧社区信息系统的需求分析,在规划建设中围绕系统核心建设内容相互集成,将社区基础信息管理系统、社区交流服务系统、社区电子商务系统、物流服务系统、社区物业和综合监管系统、社区电子管理信息政务系统、社区智能家居系统、医疗卫生管理信息系统、社区家政服务系统和决策支持系统等10个功能各异的业务系统搭建成一个综合业务平台。智慧社区规划建设的目标可以概括为以下4个方面:

(1)为智慧城市平台的建设提供良好的基础条件

智慧城市的建设需要以智慧社区为依托,智慧社区的运作要基于综合完善的智慧社区系统规划建设。智慧社区系统建设是立足于长远的角度进行规划建设,在建设上述10个业务系统的基础上,利用物联网、云计算和SOA架构等技术搭建平台,并整合各信息平台资源,实现信息共享。建成后不但能为社区居民提供各项服务,也能为今后的智慧城市建设提供基础条件。

(2)促进社会和谐进步

社区作为社会的缩影,智慧社区既是社会建设的一种理念思考,也是新形势下探索社会公共治理的一种新模式。在项目规划中,要以智能、人文、服务为理念,以“管理精细化、服务人文化、运行社会化、手段信息化、工作规范化”为规划建设思路,以统筹各类服务资源为切入点,以满足社区居民、企事业单位、社会组织需求为落脚点,以信息化技术手段为支撑,努力在广大地区构建涵盖社会管理、社会服务、社区建设、社会动员、社会组织、社会领域等一体的智能化综合信息服务管理平台。

(3)加强政府工作

我国在社区中的行政机构主要包括街道办和居委会,智慧社区的规划也要立足于这样的行政特点来设计。如政府围绕社区相关业务及相关需求,在智慧社区系统中构建电子政务模块,该模块的建成既能方便政府机构之间的协同工作,还可实现政府和社区居民之间的信息共享,并为居民提供简单快捷的相关服务。

(4)提高居民生活质量

居民是社区服务最直接、最根本的对象,社区系统的建设目标,应本着“以人为本”的核心思想,建设过程中始终不离居民的生活现状与需求,提高现有的居民生活质量。

智慧社区系统规划主要从社区居民交流、社区居民文化、社区居民网购、社区居民与政府间沟通、社区居民安全保障、社区居民家居管理、社区居民医疗卫生、社区居民家政等方面进行规划建设,基本涵盖居民生活主要方面,能够为居民生活带来真正便利。

基于以上智慧社区规划建设目标分析,结合社区信息系统的设计特点,围绕核心业务,智慧社区规划建设的总体目标为:

①整个系统的规划建设要提供全方位的信息服务,并注重运营效率、运营成本和服务质量。

②从社会、政府、城市、居民的角度出发,结合实际情况,注重需求分析,总体规划,确保系统的高效集成、总体优化、安全可靠。

③整体规划、分步进行设计,确保在总体上把握全局,没有疏漏。

④在进行系统软硬件配置时,尽量考虑采用国际上先进、国内一流的技术,确保所设计的信息系统能满足用户需求,并有一定的先进性和可扩展性。

2)智慧社区规划的原则

智慧社区规划建设是一个庞大而复杂的系统工程,在系统建设上要采用先进的建设思想,不仅要满足当前用户的需求,而且能够根据需求的增加而扩展。因此,智慧社区规划建设在保证系统经济适用的前提下,需遵循以下原则:

(1)规范性

智慧社区信息平台必须支持各种开放的标准，不论是操作系统、数据库管理系统、开发工具、应用开发平台等系统软件，还是工作站、服务器、网络等硬件都要符合当前主流的国家标准、行业标准和计算机软硬件标准。

(2)先进性

在系统构建过程中应尽可能地利用一些成熟的、先进的技术手段，使系统具有更强的生命力。

(3)可扩展性

社区信息平台的规划设计在充分考虑与现有系统无缝对接的基础上，还要考虑未来新技术的发展对平台的影响，保证平台改造与升级的便利性，以适应新的技术与新的应用功能的要求。

(4)开放性

社区信息平台应充分考虑与外界信息系统之间的信息交换，因为它是一个开放的系统，需要通过接口与外界的其他平台或是系统相连接，所以，智慧社区信息平台的规划设计要充分考虑平台与外界系统的信息交换。

(5)安全可靠性

社区信息平台的业务系统直接面向广大用户，在业务系统上流动的信息直接关系到用户的经济利益，并且这些系统都是高度共享的。因此，要保证信息传输的安全性，只有保证系统的安全可靠，才能为用户的利益提供保证。

(6)合作性

社区信息系统需要整合不同部门的信息，需要政府、企业和信息系统开发商等多方参与系统的开发、维护和使用，要求参与各方统一规则、通力合作、积极参与才能取得良好的效益。

3.2.2 智慧社区规划模式

鉴于国内外智慧社区规划建设方面的经验，可以把智慧社区规划模式分为五类，即自主规划模式、外包规划模式、联合规划模式、采购引进模式和综合建设模式。

1)自主规划模式

自主规划模式主要是指智慧社区服务系统的规划者依靠自身的信息化队伍，结合自身的软硬件条件进行智慧社区服务系统的规划建设。这种模式需要智慧社区服务系统的规划者具有一定的信息化建设的软硬件基础，拥有一支专业的信息化队伍。需求明确、必须保证核心的业务秘密、自身拥有强大的开发和维护实力的企业可以采用这种规划模式。

企业内部规划可以很好地满足企业的应用需求，建设符合企业业务流程的信息系统。但内部人员的软件水平无法和专业公司相比，其人员数量也难以保证大量信息系统的开发，而且不能解决原有管理中存在的经营方式落后、组织结构僵化、管理流程低效的问题，从而难以吸收先进的管理理念和思想来提高管理水平，导致规划周期长、生命周期短的问题。

2)外包规划模式

智慧社区服务系统的规划企业可以通过招标,选择委托具有雄厚技术实力和丰富经验的软件公司、科研机构、高等院校等外部单位进行信息化建设。由受托方提供解决方案、成套设备、系统实施及技术服务。这种模式适合需求明确,但不具备开发维护实力的企业。

外包规划模式能够规划较高水平的系统,对企业经营管理有一定的改进,但如果受托方不了解企业的业务流程和真正需求,将会增大开发风险。而软件系统平台的开发往往没有明确的边界,需要进行不停的修改,因此到了软件实际建设过程中,即使是周期半年的中小信息系统,也难免有新的变化,从而增加了系统开发商的压力。

以现有的规划模式看,一般是用户提需求,软件公司进行分析、设计、开发、测试,最后部署上线。但问题是在需求分析阶段用户往往没有明确的需求,系统上线后根据运行使用情况才会逐渐形成修改意见。周期延长,软件公司的亏损风险增大,不得不减少人力物力投入,引起双方纠纷。有的软件开发公司为了避免这种风险,采取用户提需求,直接开发,边开发边修改的策略。这种办法用于小型系统尚可,若用于大型信息系统可能导致系统越改越乱,最后无法收拾。

这种模式对企业信息技术水平要求不高,不利于培养自己的信息技术人员,这样项目后期的衔接容易出问题,软件公司在完成了项目建设之后,系统将继续接受修改维护,除非系统建成即闲置。在没有经费支持的情况下,软件公司无法承担修改维护费用;及时保证了经费,软件公司人员流动或者软件公司自身出现问题也将使得整个系统陷入瘫痪。只要企业自身没有控制项目全局的人员,这个风险就存在。

3)联合规划模式

智慧社区服务系统规划企业与系统集成商、计算机软件公司合作,由系统集成商、计算机软硬件公司提供信息技术人员,企业自身提供需求人员,组成相对稳定的项目团队,互相学习,联合进行智慧社区服务系统的规划建设。

在具体实施工程中,由承担需求分析的本单位人员负责收集用户需求,管理团队,而系统集成商、计算机软硬件公司派遣的技术服务人员则专注智慧社区服务系统的各个系统设计、开发、测试和部署。双方根据企业信息化需求制订一个长远的建设规划,然后逐步推进各个信息系统的建设,整合资源。

智慧社区服务系统的规划企业在智慧社区服务系统的规划建设中可以学习先进的开发方法,锻炼和培养企业的信息技术人员。由于有本单位人员参与,系统使用和维护也比较方便,开发的信息系统实用性较强,风险较低。

4)采购引进模式

企业从专业的软件提供商那里引进成套的商业信息系统软件。商业信息系统软件通常是由一批具有丰富经验的管理专家和高级专业计算机技术人员共同开发的,软件本身蕴涵了许多管理的先进思想和手段,针对行业特点为企业提供各个管理功能的模块,这些软件模块为企业流程优化与重组提供了可借鉴的参考模型,能够在较高层次上提升企业管理水平。商业软件一般比较成熟和稳定,有一定的用户基础,质量有所保证;升级维护支持及时,有利于企业信息系统的更新。

但商品软件追求通用化，其功能无论在范围上还是在深度上都只能使企业的需求得到部分满足，系统的适应性较差，项目实施的风险大，失败率高；由于没有源程序代码，不便于进行系统维护和二次开发；需要持续升级，成本较高。表3.1为4种常见规划模式的比较。

表3.1 智慧社区规划建设常见的模式

项 目	开发模式			
	自主规划	外包规划	联合规划	采购引进
内涵	规划企业依靠自生的信息化队伍，结合自己的软硬件条件进行智慧社区系统规划建设	规划企业通过招标，选择委托软硬件公司、科研机构、高等院校等外部单位进行信息化建设	规划企业与系统集成商、计算机软硬件公司合作，联合进行智慧社区系统规划建设	规划企业从专业的软件提供商那里引进成套的商业信息系统软件
部署成本	很高	较高	较高	很高
开发周期	长	长	长	短
维护成本	高	高	高	中
升级成本	高	高	高	中
风险	高	中	高	中
个性化水平	高	高	较高	中
安全性	高	高	高	中
质量水平	中	高	中	高

5）综合建设模式

智慧社区系统具有涉及面广、业务应用多、专业性强的特点，这决定了智慧社区系统建设要先有统一规划，逐步实施。在实施过程中，根据应用系统的特点，采用不同的规划建设模式。如果需求明确，自身具有强大的开发维护实力，可以采取自主规划；如果需求明确、自身开发力量弱，可进行一般的维护，采用合作规划；如果需求明确，但不具备开发维护实力，可采用外包模式；对于通用性强的系统，可采用采购引进的模式，如政务系统。

通过对以上4种规划建设模式的分析，结合目前智慧社区系统的发展现状，智慧社区系统可以采用联合规划和采购引进相结合的综合建设模式。在模式中，综合联合规划模式和采购引进模式的特点，智慧社区规划企业与已有成熟产品的系统集成商、计算机软硬件公司合作，由系统集成商、计算机软硬件公司提供信息技术人员，企业自身提供需求人员，组成相对稳定的项目团队，互相学习，联合进行智慧社区服务系统的开发建设。而对这些公司已有的、成熟的、通用性较强的子系统，可以直接进行购买，接受培训。智慧社区系统规划建设模式如图3.5所示。

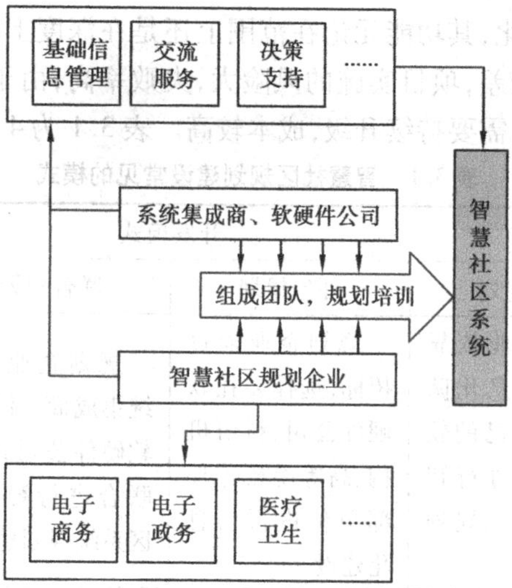

图 3.5 智慧社区系统的综合规划模式

3.2.3 智慧社区规划结构和布局

智慧社区规划结构布局因地而异，但总体结构和布局是有规则的，通常智慧社区规划的总体构成见表 3.2。

表 3.2 智慧社区规划的总体构成

序号	部 分	备 注
1	规划的目标和原则	
2	智慧社区现状与分析	
3	规划内容	可分为信息通信基础设施、智慧社区平台建设、智慧社区应用建设三大部分
4	保障体系	建设运行的体制和机制、规划建设与执行、资金投入
5	进度	

1）基础设施建设

建设智慧社区需要提供通信系统承载能力和设施资源的综合利用能力。为了提高信息通信基础设施服务水平，首先，建立社区全覆盖感知网络，以及广泛的射频识别感知网络和视频监控网络，促进卫星定位系统和城市地理信息的结合应用，建立统一布局环境感知监控网络，完善无线电监测网络，实现城市动态实时感知。再次，需要建设 T 级骨干网、G 级接入网、宽带城域 IP 网、无线宽带城域网、地面数字电视单频网（DTMB）、业务 IP 化的下一代高速融合网络，打造无缝连接的城域泛在网，形成多层次、立体化、高带宽的有线无线基础网络覆盖。最后，建立云数据中心，对智慧社区各种信息进行储存、处理、交换、灾备、高性能计算等服务的基础支撑，是智慧社区平台支撑的基础。

2）智慧社区平台建设

从技术层面简单理解，智慧社区是由分散在大量不同部门、不同物理位置的信息系统和数据库组成，通过政务网、专用网、互联网、无线网、物联网等通信网络资源从信息通路上进行链接；如果部门之间、系统之间通过点对点的方式建立联系，一些共性的、基础的功能每个系统重复投入建设，对整个智慧社区建设非常不经济。通过构建社区公共信息平台，实现统一规划、统一标准、统一技术、统一平台、统一运维，将大大提高智慧社区建设的实际成效，降低成本、提高能力、规范建设、平滑扩展。

3）智慧社区应用规划

智慧社区应用包括社区的方方面面，是具有全面感知、智能创新、协同高效、自我完善等特点的体系。智慧社区的应用规划应充分利用新一代信息技术，加强建设、公共管理服务及资源环境多方面资源整合，结合社区的特点和实际情况，选取合适的应用类型，全面提升智能化水平。

实训任务　某社区的智慧社区建设规划方案

1）实训目的

通过对项目的调研，进行智慧社区建设规划方案的撰写。

2）实训要求

①调查某个社区项目。

②能介绍项目概况，对该社区进行需求分析，提出智慧社区总体建设模式，对组团进行总体规划，并提出总体设计目标。

3）实训步骤

①准备调查的某个社区项目。

②分组实地现场调查，获取项目经济指标、项目鸟瞰图、项目规划图等相关资料。

③分组设计问卷调查表，对社区进行需求分析。

④分组对该社区总体建设模式、组团总体规划和总体设计目标进行PPT制作并讲解。

4）实训时间

实训时间为4学时。

5）实训考核

①考核组织。将学生分组，由指导教师进行考核。

②考核内容与方式。教师根据社区调查，对学生需求问卷表及分析进行评分；小组对社区总体建设模式、组团总体规划和总体设计目标进行评分（其中自评占20%，小组评定占50%，教师评定占30%）。

项目小结

（1）智慧社区规划具有规划结构的整体性、规划地域的特殊性、规划方案的预设性、规划体系的开放性和规划过程的动态性等5个方面的特征。

(2)智慧社区规划的技术路线首先是基于智慧社区所涉及的业务进行分析,依据信息系统的建设基础和需求分析,在信息系统战略分析的前提下,对信息系统进行总体设计,从而进行详细的平台应用系统设计,完成系统示范工程配置(软硬件)、平台系统测试与综合评估等相关工作。

(3)智慧社区规划的内容包括基础设施层、基础环境层、感知层、应用支撑层、业务应用层和呈现层等6个层次的规划设计。

(4)智慧社区规划的目标体系主要包括建立社区管理和应用服务体系、构建社区公共信息平台和建设社区信息化基础设施。

(5)我国智慧社区的规划主要是建立行政主体、市场主体和应用主体的协同机制。

(6)智慧社区规划建设的目标包括为智慧城市平台的建设提供良好的基础条件、促进社会和谐进步、加强政府工作、提高居民生活质量等。

(7)智慧社区规划的原则是规范性、先进性、可扩展性、开放性、安全可靠性和合作性。

(8)智慧社区规划模式包括自主规划模式、外包规划模式、联合规划模式、采购引进模式和综合建设模式。

(9)智慧社区规划的总体构成包括规划的目标和原则、智慧社区现状与分析、规划内容、保障体系和进度。

复习思考题

1. 智慧社区规划的特点是什么?
2. 智慧社区规划目标体系是什么?
3. 如何理解我国智慧社区规划的协同机制?
4. 简述智慧社区和智慧城市规划建设的关系。
5. 简述智慧社区规划的综合建设模式。
6. 智慧社区规划方案主要包括哪几个部分?

项目4

智慧物业管理

任务1　智慧视频监控系统与门禁系统管理

任务导读

- **基本要求**　通过本任务的学习，了解智慧视频监控系统概述、智慧门禁系统概述，熟悉智慧视频监控系统的演变历程、智慧门禁系统的类型，掌握智慧视频监控系统在智慧社区的应用、智慧门禁系统在智慧社区的功能。
- **重点**　智慧视频监控系统在智慧社区的应用。
- **难点**　智慧门禁系统在智慧社区的功能。

4.1.1　智慧视频监控系统管理

1)智慧视频监控系统概述

视频监控系统能够实时、形象、真实地反映被监控对象，是现代化管理中一种非常有效的观察工具。视频监控系统最早主要应用在安防领域，是打击犯罪、维护治安的一项辅助手段。近年来，随着计算机技术的飞速发展，视频监控逐渐应用到很多领域，如社区、政府部门、教育、医疗、金融、交通及娱乐等。作为智慧物业管理的重要组成部分，智慧视频监控系统管理在智慧物业安防管理方面起着至关重要的作用。

智慧视频监控系统是指利用图像处理、模式识别和计算机视觉技术，通过在监控系统中增加智能视频分析模块，借助计算机强大的数据处理能力，实现对场景中目标的定位、识别和跟踪等，并在此基础上分析和判断目标的行为，从而得出对图像内容含义的理解以及场景的解释，并以最快和最佳的方式发出警报或触发其他动作，从而有效地进行事前预警、事中处理、事后及时取证的全自动、全天候、实时监控的智能系统。智慧视频监控系统应具备三大主要功能：监测、甄别和分析，其与目标监测、目标跟踪、人脸识别、行人再识别等技术紧密相连。

传统的视频监控系统包括前端摄像机、传输线缆、视频监控平台，其主要任务是采集图像，基于人工操作进行监控与回看，存在对人极强的依赖性、效率低下、数据浪费、错误率高等问题。与传统的视频监控系统相比，智慧视频监控系统较好地解决了传统视频监控的不足，包含了高清摄像、移动终端、实时网络访问、视频存储、流媒体服务、Web 服务、视频识别、视频跟踪、视频分析等功能。随着科学技术的不断发展，更加高清化、网络化、集成化、智能化的视频监控系统将成为现在及未来的主要发展方向。

2）智慧视频监控系统的演变历程

随着社会对智慧安防整体方案要求的逐渐提高，传统的视频监控系统方案已经不能满足社会发展的需求，催生了视频监控系统的不断发展。视频监控系统从出现、发展到现在共经历了 4 个主要阶段，包括模拟视频监控系统、数字视频监控系统、网络视频监控系统、智慧视频监控系统。

（1）模拟视频监控系统（闭路电视监控系统 CCTV）

模拟视频监控系统最早产生于 20 世纪 70 年代，整个系统的构成包括视频信息的采集、传输、控制和显示。一套基本的模拟视频监控系统主要由摄像头、视频矩阵和监视器等设备组成，其中视频矩阵作为整个系统的主机，通过视频传输线将摄像头采集到的视频信息传送到监视器上，使用磁带录像机进行视频录像，较远距离的图像传输采用的是模拟光纤，利用光端机进行视频的信息传输。模拟视频监控系统具有发展较早、方案完善、部署简便、系统稳定等特点，但其也存在大量局限性：受模拟视频缆传输长度和缆放大器限制，只支持本地监控，监控能力有限；系统受视频画面分割器、矩阵和切换器输入容量限制，可扩展性有限；录像质量不高，随拷贝数量增加而质量降低；录像负载重，录像带需长期更换，且不易长期储存。

（2）数字视频监控系统（模拟-数字监控系统 DVR）

数字视频监控系统最早产生于 20 世纪 80 年代中期，整个系统主要由视频采集卡、视频编解码算法、存储设备、网络和软件接口体系等部分组成。其工作原理是先从摄像头采集到模拟信号，再将其转化为数字信号，然后利用一定的视频压缩算法对数字信号进行压缩，经过不同的传输线路连接到 PC 监控终端上，最后在监控终端上对视频数据进行解压缩并最终进行显示。相比于之前的模拟视频监控系统，数字视频监控系统具有数据存储量大、图像质量高、传输范围广和监控范围大等优点，但也存在大量局限性：每个摄像机上仍需要安装单独视频线缆，布线复杂；DVR 典型限制一次最多只能扩展 16 个摄像机，可扩展性有限；需要外部服务器和管理软件来控制多个 DVR 或监控点，管理性有限；不能从任意客户机访问任意摄像机，只能通过 DVR 间接访问摄像机，远程监视控制能力有限；磁带存在发生故障风险，录像没有保护，易丢失。

（3）网络视频监控系统（IP 视频监控系统 IPVS）

网络视频监控系统最初产生于 20 世纪 90 年代末期，是伴随着计算机网络的快速发展与视频监控的网络化需求而出现的。它采用嵌入式实时操作系统，能够把摄像机输出的模拟信号通过嵌入式编码器直接转换为数字信号，并通过有线或无线 IP 网络进行传输。它弥补了前两种监控系统无法通过网络获取信息的缺点，使用户可以通过网络中的任意节点接入和管理整个监控系统。网络视频监控系统可以通过局域网或者互联网进行数据传输，打破了之前视频监控系统的区域性限制，实现了视频监控信息的跨区域管理与共享。同时，提高了图像的质量，能够对数字进行压缩，占用带宽小，可以对数字信号进行加密，数据的存储更方便。但其最主要的缺陷是需要人来判断视频内容，且多用于事后处理的调查取证，未能充分发挥视频监控系统的主动性。

(4)智慧视频监控系统

智慧视频监控系统是在21世纪兴起的第四代视频监控系统，同时也是视频监控系统未来发展的主要方向。相比于普通视频监控系统，它的主要特点在于引入了视频智能分析技术，使计算机在视频监控的基础上具备了视频分析、目标识别、异常报警等功能，是数字图像处理、计算机视觉等技术与视频监控相结合的产物。随着社会视频监控范围的扩大，视频监控每天都产生着海量数据，完全靠人力对视频内容进行监视和分析已经变得越来越难，因此具有智能分析功能的视频监控系统可以作为辅助甚至替代人力完成一些烦琐的监控任务。

3)智慧视频监控系统在智慧社区的应用

(1)对社区人、物24小时实时监控、录像与识别

对居住区的主要出入口、主干道以及其他重要区域进行监控，有非法入侵时可以对现场进行图像跟踪、记录与识别，主要识别监控系统关心的内容，包括人脸识别、车牌号识别、车辆类型识别等。录像信息自动保存，管理人员可以按照警情类型、时间、地点、设备编号查询或调用录像信息。

(2)视频监控和防盗报警有效联动

智慧视频监控系统依据虚拟警戒线、虚拟警戒区域、自动 PTZ 跟踪、人数统计、车流统计、物体出现和消失、人员突然奔跑、人员突然聚集等技术，对社区内某个监控过程进行判断，一旦发现了异常情况，如有人进入警戒区域、某区域有人迅速聚集等情况，就发出报警信息，提醒值班监控人员关注相应热点区域。对数据统计，及时发现异常情况，并对异常情况进行数量统计。同时，社区出入口视频监控设备可与安装在每栋楼的公用紧急求助按钮或现场红外、门磁等报警传感器实现联动，非法入侵或紧急事件求助时可以对现场进行图像跟踪及记录，发出报警信息。报警发生时，可自动转入报警录像模式，并弹出报警画面。

(3)远程监控、维护和配置

利用远程移动设备实时监控，并可远程直接对视频服务器的全部系统参数进行配置，远程制订录像计划，设置移动侦测。云台控制，如前端选用智能球形摄像机，可实现摄像机光圈、变焦、旋转等调节。现场跟踪拍照，具备尾随功能。

(4)对视频环境影响的正常监控

环境的影响主要包括雨、雪、大雾等恶劣天气、夜间低照度情况、摄像头遮挡或偏移、摄像头抖动等。智慧视频监控系统技术应用能够在恶劣视频环境下实现较正常的监控功能。受环境影响视频不清楚时，尽早发现画面中的人，或者判断摄像头偏移的情况后发出报警。

在各种应用场合下，均能够较稳定地输出智能分析的信息，尽量减少环境对视频监控的影响。

4.1.2 智慧门禁系统管理

1）智慧门禁系统概述

在智慧社区，出入控制系统不仅是安防系统的重要组成，也是人们重视出入自动化和自身安全问题的体现。早期的门禁系统依赖于人工值守，门禁锁具以钥匙为主，安全性不高，效率低下。随着计算机技术的发展，机械取代了人工操作，便有了门禁控制系统，门禁锁具也从易于复制、窃取的钥匙、密码、磁卡，转变为安全性较高的IC卡。虽然IC卡门禁系统因方便使用、故障率低、易于维修等优点被普遍使用，一旦卡片丢失，门禁的安全防护将不复存在。生物识别技术的发展助推了门禁系统的智慧化发展。生物识别技术是一种将信息技术与生物技术相结合的新技术，通过计算机技术、光学、声学、生物传感器和生物统计学等高科技手段，利用人体生理特征（如指纹、虹膜、人脸等）或行为特征（如笔记、语音、步态等）对个人身份进行鉴别。现在社会比较主流的智慧门禁系统识别方式有指纹识别、虹膜识别和人脸识别等。

智慧门禁系统是将身份识别技术与门禁安全管理有效结合，涵盖计算机控制学科、机械学科、光电检测学科和生物技术学科等内容，是对进出的人或事物的通行允许、拒绝、报警和记录的智能自动控制系统，具备不易遗忘和丢失、不易伪造和被盗、可以"随身携带"、随时随地使用等优点。智慧门禁系统有多种构建模式，可根据系统规模、现场情况、安全管理要求等合理选择。传统门禁系统使用模拟或者半模拟信号，而智慧门禁系统一般采用全数字信号，室内机和门口主机都装有彩色触摸屏，可以支持密码、刷卡和刷脸等多种生物识别技术开门解锁。智慧门禁系统的基本组成结构如图4.1所示。

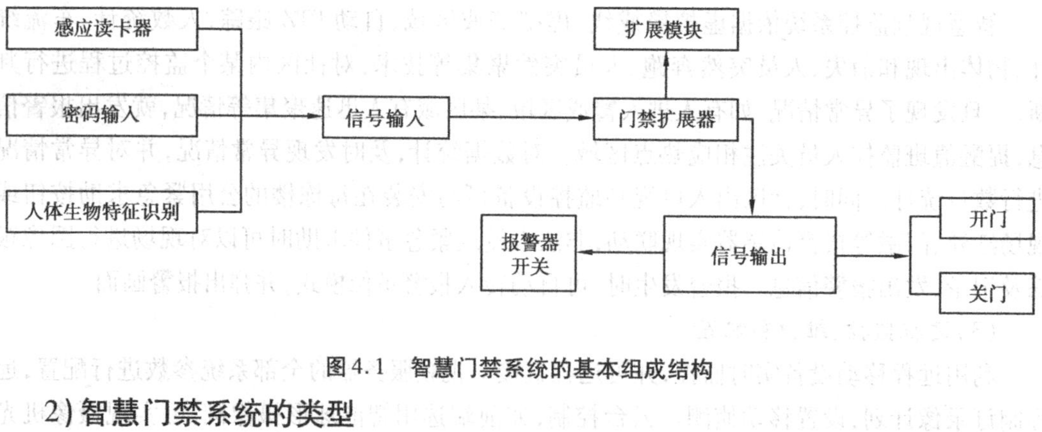

图4.1 智慧门禁系统的基本组成结构

2）智慧门禁系统的类型

智慧门禁系统按照识别来源可分为卡片识别门禁系统、密码识别门禁系统和生物识别门禁系统三大类。卡片识别门禁系统能满足一般区域对安全要求的管理需要，密码门禁很少单独使用，一般联合刷卡提供更高一级的安全。由于磁卡、接触式IC卡对操作环境的要求较高，卡片本身有一定的寿命期，加之识别过程中操作者的动作和所需时间明显多于非接触式卡片，即使目前磁卡、接触式 IC 卡、读卡器在门禁系统的应用中还占有一部分市场，但从发展趋势上看，它们将逐步退出门禁系统市场。智慧门禁系统中的卡片识别将以非接触型为主，如被具有 NFC 功能及内置虚拟凭证卡的移动设备替代。生物门禁系统以人体生物特征作为辨识条件，具有“人各有异”“终生不变”和“随身携带”的特点，因此无法被仿冒与借用，也不会遗失，适用于高度机密性场所的安全保护。在目前的智慧社区门禁系统中，多以生物特征结合刷卡和密码的方式进行门禁系统的管理。根据生物识别技术所用人体生物特征的差异，可具体分为以下几种类型：

(1)指纹识别

指纹识别系统是以生物测量技术为基础，利用人类的生物特征——指纹来鉴别用户的身份。指纹识别是现代社会中生物特征研究较为热点的方向，同样也是应用最早、最广泛的生物识别方法。19 世纪初，人们就发现了指纹的唯一性和不变性，即人的指纹有两个重要特征：一是两个不同手指的指纹纹脊的式样不同，二是指纹纹脊的式样终生不变。指纹是每个人所特有的，即使是双胞胎，两人指纹相同的概率也小于十亿分之一，而且在不受损伤的条件下，一生都不会有变化。由于指纹的特殊性，指纹识别具有高度的保密性和不可复制性。指纹识别在现实社会中的实用性较强。指纹取样方便快捷，而且具有设备小型化、成本低廉的优点，但也存在一定的缺点，如有些人指纹特征很少，难于成像，每次指纹采集后会在设备上留下指纹的纹理，这些纹理就有被盗用的可能。

(2)语音识别

语音识别又称声纹识别，是现代社会中较为常用的一种生物识别技术。语音识别是根据人说话声音的物理特性来进行识别，通过对说话者录入的一句话或一小段话进行不断的记录，计算其声音的波形变化，然后与现场使用的声音进行匹配来进行识别。优点是声纹特征获取方便、自然，系统的成本较低，也容易被市民接受，适合远程身份确认。缺点是准确性太差，人的嗓音受外界干扰较多，而且声音易被录音设备存储，影响安全性。

(3)视网膜识别

视网膜位于眼球后部，是一层透明的薄膜。视网膜识别是用红外线通过瞳孔拍摄视网膜血管的图像，利用视网膜血管分布的独特性进行身份识别。如果视网膜不受损，从 3 岁起就终生不变。视网膜血管分为两类：主要血管和毛细血管。前者特征比较明显，可用于身份识别，后者特征尺度太小，无法用于识别。优点是因为其外观看不见，所以被复制的概率很小，且使用者不需要和设备进行直接接触。缺点是当人在眼底出血、患白内障、戴眼镜的状态下无法辨识比照，且视网膜技术是否会给使用者带来健康的损坏，还需要进一步研究。

(4)虹膜识别

虹膜位于眼球前部，是瞳孔周围的有色环形薄膜，位于眼球外部可视表面，被透明的角膜层覆盖，呈现出一种复杂的放射状纹理，这些纹理由很多褶皱、凹陷和突起组成。虹膜识别就是采集、提取、分析和比较这些环形复杂纹理的差异性。因为眼球的颜色由虹膜所含的色素决定，所以不受眼球内部疾病等影响。虹膜识别是利用虹膜终生不变的特性，通过一种近似红外线的光对虹膜进行扫描并生成图像作为信息采集的依据，利用其差异性的特点来进行身份识别。对现有的生物识别技术来说，虹膜识别是精度最高的。优点是分析方便、防伪性好、稳定性较高。缺点是成本较高,普及较为困难。

(5)人脸识别

人脸识别技术是生物特征识别界较为热门的研究领域,通过使用计算机技术提取人脸的特征信息进行身份识别。人脸和其他生物特征相比,具有非接触性、操作简单、结果直观等优点,在现代社会中有着广阔的发展前景。随着技术的日益革新,人脸识别技术对图像的处理逐步复杂,识别的精度也不断提高。人脸最有效的分辨部位(眼、鼻、口、眉、脸的轮廓和头、下巴、颊的形状和位置关系以及脸的轮廓阴影等)都可利用,它有“非侵犯性系统”的优点,可用在公共场合,对特定人士进行主动搜寻。人脸识别包含人脸检测和人脸识别两个技术环节。人脸检测的目的是确定静态图像中人脸的位置、大小和数量,而人脸识别则是对检测到的人脸进行特征提取、模式匹配与识别。人脸识别系统主要用于人员身份的认证,是从实用性考虑的:一是相似性,不同个体之间的区别不大;二是易变性,面部的外形很不稳定,同时要考虑环境光线(如白天和夜晚、室内和室外等)、面部的遮盖物(如口罩、墨镜、头发、胡须等)、年龄等多方面因素对识别带来的影响;三是防范利用照片或视频播放来作假的可能,以提高系统的安全性。

3)智慧门禁系统在智慧社区的功能

智慧社区的智慧门禁系统早已超越了单纯的门禁系统概念,逐渐向一卡通系统方向和大系统联网管理方向发展。在安防系统中,智慧门禁系统能实时准确地定位出入人员的身份信息,在系统应用中将更少地减少系统存储资源和快速地处理数据需求并得到及时的反馈。智慧门禁系统从单纯的门禁系统逐步延伸到考勤管理、巡更管理、会议签到管理、电梯控制系统、图书管理、信息资源管理、消费系统管理、停车场系统管理、照明等节能控制、信息发布、大气监测、资产管理和车辆管理等应用,增加了门禁系统的附加值和技术含量,同时与视频监控系统和入侵报警系统联动组成立体安保系统,门禁系统的应用越来越成为安防系统的核心。根据智慧社区智能门禁系统基本组成结构,实现的功能可主要划分为识别功能、管理控制功能、门禁执行管理功能和系统设置功能(图4.2、图4.3)。

(1)识别功能

识别功能应能通过识读现场装置获取操作及“钥匙”信息并对目标进行识别,能将信息传递给管理与控制部分处理,接收管理与控制部分的指令;“识别率”“识别相应时间”等指标应满足管理要求;对识别装置的各种操作和接收管理控制部分的指令等,识别装置应有相应的声或光提示;识别装置应操作简便、识别信息可靠。

(2)管理控制功能

系统应具有对“钥匙”的授权功能,使不同级别的目标对各个出入口有不同的出入权限;应对系统操作(管理)员的授权、登录、交接进行管理,并设定操作权限,使不同级别的操作(管理)员对系统有不同的操作能力;系统能将出入事件、操作事件、报警事件等记录存储于系统的相关载体中,并能形成报表以备查看,事件记录应包括详细的时间、目标、位置、行为,系统存储应满足管理者需要,经授权的操作(管理)员可对授权范围内的事件记录处理;与视频安防监控系统联动的门禁系统,应在事件查询的同时,回放与该出入口相关联的视频图像。

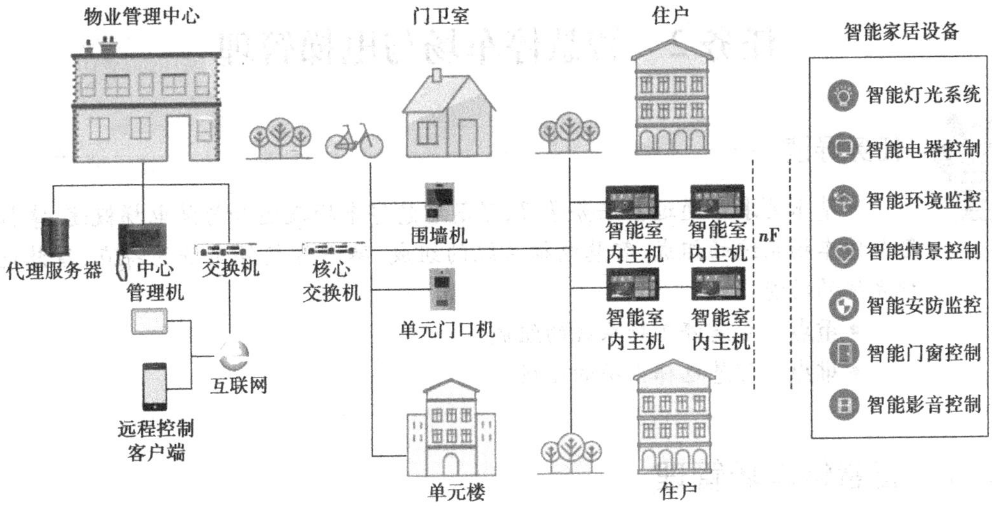

图4.2 博力云智慧社区门禁系统应用

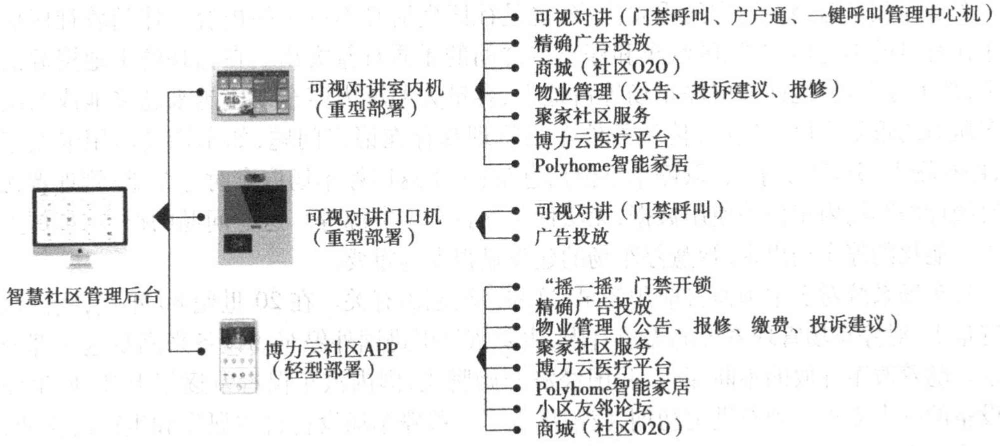

图4.3 博力云智慧社区门禁系统实现功能

(3)门禁执行管理功能

门禁执行管理需对门禁系统正常运行在线监控，早发现，早解决；当出现异常运行事件时，需对异常信息进行记录，并提示报警；闭锁部件或阻挡部件在门禁系统关闭状态和拒绝放行时，其闭锁力、阻挡范围等性能指标应满足使用、管理要求；出入准许指示装置可采用声、光、文字、图形、物体位移等多种指示；门禁系统开启时出入目标通过的时限应满足使用、管理要求。

(4)系统设置功能

系统设置主要包括对数据库的管理和通信参数的管理。数据库的管理主要包括数据的修改与查看设置功能；通信参数的管理是对控制器端口、控制器比特率、IP地址、监听端口、控制器时间等进行设置。

任务2 智慧停车场与电梯管理

任务导读

- **基本要求** 通过本任务学习,了解智慧停车场概述和智慧电梯概述,掌握智慧停车场系统的组成、智慧电梯系统的组成,熟悉智慧停车场的特点、智慧电梯系统的功能。
- **重点** 智慧停车场系统的组成。
- **难点** 智慧电梯系统的组成。

4.2.1 智慧停车场管理

1)智慧停车场概述

车辆停放是道路交通中的重要内容,也是社区生活必不可少的内容。伴随着社区居民汽车保有量的迅速增加,社区汽车和停车位之间的矛盾日益突出。在稀缺的土地资源的限制下,地下停车场、地面多层停车场等占地少、容量大的场内停车设施越来越多地成为缓解停车压力的重要手段。然而,传统的停车场管理却存在诸多问题,如车辆进出用卡效率不高;停车场内部构造复杂,获取停车空位信息难;车主返回停车场取车时寻车难;管理者无法实时统计停车场内车位的使用数据,无法优化配置车位资源等。这些问题的产生,都催生着更加智能化的停车场出现,智慧停车场的建设显得尤为重要。

停车场系统对于中国而言应用较早,这和市场刚需有关。在20世纪80年代,我国汽车保有量少,对停车场管理系统的需求有限,主要依靠引进国外停车场设备来满足这小部分的需求。随着改革开放的不断深入,我国经济开始腾飞,国内汽车保有量逐年上升,催生停车场设备的巨大需求。到新世纪初期,我国出现了一些停车场设备自主研发和生产的企业,由此正式开启了我国停车场管理系统行业,但当时以单纯的技术引进和模仿为主,仍处于行业的早创阶段,不具备竞争力。近年来,许多企业结合国内行业现状和特点开发出较高技术水平的停车设备,相关技术得到大幅提升,这也助推了智慧停车场的建设。

智慧停车场是利用物联网、移动终端、GPS定位、GIS、云计算等先进技术对停车场进行管理,并将分散的终端数据汇总起来,通过对停车场的远程在线实时管控,实现便民利民的空位预报、车位预订、导航停车、错时停车、在线支付等功能,从而实现停车位资源利用率的最大化、停车场利润的最大化和车主停车服务的最优化。

2)智慧停车场系统的组成

智慧停车场可以实现进出停车场无须停车刷卡,固定车位能受到保护,临时车辆能通过引导屏获知车场空车位数乃至空车位的具体位置,能实现车辆进出提示从而实现车辆防盗、自助缴费、反向寻车等功能。一般在设计智慧停车场系统时,包含停车场出入口子系统和停车场管理子系统的设计。

(1)停车场出入口子系统

出入口子系统的设计采用IC卡管理系统,长期用户可用月卡,来访车辆可用临时IC

卡。所有IC卡均经读卡机识别后自动收费。在小区的出入口设置摄像机对来往车辆进行自动监控，把车辆的车牌号码、颜色等传输到控制中心。当有车辆离开时，司机所持有的IC卡必须和微机中的资料一致时才能升杆放行。

更智能化的出入口子系统的设计则无须卡片，其基于高清车牌识别技术，主要依托安装在收费岛上的高清车牌自动识别设备。当车辆入场时，可自动识别车辆的车牌信息，并由入口嵌入式智能控制机通过网络将其传送至后台管理中心服务器数据库(图4.4)。当车辆驶出时，安装在出口的高清车牌自动识别设备可自动识别其车牌号码，并由出口嵌入式智能控制机通过后台管理中心服务器数据库查找与该车牌相关联的车辆信息，如月租缴费信息、入场时间、出场时间，自动判断该车是否缴费、缴费数额，将缴费信息显示在显示器上并控制自动栏杆的起降以拦阻或放行车辆(图4.5)。

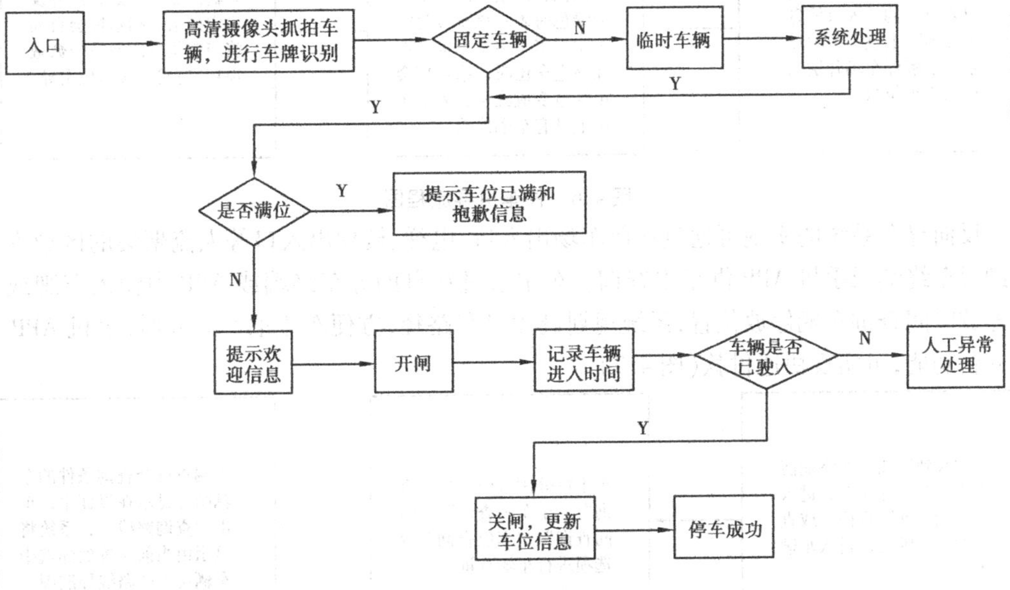

图4.4　车辆入口识别流程图

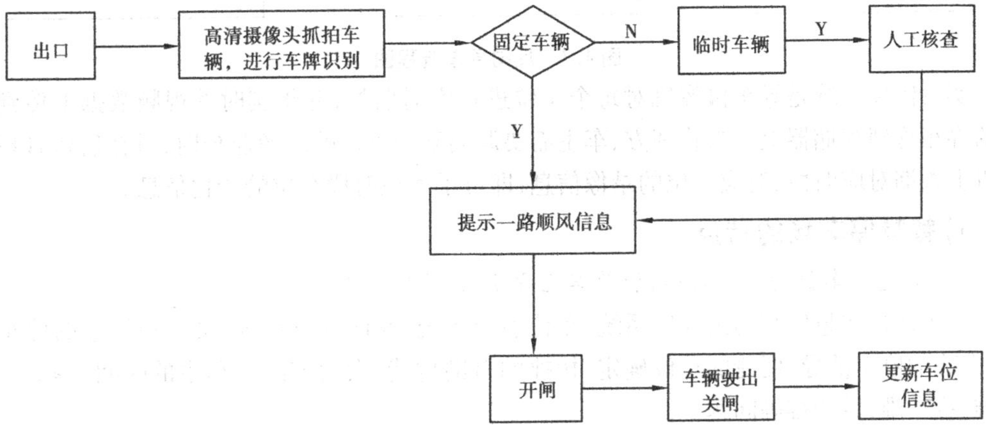

图4.5　车辆出口识别流程图

(2)停车场管理子系统

停车场管理子系统由车位引导系统、反向寻车系统和实时监控系统组成，能帮车主最快速地找到空车位和定位到自己的爱车。

车位引导系统是能够引导车辆顺利进入目的车位的指示系统。在停车场内,每一个车位布置一个超声波探测器,每个探测器上连接一个指示灯。探测器探测该车位是否被车辆占领,当有车辆在该停车位时,指示灯显示红色,否则显示绿色。每个区域的探测器通过总线连接到一个数据采集器上,数据采集器通过交换机将底层的数据送至车位引导管理中心。场内每个分岔口设置室内 LED 引导屏,显示方向指示和剩余车位情况,并实时更改数据。场外出入口管理机所连接的大屏显示场内的剩余停车位数量以及到最佳停车位的路线图(图 4.6)。

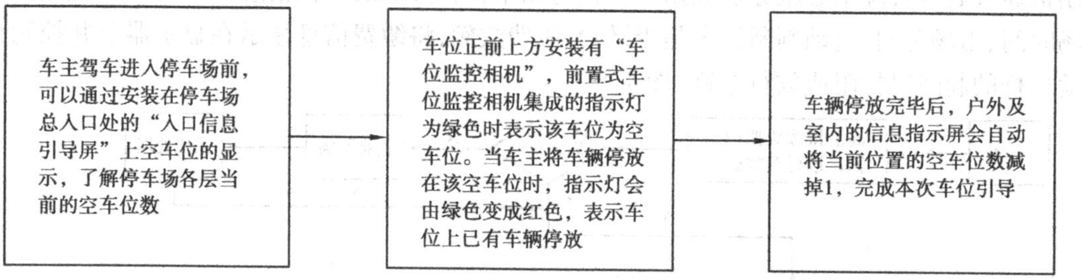

图 4.6 停车引导流程图

反向寻车系统的实现可通过在停车场出入口、电梯、楼梯出入口等人流聚集的区域安装自助寻车终端或手机 APP 供车主查询。车主通过在自助寻车终端或 APP 中输入车牌或车辆停放时间查询车辆停放位置,系统规划最优寻车路径,方便车主取车。同时,手机 APP 支持支付功能,可实现快速付款(图 4.7)。

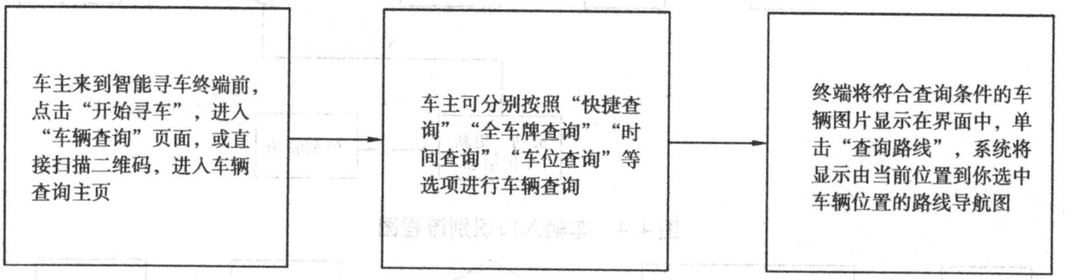

图 4.7 反向寻车流程图

实时监控系统是寻车摄像机对每个车位进行实时监控,并将实时的视频数据上传到前端的寻车管理存储器上。当管理方、车主需要调阅某一车位的录像监控时,可在后台管理计算机上查询对应时段、对应车位的录像信息,即可了解该时段车位的变化信息。

3)智慧停车场的特点

(1)促进停车位的使用效率,引导车主方便、快速地停车

车主通过智慧停车场出入口系统、车位引导系统、反向寻车系统,可实现快速的停车出入、准确的停车诱导、便捷的车位确定、快捷的自助付费,大大节约了车主的时间,解决了停车难、找车难、付费难等问题。

(2)逐步减轻对人的依赖性,无人化服务逐渐实现

随着我国劳动力成本的快速上升,过去靠人海战术管理停车场的方法越来越不可行,智慧停车场依靠物联网、GPS、云计算等技术,逐步实现了停车场的自动化、智能化,管理人员逐

渐减少。

(3)智慧停车场系统的建设离不开移动终端的参与

移动设备的快速发展给人们带来极大的便捷,人们在社会生活中订餐、购票、下载优惠券、交友等都离不开手机、iPad 等移动设备的参与,智慧停车场也不例外。目前,智慧停车场可通过手机等移动设备实现车位预订、车费支付、寻找车辆等功能。

(4)化解信息孤岛局面,实现停车场数据共享

智慧停车场不在于仅解决一个停车场的智能化问题,而在于通过智慧停车场系统联网,搭建更强大的城市智慧停车平台,实现停车场数据共享,解决一个区域、一个城市的停车问题。

4.2.2 智慧电梯管理

1)智慧电梯概述

电梯作为高层建筑必备的垂直交通设备,在给人们出入带来便利的同时,电梯故障所造成的人员伤亡和经济损失也相当严重,因而对其运行的安全性、可靠性有着特殊的要求。如何对电梯的安全运行实施有效的监控,及时排除各种电梯故障隐患,一直是物业、电梯维保公司和监管部门致力解决的问题。

1900 年,美国奥的斯电梯公司通过代理商 Tullock & Co. 获得在中国的第一份电梯合同,为上海提供了两部电梯。从此,我国的电梯史拉开了第一幕。早期,我国的电梯以对进口电梯的销售、安装、维保使用为主。中华人民共和国成立后,在上海、天津、沈阳等地相继建起了电梯制造厂,我国开始了独立自主的电梯研制和生产。1950—1979 年,我国共生产、安装电梯 1 万台。随着我国的改革开放,电梯业吸取和引进了国外先进的技术、制造工艺和设备及科学的管理经验,组建中外合资企业,使我国电梯工业得到了巨大发展。在此阶段,电梯在技术研制、科学教育、行业管理和政府监管上也有长足的发展。目前,我国已成为全球最大的电梯生产基地和电梯市场,并在今后相当长时间内还将是全球最大的电梯市场。

随着市场的壮大,计算机技术和网络技术的不断发展,电梯智能化程度的不断提高,尤其是物联网技术、大数据分析技术的行业应用不断深入,为电梯智能管理系统的实现提供了必备条件。通过电梯智能管理系统的搭建,实现电梯监管的动态化、可视化,电梯安全信息实时、全天、远程收集、监控,对电梯故障事故进行预报预警、分级响应和应急处理,及时掌握电梯运行和维护保养情况。通过电梯智能管理系统可以使电梯、电梯企业、质监部门、维保企业、配件企业、物业企业、电梯乘客、行业协会和房产企业之间进行有效的信息和数据交换,实现对电梯的智能化、统一化管理,保障电梯的可靠运行。

2)智慧电梯系统的组成

智慧电梯系统是一个社会性质的平台,维保、物业、质量技术监督局以及电梯乘客均可实现多角色参与电梯管理。不同厂家的设备,尽管实现功能相近,但是其控制方式有很大的不同。下面以较为常用的物联网智慧电梯系统为例,简要说明智慧电梯系统结构。

智慧电梯系统的基本结构,可分为数据采集层、小区网络层、公共网络层和平台应用层。数据采集层在整个系统中属于核心角色,用于采集电梯的动静态数据、故障数据等信息,通

过小区网络层和公用网络层推送给客户。小区网络层中包含了通信节点、通信中继、通信网关以及数据传输单元(DTU),核心部件是通信网关和DTU,其稳定性与可靠性关系着整个智慧电梯系统能否可靠地工作。通信网关和DTU接收来自数据采集层的相关数据,经过相应处理后通过公用网络层传递到平台应用层,用户便可以方便地监控和管理电梯。平台应用层包含了诸如电梯企业、物业企业、维保企业、配件企业及电梯乘客等门户,方便各个门户对电梯进行实时监控与管理(图4.8)。

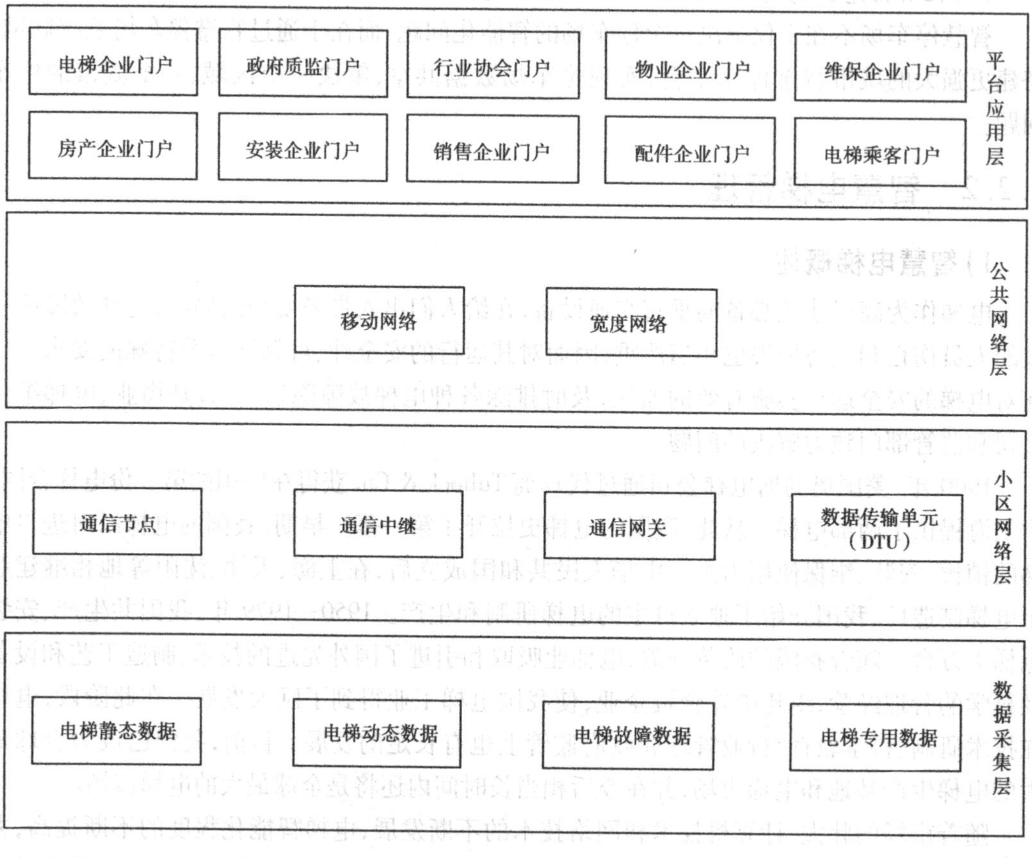

图4.8 物联网智慧电梯基本架构

3)智慧电梯系统的功能

不同的智慧电梯系统所实现的功能会有所差异,总结已有的智慧电梯综合解决方案,可将其实现的功能总结如下:

(1)安全监控

安全监控管理是智慧电梯系统的基本功能。安全监控管理不仅可以随时掌握电梯运行情况和异常信息,为及时救助被困乘客提供信息和组织保障,而且还为电梯设备的维修保养工作提供数据和信息依据,实现实时监控和问题响应。可以保证对运行电梯实时进行数据和信息监测,监控中心利用系统的管理平台可以进行电梯安全监管工作,物业单位和维保单位、质监部门也可以通过系统管理平台进行目标电梯的运行安全监控工作。当电梯发生运行异常或故障时,系统会自动进行分析处理,包括信息记录、信息告知、工作提示等。困人故障发生时,系统会自动启动应急反应措施。

(2)维保工作管理

高质量的维保工作是电梯运行安全的基础和保障。只有有效地对维保工作进行管理，才能从根本上保证电梯的运行安全。系统可自动将电梯的待保信息、异常和故障信息进行分类，以提示的形式提供给相关维保人员。同时，系统也可自动生成电梯的异常问题趋势信息，并发送给维保单位及相关人员，作为检查和维保的参考依据，避免严重故障的发生。系统还可记录维保人员、工作内容、对象电梯、工作时间等相关信息，具有编号的维保人员在现场对电梯进行维保工作时，可在终端设备上进行身份确认和工作确认，保证现场维保工作质量。

(3)应用管理

智慧电梯系统可实现对数据和信息的分析统计，全面掌握电梯的整体运行情况，充分了解电梯整体的运行问题和故障规律，也可全面掌握和准确评测维保工作情况。如系统中具备电梯的全面资料信息，可随需要生成各类准确的统计资料，保证对在网电梯运行的有效管理；可以对电梯的年检情况进行管理，及时提示未检电梯的信息，避免管理漏洞；对异常和故障信息的统计分析，可以全面了解电梯的运行故障情况，分析出电梯问题的关联性规律，对各维保单位进行有数据支撑的技术指导和工作要求，减少故障事件的发生，提供电梯安全运行率；可以对在网电梯的整体维保工作情况进行统计和归纳，掌握行业整体维保工作情况，还可以建立维保单位的工作评价指标，对各维保单位进行工作考核；利用本系统的维保单位信息和维保人员信息，管理部门可以进行维保单位和维保人员的资质监管(表4.1)。

表4.1 智慧电梯系统各类单位对应功能表

单 位	系统功能	内 容				
质监部门	数据统计	品牌统计	运龄统计	故障统计		
	工作监督	年检管理	资质管理	维保监管		
	系统信息	通知管理	设备管理	单位信息	维保人员信息	
维保单位	故障报警	报警信息	故障信息			
	工作提示	维保提示	问题趋势	故障提示		
	工作管理	现场工作	问题电梯			
	系统信息	管理通知	电梯信息	单位信息	工作信息	交流平台
物业单位	故障报警	报警信息	维保人员信息	故障信息		
	工作提示	年检提示	维保提示			
	运行监控	电梯状态				
	系统信息	管理通知	电梯信息	单位信息		

(4)信息平台

智慧电梯系统可实现面向社会的信息公开、广告通道以及便民服务。以系统为基点，可建立全新的社区公共信息平台，提供多方面的应用服务，包括信息服务平台、电子商务等应用。如管理部门可以通过系统信息平台，发布公告和告知信息，由于是内部平台，既可以保证信息的送达率,还有一定的安全性。通常在电梯运行正常的情况下,轿厢内终端设备的屏幕可以用作媒介平台,进行公共服务信息和商业广告信息的播放,播放的信息可以是视频、音频、图像、文字等各种形式的内容。平台的利用,既可以作为项目管理单位的商业工具,也可以作为物业单位的信息发布平台。

任务3　智慧消防管理

任务导读

• **基本要求**　通过本任务的学习,掌握智慧消防的主要内容,了解智慧消防的实施和建议。

• **重点**　智慧消防的主要内容。

• **难点**　智慧消防的实施。

4.3.1　智慧消防的主要内容

消防建设是社区建设、城市建设的重要组成部分,是人民生命财产安全的一道屏障。随着城市建设的推进、气化燃料应用的推广、电器的普及和装修材料的多样化等,给社区消防、城市消防带来了更大的安全风险;城市高层建筑的增加、建筑密集度的增加等,也给建筑消防安全带来了许多问题。受智慧城市和智慧社区的启发,智慧消防应运而生,各城市消防部门开始利用信息技术手段解决突发事件。智慧消防的建设需要依托于智慧社区、智慧城市的基础设施,利用信息资源和智慧产业的发展进行智慧消防建设。同时,智慧消防建设也推动了智慧城市、智慧社区的发展完善。

智慧消防是一个全新的理念,立足公众消防安全需求,利用物联网、移动"互联网+"、传感器技术、智能处理等最新技术,配合全球定位系统、通信技术和计算机智能平台等,针对城市消防装备、应急预案、消防水源、建筑固定消防设施等信息进行智能采集、数据清洗、治理、分析以及辅助决策,从而实现对城市消防安全的监测、预警、处置、指挥调度等功能,有效提升城市防灾减灾救灾能力。

目前,智慧消防主要是利用物联网技术,进行消防远程监控;通过物联网传输终端和智能终端实现消防监控、消防设施与相关人员的沟通,这种人与物、物与物的沟通和交流实现了一体化的智能网络系统,其主要内容如下:

1)火灾预警自动化

在各种灾害事故中,火灾是建筑中最频繁发生的灾害。一旦发生火灾,其造成的损失是巨大的。如何及时发现并报告火情、控制火灾的发展、及早扑灭火灾,是确保人身安全和减少楼宇设备财产损失的关键。而这些关键因素中,第一要义就是如何及时发现并报告火情。仅依靠人力,显然是费力、滞后的,唯有依靠科技的力量,实现火灾预警的自动化。即能实现全时段、全天候地监控城市消防安全运行情况,构建城市互联互通的火灾监控网络,从系统上、整体上对火灾风险进行分析和研判,有针对性地提高火灾预警能力。可通过建设城市火灾动态监管系统、火灾风险评估系统、消防信息宣传系统等实现。

2)灭火应急救援智能化

火灾一旦发生,准确地了解火灾情况、控制火灾的发展、及早扑灭火灾显得尤为重要。当前,城市既面临高层、地下、化工、老式民宅等“老毛病”,又面临新建筑、新材料、新能源、新技术、新项目及人口老龄化等衍生出来的“新问题”,加之灭火过程涉及的内容较多,比如要了解火灾实时发展情况、人员布局及设备、建筑物的地理信息和内部结构等,这都进一步加强了消防救援的难度。唯有实现灭火救援指挥的智能化,才能增强灭火救援的准确性、及时性,这需要多个平台的共同协作。可通过建立火灾和应急救援快速反应平台、火灾现场全面监控智能指挥系统、完善的消防地理信息系统等实现。

3)日常部队管理精细化

参与到救援第一线的是我们的消防行政执法人员,作为政府依法行政的重要组成部分,其执法过程也需全程记录,以满足政府信息公开、部门联合监管的需求。同时信息化的管理,也能进一步提高消防执法的效率水平,为日益繁重的应急救援的社会消防安全管理任务提供保障。针对此项,可通过建立消防模拟训练系统、消防战勤智能保障系统、消防执法智能化系统等实现。

4.3.2 智慧消防的实施与建议

1)智慧消防的实施

目前,全国各地高度重视智慧消防的建设,各个地方结合本地情况搭建消防的智慧化体系,根据智慧消防的火灾预警自动化、灭火应急救援智能化、日常部队管理精细化的建设要求,具体实施路径可归纳为以下几个方面(图4.9)。

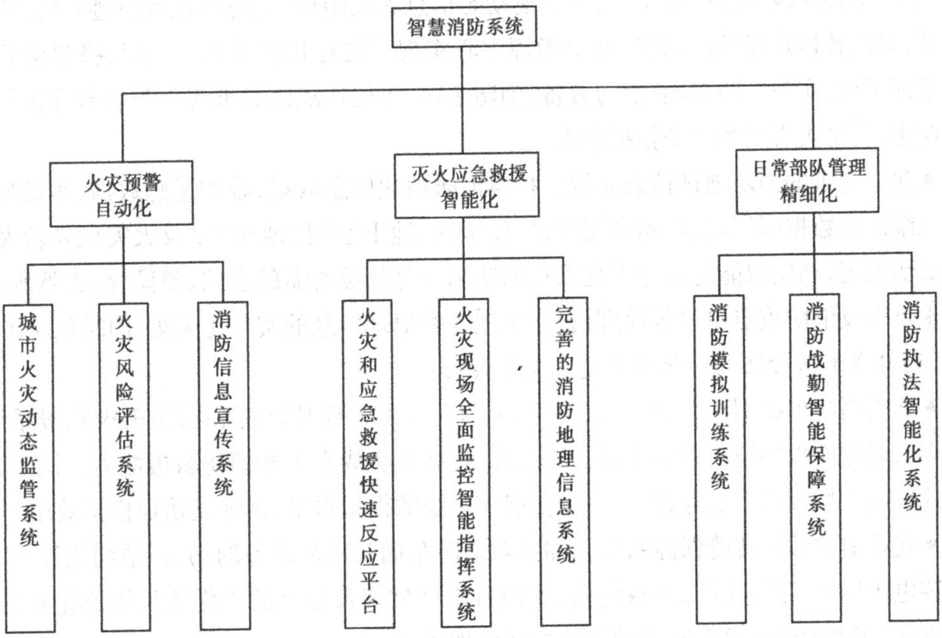

图4.9 智慧消防建设内容

(1)火灾预警自动化重点建设项目实施

• 建设城市火灾动态监管系统。主要加大监控力度,可建立远程监控视频、高空瞭望监控、重点区域监控、重点设施部件监控,实现实时监控消防报警设备、消防水系统、消防用电、防排烟等设备运行状态;实现对消防管理人员、工作人员的综合管理和动态管理;实现对重点区域、社会单位内部重点部位的预防控制;实现全时段、智能化监测消防设施设备运行状态的监测,找准火灾防控的薄弱环节和重点防控对象。

• 建设火灾风险评估系统。实现消防火灾的预先控制,重点以构造城市火灾风险评估模型为主。通过历史数据和实时获取的数据,查找、分析和预测各种火灾风险源和可能的火灾风险程度,根据排序高低、轻重缓急,最大限度地消除和降低各项火灾风险性,实现预防和控制火灾事故的发生。

• 建立消防信息宣传系统。借助城市媒体,共建消防宣传平台,宣传消防安全信息;借助新媒体,共建消防安全信息互动交流平台;借助消防监管服务平台,打造全民消防知识库;借助公共移动通信网络设置基础平台的安全风险提示短信发布系统,发布安全防范和逃生知识等消防短信,尤其是在发生重大火灾时发布消防逃生信息,最大限度减少人员伤亡。

(2)灭火应急救援智能化重点建设项目实施

• 建立火灾和应急救援快速反应平台。将指挥调度平台、相关应急部门(包括气象、卫生、医疗、供电、供水等)和所有消防应急救援(包括政府专职队、现役消防队、企业专职队、小型消防站、微型消防站等)对接成网,实现信息资源共享,统一指挥安排。指挥中心结合各类预案制作和力量调度等级,根据具体灾情,自动生成救援方案,第一时间应急联动各单位人员和设备,满足城市综合应急救援指挥的需求。

• 建立火灾现场全面监控智能指挥系统。通过城市天网监控系统、智能手持终端、车载传输装置、单兵无线图传等设备,实现战场动态信息无线图传、消防员现场轨迹跟踪,实时传送灾情,掌控救援现场情况,满足城市指挥中心实现可视化指挥需求。同时,搭建消防移动智能指挥平台,实现消防车辆、消防装备、消防水源、单位作战信息卡等各类后台支援信息的实时调用,满足灾害现场移动指挥需求。

• 建立完善的消防地理信息系统。扩容消防地理信息数据,叠加遥感数据、实景数据和城市三维地理数据图层,制作超高层建筑、化工区、地下空间(地铁)以及火灾风险较大区域的内部实景图,利用智能终端电子化采集消防和应急救援所需的道路、消防栓、天然水源、码头取水点以及消防重点单位等地理信息,实现各类地理信息的实时化采集、即时化应用。

(3)日常部队管理精细化重点建设项目实施

• 建设消防模拟训练系统。通过构建消防监督网上模拟训练和消防灭火救援系统,让各级官兵能在模拟环境中真实体验实战状态,提高其实战水平和消防救援能力。同时,也可通过这样的模拟训练系统建设,进一步拓展该系统的模拟水平,增强其培训模拟效用。

• 建设消防战勤智能保障系统。加强对消防车辆及特种设备的动态、精细化管控,可通过安装电子标签、定位系统、车载终端,实现日常器材装备检查的工作流程规范化和信息管理精细化,实现消防处警车辆的动态监控和管理功能。

• 建立消防执法智能化系统。可通过为消防监督执法人员配备移动执法终端和便携式打印设备等方式，实现现场消防监督工作情况、单位消防隐患实时查询、记录和法律文书现场打印、实时上传，还可将执法裁决与多部门(公安、工商等行政部门)关联，获取违法违章信息作为处罚参考的同时推送执法结果，实现共同监管、严厉打击违法行为。

2)智慧消防的实施建议

智慧社区是智慧城市的基础和重要组成部门，智慧消防的建设也是如此。智慧城市智慧消防的建设需要依托各个智慧社区的建设完善，这显然不是一蹴而就的事，需要根据社区自身的情况而定，逐步实现。但有一点可以肯定，智慧社区的智慧消防建设脱离不了智慧城市智慧消防建设这个大体系。

在智慧消防的建设中，需要充分利用智慧社区的监控系统，保障对此区域的实时监控；需要加强消防安全意识宣传，可将宣传任务落实到社区，形成社区独有的消防宣传文化体系，如定期的消防安全知识讲座、信息推送；定期区域的消防救灾模拟训练；对区域单位和个体要求进行的安全知识培训等。智慧消防的核心是依赖先进的科学技术，而科学技术的一大特点就是发展迅速，智慧消防的构建也需紧跟时代，与时俱进。

任务4 智慧维保管理

任务导读

• **基本要求** 通过本任务的学习，了解智慧维保的特点和方式，掌握智慧维保的主要管理内容。

• **重点** 智慧维保的特点和方式。

• **难点** 智慧维保的主要管理内容。

4.4.1 智慧维保的特点和方式

1)智慧维保的特点

维保即维护保养，是指对设施设备的检查、试验、修理、配装、分级、回收等。社区的维护与保养主要包括对住宅楼、电梯、水电卫生设备等的维修与保养服务。智慧维保是运用先进的科学技术对设施设备及维保人员进行高效的智能化管理。智慧维保有信息记录电子化、现场管理便捷化、责任主体明确化三大特点。

(1)信息记录电子化

维保人员可以通过计算机或手机等智能终端在设施设备的维护保养过程中采集相关信息，由信息系统生成电子维保记录，从而代替以往的纸质维保记录，监察部门和社区居民可通过登录智慧平台查询相关维保数据。

(2)现场管理便捷化

维保智慧监管平台通过记录维保工作人员活动轨迹、保存维保现场照片等技术手段，确认维保工人到达现场、维护保养时间以及保养后设施设备的状态等情况，以实现维保单位对维保工作人员工作质量的管理。

(3)责任主体明确化

维保工作人员将所保养的设施设备维修保养前存在的问题、维修保养过程中的情况以及维修保养后的状态，以照片形式上传智慧平台，在平台系统中留下鉴证资料，以分清维保、使用和管理等多方的责任。

2)智慧维保的方式

①建立社区智慧监管平台，整个社区使用统一的维保信息化管理系统。

②将有资质的维保人员的相关工作信息录入平台，同时在维保设施设备上加装维保工作过程和质量管理芯片并与平台绑定。

③维保人员在开展维保工作中通过划卡或扫描方式将其工作内容输入管理芯片。

④监管部门通过计算机或手机终端，随时调取平台管理的芯片所采集的信息，实现对设施设备维护保养质量的监督管理。

4.4.2 智慧维保的主要管理内容

(1)维保合同的履行情况

社区通过智慧监管平台实现对设施设备、维保人员的电子监管，能够有效解决维保工作过程不清、人员与设备状况不明、各方责任落实不到位、应急处置和救援能力不强等诸多难题。同时，约束维保单位严格依照安全技术规范和标准要求，按时、高效、准确完成所承接的维保业务工作，从而提高维保工作效率，实现双方管理工作的便捷化，促进维保合同的高效履行。

(2)设施设备实时状态及维保状态

智慧监管平台对设施设备状态进行实时监控，设施设备出现故障可及时被发现并得到迅速处理，从而降低设施设备损坏和引发更坏情况的概率，提高设施设备的完好性。同时，平台系统中的设施设备状态监控记录及维保电子记录是公开透明的，可以提供客观、准确的依据，及时化解基于维保所产生的设备故障纠纷。

(3)维保工作人员的状态及工作细节

智慧监管平台系统中包括火灾自动报警系统、灭火系统、视频监控系统等智能化子系统，维保工作人员可通过平台设置设备巡检周期自动提醒，也可通过手机、计算机等智能终端全程关注设施设备的状态，出现故障能及时发现并到达现场处理情况。维保人员对设施设备进行维护保养的全过程在系统中记录并自动统计，可追溯，便于随时查询。实现设施设备维护保养工作的标准化，实现人员素质、设施保障、技术网络的整体协调，确保维保工作实现精细化管理。

任务5 智慧设施设备运行管理

任务导读

- **基本要求** 通过本任务的学习，掌握智慧设施设备的种类，熟悉智慧设施设备的运行。
- **重点** 智慧设施设备的种类。
- **难点** 智慧设施设备的运行。

4.5.1 智慧设施设备的种类

智慧设施设备是以智能系统为平台，以各种办公、家电、影音设备为主要控制对象，利用综合布线技术、网络通信技术、安全防范技术、自动控制技术、音视频技术将与家居生活有关的设施进行高效集成，构建高效的设施与日常事务的控制管理系统，提升生活工作环境智能、安全、便利、舒适性能，并实现环保控制。智慧设备控制系统是智慧城市的核心，是智慧设备控制功能实现的基础。

智慧设备主要有中央控制器、智能空调、智能调光板、智能 LED 灯泡、信号/协议转换器、智能开关、智能插座、遥控器、智能电视、监控设备、冰箱、洗衣机、热水器、电烤箱、火灾探测器、水浸探测器、燃气报警器及其他设备等。这些设备主要分为三类：智能控制设备、检查探测设备和执行输出设备，但现在很多设备都兼具控制、探测等功能于一体。下面对常用的智慧设备进行简要介绍。

1) 中央控制器

该系统主机是基于无线射频技术开发的智慧控制主机，兼容性强，用户可使用计算机、手机、平板计算机、RF 遥控器、触控面板等多种方式控制灯光、窗帘、电视、空调、影音等设备，同时该类系统主机支持电话、短信报警发送及联动控制。多组情景模式自由搭配，实现个性化智慧生活，可应用于家庭、办公、展厅和酒店等场所。

中央控制器主要是收集系统中各个设备传递过来的数据，对收集来的数据进行分析整理。中央处理器具有响应各种查询的功能、协调各设备正常工作的功能，也具有和其他系统配合工作的能力。中央控制器通过不断地记录/统计不同场景模式、不同时间段、不同季节用户的常用设置以及用户的个人喜好，设置合理的控制模式（如睡眠状态室内温度应保持在 20 ~ 25 ℃，湿度为 50% ~ 60% 等），比如你在某一个时间设定了某一个温度，中央控制器都会记录一次，经过一段时间后，它就能学习和记住用户的日常作息习惯和温度喜好，并且利用算法自动生成一套设置方案，只要你的生活习惯没有发生变化，就不再需要手动设置中央控制器。

2) 智能空调

- 智能远程控制：可以随时通过远程终端（计算机/手机/iPad 等设备）上的 APP 软件查询空调的运行状态，给空调设置不同的运行模式和温度。
- 智能检测：自动清除室内 $PM_{2.5}$，同时定期自动发送电量报告，达到节能低碳的目的。
- 睡眠控温曲线：用户在夜间睡眠前可以选择夜间睡眠模式，系统为你智能匹配睡眠曲线;也可自动编辑睡眠曲线,按个人入睡时间及睡眠习惯智能控温,从24 ℃的凉爽温度到27 ℃的入睡温度,空调温度自动调节,使人能够进入良好的睡眠状态。

- 智能适应:空调专用能效系统将对家居冷暖系统的运行状态、运行参数及屋内外环境温湿度实行全天候的自动监测,同时根据室外温湿度变化在不同季节自动改变温度设定值。

3)智能调光板

可以手动旋钮、触摸滑动调节亮度、无级调节亮度。支持对LED灯/白炽灯0~100%调光亮度调节、带亮度热键、定时关机等功能。支持状态实时反馈,LED支持多种亮度/颜色配置。支持通过远程终端(便携设备)进行控制。

4)智能LED灯泡

支持远程Wi-Fi/ZigBee控制亮度和颜色。支持远程状态反馈,支持定时设置(开启/关闭)等功能。

5)信号/协议转换器

中央控制器需要控制不同厂家的设备,有些设备之间还需要相互通信,中央控制器不可能支持所有设备的协议和信号。如现在大多数非智能电视/空调采用红外控制方式,信号转发器支持把RF/ZigBee信号转换成电视盒空调能够识别的红外线信号以及不同家电设备间Wi-Fi到ZigBee协议的相互转换。

6)智能开关

- 远程控制:用户可以通过远程终端远程监控智能开关的状态(开/关),可以远程打开/关闭智能开关。
- 控制模式:支持红外/无线/手动/光感/声音等控制方式。
- 安全保护:当出现超过额定电压(如雷电等)的情况时能够自动断电保护家电设备;开关面板为弱电操作系统,开启或关闭灯具时无火花产生,老人及小孩使用时安全系数很高。
- 高效节能:在检测到用户断电后,自动关闭智能开关起到节能的作用,并通知用户。
- 自动夜光:智能开关能够自动采用夜光方式,避免夜间无法找到开关位置。
- 记忆存储:内设IIC存储器,所有设定自动记忆。

7)智能插座

①插座设置为主控插孔和受控插孔。静态时(插座不用时)插座没有电源输出,插座工作指示灯不亮,是无电的状态。此时,插座中电极与电源是完全断离状态,具有很高的安全性。

②插座接收到红外线/RF/ZigBee/Wi-Fi等信号后会自动接通电源,可正常使用电器。

③关闭电器后插座内部的智能双核IC芯片会在线检测电流变化,从而实现一段时间(30 s、5 min、30 min等)后自动断电,此时插座上的工作指示灯灭,恢复无电状态。

④智能插座支持实时状态反馈,可将电器工作状态实时反馈到客户端,支持多个定时任务的设置,手机客户端可对多个智能插座进行控制。

⑤智能插座内设防雷电、防高压、防过载、防漏电的功能。一旦有瞬间雷击感应高压进入,插座会自动吸收雷电感应高压,超过插座本身能吸收的范围之外,该智能插座会自动断电。该插座设置额定电压为220 V,最高可承受电压为250~265 V并自动断电,否则超过这个电压范围会烧坏电器。该插座利用电子式线圈对火线进行实时监控,一旦发生过载,该智能插座会自动断电。该智能插座用电子式线圈对火线和零线电流,一旦出现漏电,该插座会

自动断电。

8)遥控器

遥控器作为中央控制器的辅助设备,在家中使用更加快捷便利。遥控器可以集成部分中央控制器的功能完成简单的控制命令,如打开/关闭电视/灯等操作,使用户在家中能够更加便捷地操控家电系统。

9)监控设备

①支持24小时全天候录制。

②它可以连接上所有的无线网络:支持802.11b/g/n,支持2.4 GHz和5 GHz。

③支持极强的夜视功能、高清录制功能,以及更漂亮的外壳,它还具备130°的大视野。

④支持云计算的无线网络视频监控,视频存储方式简单且容易实现;无论你在哪里都可以对想监控的地方进行查看,并可以进行双向通话和远程观看;支持内设储存卡设备。

⑤每当摄像头前面有动静它就会在录制过程中标记,甚至可以提醒你注意。

⑥内置的麦克风和扬声器可以让你听到声音,还能与闯入者对话。

⑦记录家里的场景和声音,随着时间的推移,它会增强适应性,了解用户和其他经常到家中来的客人的行为。

⑧支持智能区分家庭成员中的孩子、宠物和闯进你家的未注册的陌生人。

⑨只有必要的时候,相机才会运作,这样不仅节省能源而且不会因为闯入者而发出假警报或者毫无理由地连续记录。当然,你可以调整标准,通过连接Android或IOS移动APP,让设备重新运行。

10)智能家电

(1)冰箱

- 食品管理功能:了解冰箱内的食物数量;了解食物的保鲜周期;自动提醒食物保质期时间,把快到保质期的食物交换到离冰箱门口更近的位置;根据储存食物种类,长期学习统计用户购买食品的习惯,提供合理化放置方案,提供合理的饮食搭配方案,并通过云端形成菜谱供用户查阅;冰箱可以模拟有益光波,使水果能够产生有益健康的维生素(维C、维B等)。
- 物联云服务功能:可以通过网络在线查询冰箱内食物信息;可以设置购物清单,提醒用户购买食物;可以通过手机短信接收冰箱食物信息。
- 冰箱控制系统:冰箱拥有多种调节模式,根据需求随时调节;实际温度查询,可以查询当前箱内温度;分时计电,电费一目了然。
- 感应透明化系统:冰箱门采用透明化设计,在用户走近冰箱时,冰箱内部冷光灯可以自动亮起,用户不必打开冰箱就可以确认冰箱中有哪些食物,从而减少与外界空气的接触,达到节约能源的作用。

(2)洗衣机

- 智能远程控制:可通过移动终端远程操控洗衣机,选择洗衣程序、设置参数以及查看洗涤状态和时间。洗涤结束后自动推送信息到手机提醒用户衣物已经洗完。
- 智能天气推送:系统实时天气状态推送,可以显示若干天的天气状况,并根据天气状况智能推荐洗涤程序,阴雨天自动配备烘干、除味等程序,免去天气给洗涤造成的困扰,同时还可以提醒用户适合穿什么样的衣服,便于用户合理安排衣物清洗的顺序。
- 洗衣程序升级:登录移动终端,如果有新的洗涤程序可供选择,系统会提醒用户有新的应用,用户可以选择需要的应用程序下载升级。

• 智能模糊控制:自动检测衣物的材料、衣服的重量、水温、水量、衣物的脏污等状态,并决定投放适量的洗涤剂和水量,智能设置最佳的洗涤程序,达到节约减排的目的。

(3)热水器

①燃气热水器

• 远程安防监控:智能云热水器可以远程监控家中安全,一旦出现一氧化碳泄漏或者甲烷泄漏,热水器将通过中央控制器报警提醒。

• 智能热水云适应:根据四季环境、室温以及个人偏好智能记忆,自行调整适应,彻底解决调温麻烦,无论冬暖夏凉,都能智能设置合理的水温。

• 专属定制功能:智能云家电可以做到无微不至,根据不同喜好定制每个人的专属用水模式,包括浴缸注水量、水温、水流量等。

• 自动温度调节功能:根据检测水温与预设定温度的差值,调整燃气的大小和冷热水的比例自动控制出水温度,使设备在运行过程中一直保持舒适安全的水温。

②电热水器

• 智能远程操控:远程操控让你的享受快人一步。无论身处何处,都能随时查看热水器的运行状态,并可远程控制所有功能,用户即使不在家也可以操控热水器。

• 个性化热水定制:根据不同需求(洗澡、泡脚、洗菜等)个性化定制各种用水模式,充分满足人们多变的需求。

(4)电烤箱

• 智能教学指导:对不同类型的食物提供详细的烘焙指导书,新手可以按照指导书操作步骤安全快速地完成烘焙。

• 一键记忆:收获成功美食的同时,用户可以一键保存本次操作的所有流程,下次烘烤直接调用,为用户提供方便快捷的服务。

• 菜单在线分享:通过中央控制器可以快速在云端/微博/微信上完成食品、烘焙经验的分享。

• 安全监控:在使用过程中全程监控各个参数,随时传递烤箱状态(有异常状态随时断电报警)。

(5)智能电视

• 获取信息:能获得网络搜索、IP 电视、视频点播(VOD)、数字音乐、网络新闻、网络视频电话等各种应用服务。

• 遥控:具备全新的遥控装置,可以和各种移动终端连接互动(一键传屏、智能搜索等)。

11)探测报警设备

(1)火灾探测器

火灾探测器是消防火灾自动报警系统中对现场进行探查,发现火灾的设备。火灾探测器是系统的感觉器官,其作用是监视环境中有没有火灾发生。一旦有了火情,就会将火灾的特征物理量,如温度、烟雾、气体和辐射光强等转换成电信号,并立即向中央控制器发送报警信号;在正常状态定时向中央控制器发送探测器状态,或者收到中央控制器的查询反馈探测器状态或取消重置报警。按对现场的信息采集类型可分为感烟探测器、感温探测器、火焰探测器、特殊气体探测器。感烟火灾探测器是一种响应燃烧或热解产生的固体或液体微粒的火灾探测器,是使用量最大的火灾探测器。因为它能探测物质燃烧初期所产生的气溶胶或烟雾粒子浓度，因此，有的国家称感烟火灾探测器为“早期发现探测器”。常见感烟火灾探测器有离子型、光电型、吸气式等。

- 离子感烟探测器主要由内外两个电离室构成。外电离室（即检测室）有孔与外界相通，烟雾可以从该孔进入传感器内；内电离室（即补偿室）是密封的，烟雾不会进入。火灾发生时，烟雾粒子窜进外电离室，干扰了带电粒子的正常运行，使电流、电压有所改变，破坏了内外电离室之间的平衡，探测器就会产生感应而发出报警信号。
- 光电感烟探测器内部各有一个发光元件和光敏元件，平常由发光元件发出的光，通过透镜射到光敏元件上，电路维持正常，如有烟雾从中阻隔，到达光敏元件上的光就会显著减弱，于是光敏元件就把光强的变化转换成电流的变化，通过放大电路发出报警信号。
- 吸气式感烟探测器一改传统感烟探测器等待烟雾飘散到探测器被动进行探测的方式，而是采用新的理念，即主动对空气进行采样探测，当保护区内的空气样品被吸气式感烟探测器内部的吸气泵吸入采样管道，送到探测器进行分析，如果发现烟雾颗粒，即发出报警。

除去报警功能以外，智能火灾探测器必须具有很强的抗干扰能力以及通信能力。

(2)水浸探测器

普通接触式水浸探测器利用液体导电原理进行检测。正常时两极探头被空气绝缘；在浸水状态下探头导通，传感器输出干接点信号。当探头浸水高度超过设定值后，即产生报警信号。智能水浸探测器必须具有双向通信的功能，既能接收中央控制器的控制信号又能反馈探测器的状态并发出可靠的报警信号。

(3)燃气报警器

燃气报警器就是气体泄漏检测报警仪器。当环境中可燃或有毒气体泄漏时，气体报警器检测到气体浓度达到爆炸或中毒报警器设置的临界点，燃气报警器就会发出报警信号，以提醒采取安全措施。燃气报警器相当于自动灭火器，可驱动排风、切断、喷淋系统，防止发生爆炸、火灾、中毒事故，从而保障安全生产。燃气报警器还可以测出各种气体浓度。智能燃气报警器具有双向通信能力，可以和其他设备配合使用，能够接收控制命令并做出反馈。

(4)温度探测器

探测用户家中不同区域的温度（卧室、客厅、厨房等），并反馈给中央控制器。

(5)湿度探测器

探测不同区域的地下室、中央空调、水箱、机房地板下等，一切储水设备及需要知道漏水或溢水的地方的湿度并反馈给中央控制器。

12)其他设备

(1)空气质量检测器

空气质量检测器能探测屋内$PM_{2.5}$、PM_{10}、甲醛等气体和微粒的浓度并反馈给中央控制器。

(2)加湿器

加湿器与湿度探测器配合，能够自动调节用户屋内空气的湿度，根据中央控制器对室内外温度的统计自动设置合理的加湿方案；响应远程终端和中央控制器的指令，高效快捷地调整室内湿度。

(3)地暖系统

电地暖系统是以电力为能源，通过网络群控技术来操控的智能化供暖系统，其优点是节能环保，零碳排放，操作简便；安装调试完毕后无须维护，供暖效率、舒适度和安全性得到极大提升。燃气/煤炭供暖系统采用集中供暖方式，也是主流的供暖方式。

(4)空气净化器

空气净化器能吸附、分解或转化各种空气污染物(一般包括$PM_{2.5}$、粉尘、花粉、异味、甲醛之类的装修污染、细菌、过敏原等)，有效提高空气清洁度，与控制质量检测器配合可实现智能化控制，支持无线远程控制。

(5)远程控制终端功能

通过安装在手机/便携设备/计算机上配套的APP软件随时查询家中状态；通过下载云端视频随时监控；通过控制中央处理器间接控制家中的各个设备；手动对小区门卫安防系统发出报警。

(6)云端功能

支持用户远程查询视频数据；支持摄像头视频数据上传。

(7)门磁感应/窗户感应

获取门窗信息并上传给中央控制器；响应中央控制器。

(8)开窗器

接收中央控制器的命令，打开或关闭窗户，定时或接到命令反馈开窗器状态。

(9)燃气阀

自动燃气阀能够接收中央控制器命令并关闭燃气系统，同时定时反馈自身状态。

(10)风雨感应器

当感应器达到所设定的风速或降雨量时，会向中央控制器发送报警信息，接收和响应中央控制器的命令。

4.5.2 智慧设施设备的运行

主机系统一般采用RF、Wi-Fi、TCP/IP、485等协议进行数据传输，通过无线方式来发送指令。灯光、插座、窗帘、家电、微控控制采用RF传输命令，所有开关安装方法与原机械开关一致；监控采用2.4 G无线网络摄像机，安防探测器使用RF无线报警方法，即装即用；系统本身自带背景音乐功能，音乐文件存放在TF卡内；操作终端，如平板计算机、手机、个人计算机，通过Wi-Fi或网络与本智能系统相连接。所有设备无须重新布线，大大节省了安装的难度与调试时间。

主机一般可以连接以下硬件设备：1～120路视频监控；120路无线智能报警；120路灯光控制；120路窗帘控制；120路电器控制；120路插座控制；120个联动控制管理。

外围终端设备主要采用跟主机所配套的设备：

• 远程监控摄像头采用室内高清云台机6024-M，最高分辨率为720 P，支持双向语音功能，内置麦克风；内置Wi-Fi模块，可支持802.11b/g/n，方便接入Wi-Fi无线路由器；支持左右350°、上下100°的旋转；报警输出提供开关量信号输出，可控制外接的报警设备；SD卡插槽可插入SD卡，报警时可实现视频录像到SD卡。

• 智能灯控开关采用CS-862x轻触系列、CS-862xM触摸系列、CS-865x(M)大功率系列、CS-862xT调光系列、CS-866x(M)轻触/触摸系列、CS-868x(M)大功率系列、CS-867x(M)调光系列等，工作电压用AC 220 V±10% 50/60 Hz，待机功耗小于0.02 W，采用RF无线射频技术，空旷控制距离可达30 m，可直接替换机械开关，无须重新施工布线，安装方便。智能插座输入电压AC 220 V±10% 50/60 Hz，输出电压AC 220 V±10% 50/60 Hz可远程控制，操作方便。窗帘控制器采用 RF 无线射频技术，可接收来自遥控器、智能主机发送的无线指令，搭配窗帘限位电机和导轨，对窗帘进行手动、遥控、远程操作。

● 无线红外转换器是智能家居系列产品之一，其功能是将无线射频信号转换为红外信号，实现无线设备对红外遥控设备的集中遥控控制，如空调、投影仪、电视机、机顶盒、DVD、音响、功放机、电风扇等电器设备。

● 报警探测器有无线红外探测器、无线门磁探测器、无线烟雾探测器、无线燃气探测器、无线水浸探测器、无线燃气阀门等，无线安装便捷，可远程查看、操控。

● 套装设备一般配备 4 键情景遥控器、24 键情景遥控器和墙壁情景发射器，支持用户自定义按键响应，方便、快捷，体现了生活家居的随意性和舒适性。

1）智能家居主机与路由器的连接

（1）智能家居网关系统远程访问配置

由于智能家居主机出厂地址默认为 192.168.1.232，因此，路由器 IP 需为 192.168.1.1 网段才可以访问主机。如果路由器是其他的 IP 则需要通过计算机来修改路由器 IP。

首先，计算机连接路由器 LAN 口，打开浏览器在地址栏输入路由器默认 IP，进入路由器网关设置。依次进入网络参数，LAN 口设置。将 IP 地址改为 192.168.1.1，重启路由器，如图 4.10 所示。

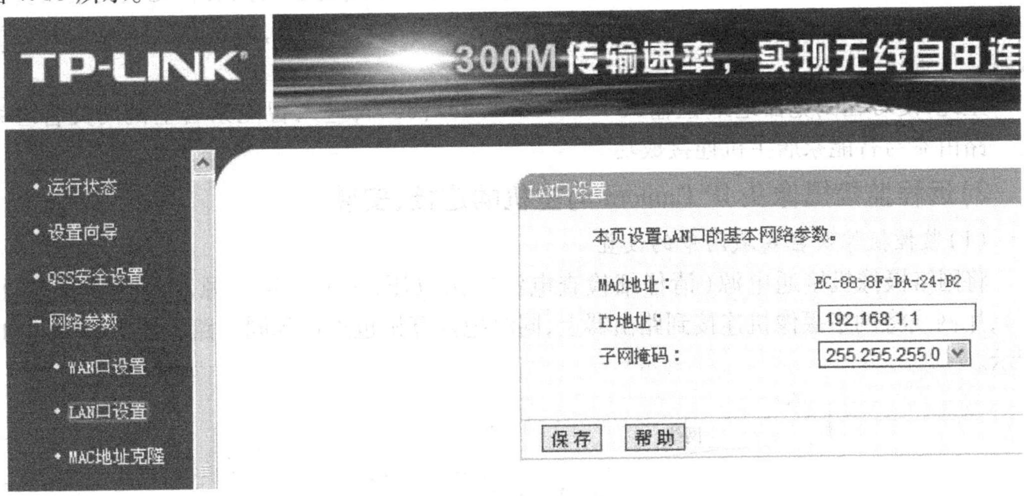

图 4.10　LAN 口设置图

若要实现智能家居主机的远程访问配置，需要添加两条虚拟服务器。打开浏览器，在地址栏输入 192.168.1.1，进入路由器网关设置。依次单击转发规则，虚拟服务器，如图 4.11 所示。

①单击“添加新条目”，打开新增窗口。依次输入服务端口，此处输入网关系统服务端口默认为 5000，输入 IP 地址，此处输入网关主机 IP 地址默认为 192.168.1.232，如有更改请输入新的 IP。单击“保存”按钮即可完成。

②再次单击“添加新条目”，打开新增窗口，依次输入服务端口号 8000，输入 IP 地址，此处依然输入网关主机 IP，默认为 192.168.1.232，如有更改请输入新 IP。单击“保存”按钮即可完成。

图 4.11　虚拟服务器设置图

(2)路由器的无线网络设置

首先，启用路由器的无线功能，自定义无线网 SSID(无线名字)，然后在无线网络设置中信道选择 6，模式选择 11b/g/n mixed，认证类型必须为 WPA2-PSK，加密算法 AES。其他参数默认设置。

至此，便可在浏览器地址栏输入 192.168.1.232:8000，进入智能家居主机网关管理系统。路由器与智能家居主机连接成功。

2)远程监控摄像头 IP Camera 与主机的连接、安装

(1)监控摄像头在局域网中的设置

将网络摄像机接通电源(请仔细检查电源输出电压，不要插错电源，否则会把设备损坏)，用网线将网络摄像机连接到路由器上，同时把计算机也连接到同一路由器上，如图4.12所示。

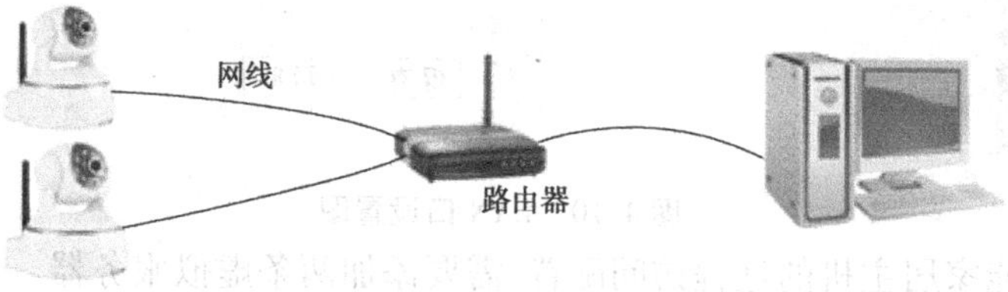

图 4.12　网络摄像头连接图

将随机附带的光盘置入光驱中，双击光盘中的搜索工具软件 H&M Search_cn. exe，出现如图 4.13 所示画面，按以下步骤进行操作：

①单击搜索(如果计算机中装有防火墙软件，搜索时将提示是否阻止该程序，请选择不阻止；或者暂时关闭防火墙软件后，再单击搜索)。

②选中摄像机。

③更改摄像机 IP 信息，按照图 4.13 左上方框处对应数字填写，注意圆圈处的数字不能相同。Http 端口可填写 9000 ~ 9999 的值(9000 ~ 9999 的端口更适合本摄像机的连接)。

④输入设备的用户名和密码，出厂默认为“admin”和“123456”。

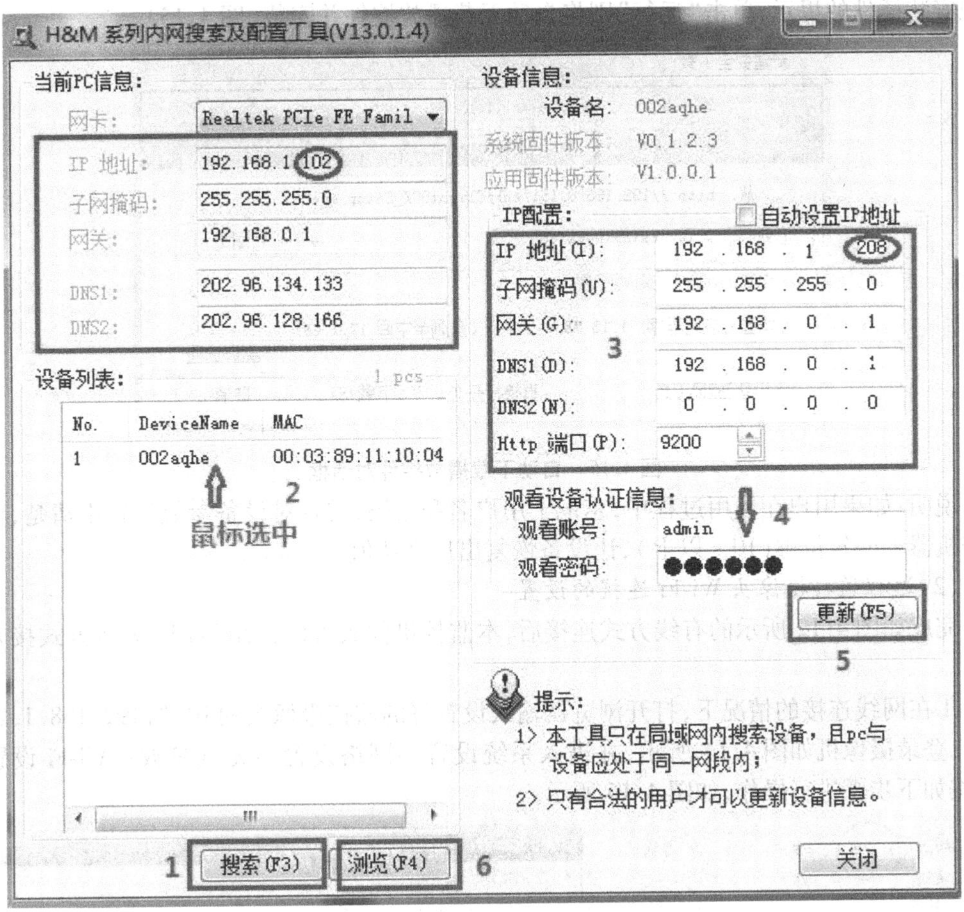

图 4.13 H&M 搜索工具设置图

⑤单击更新。

⑥更新成功后，单击搜索，再次选中摄像机，单击浏览，即可启动网页浏览器，输入用户名和密码，将登录摄像机，观看摄像机视频，如图 4.14 所示（第一次使用时，请使用 IE 浏览器）。

图 4.14 初次登录摄像机安装选择图

注意：第一次登录摄像机需要安装插件，在图 4.14 中单击“安装软件（初次使用）”，将出现安装插件的提示，单击“运行”则将自动下载播放控件并安装(图4.15)。

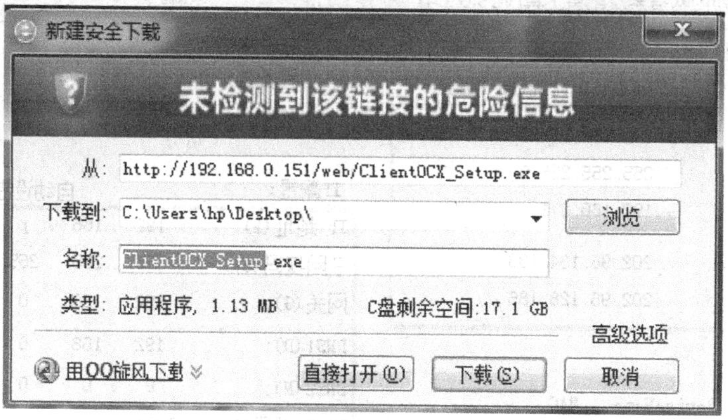

图4.15　自动下载播放控件对话框

说明：如果用户在使用过程中，忘记了用户名和密码，或者对设备参数设置不清楚，可以长按机器上的复位键(10 s以上)，让设备恢复出厂默认值。

(2)远程监控摄像头Wi-Fi连接的设置

完成如图4.12所示的有线方式连接后，本监控摄像头可以使用Wi-Fi无线方式接入局域网。

①在网线连接的情况下，打开浏览器输入设置好的监控摄像头的IP，如192.168.1.208:9200，登录摄像机如图4.14所示，并进入系统设置→网络设置→无线参数→Wi-Fi设置页面，按如下步骤进行操作，如图4.16所示。

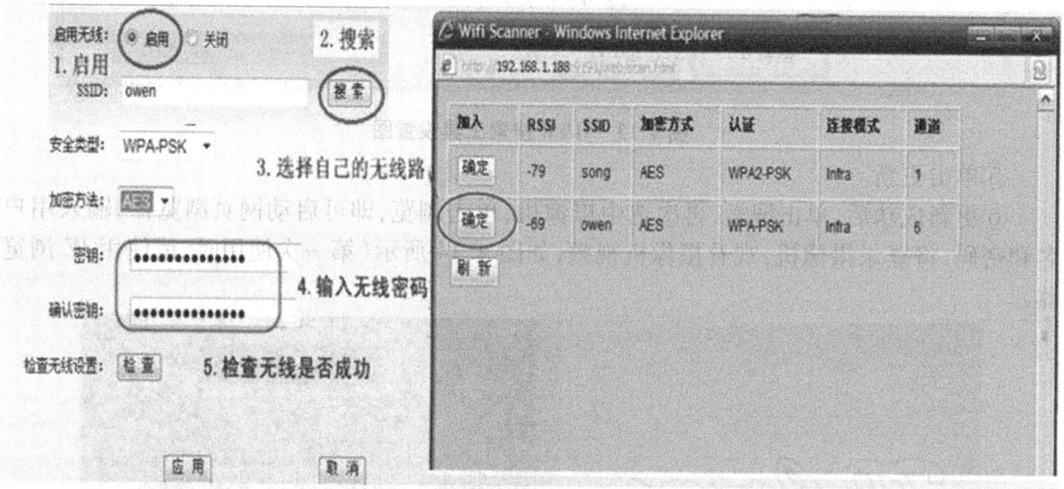

图4.16　摄像机Wi-Fi设置图

②选择“启用”，再单击“搜索”，在弹出的网页界面中选择要连接的无线路由器，单击“确定”，输入该无线密码，单击“应用”保存无线设置，然后单击“检查”，检查无线设置是否成功。设置成功后拔掉网线，断电重启设备，即可使用无线功能。

(3)远程监控摄像头互联网观看的设置

完成了局域网的观看操作，如果需要从互联网访问摄像机，必须把局域网连接到互联网上，并在路由器里做端口映射，连接示意图如图4.17所示。

下面以TP-LINK为例，进行端口映射的操作步骤，如图4.18所示。

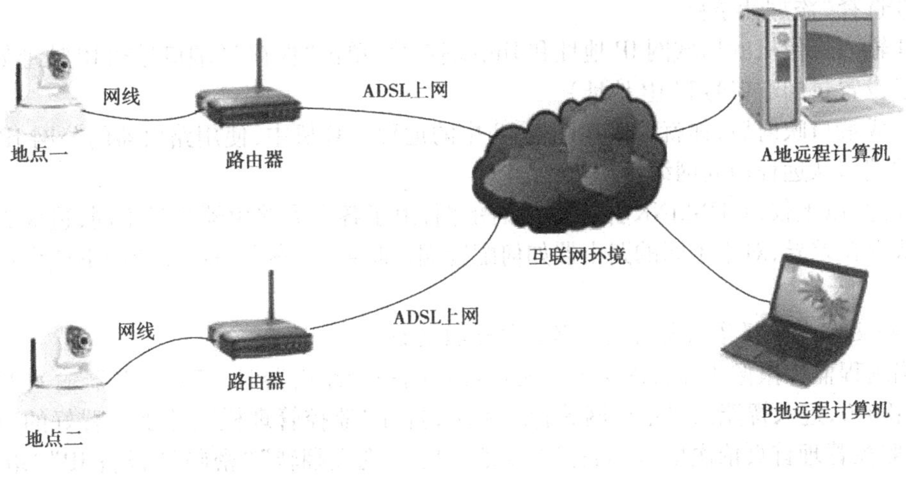

图 4.17　远程摄像头连接示意图

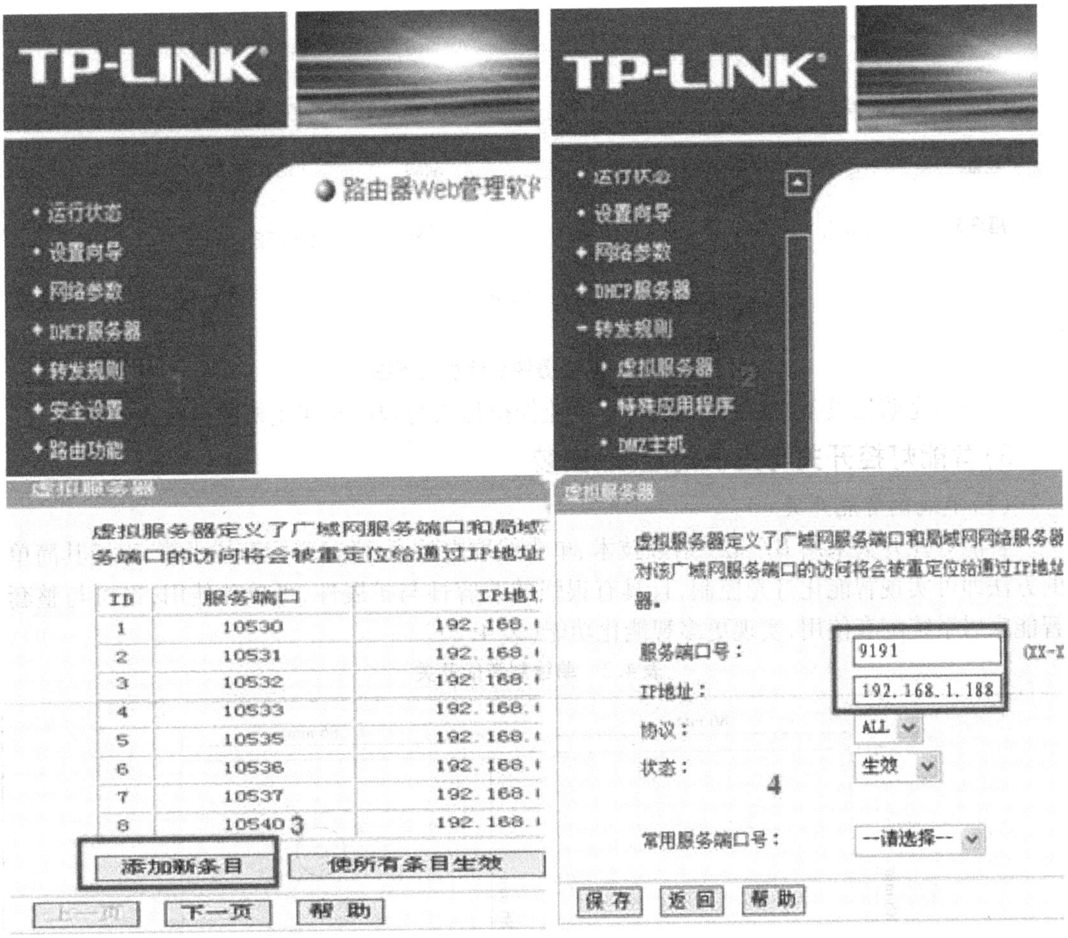

图 4.18　端口映射的操作图

①在与路由器连接的计算机上，打开浏览器，输入路由器的 IP 地址，登录路由器主界面后，选择“转发规则”。

②选择“虚拟服务器”。

③选择“添加新条目”。

④输入摄像机的局域网 IP 地址和 Http 端口号，单击“保存”（端口号和 IP 地址如图4.13 中自己设置过的端口号和 IP 地址）。

完成端口映射后，你就可以在图 4.18 中的远程计算机中，使用路由器的公网 IP 地址和映射的端口从远程访问网络摄像机。

注意：以上仅以 TP-LINK 路由器界面示例，由于各厂家路由器型号不同，造成界面和设置方式存在差异，对于不同的路由器如何配置端口映射，请参考路由器说明书或咨询路由器厂家。

（4）远程监控摄像头与智能家居主机连接的设置

当远程监控摄像头和智能家居主机连接在同一个路由器时，打开浏览器输入 192.168.1.232:8000，进入智能家居主机网关管理系统，打开“监控管理栏”，添加设置好的监控摄像头，在监控管理首页依次填写“名称”“设备类型”“视频翻转”“密码”“设备 IP”“端口”“用户名”，如图 4.19 所示。

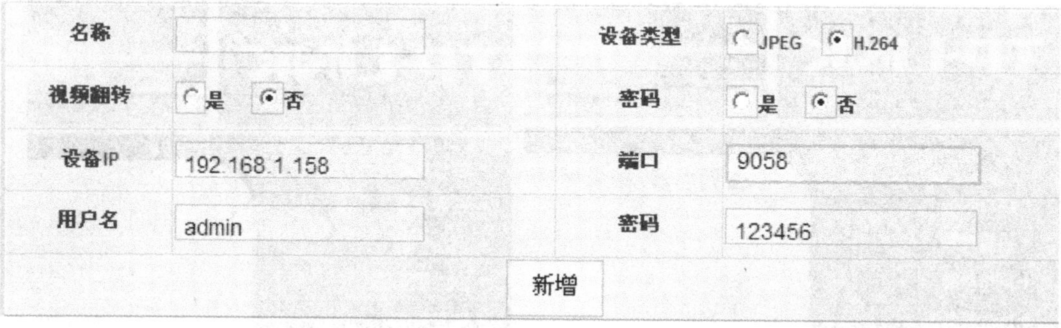

图 4.19　监控摄像头信息设置图

在添加完监控设备之后，就完成了远程监控摄像头与智能家居主机的连接设置。

3）智能灯控开关与主机的连接、安装

（1）单线制智能开关

智能灯控开关采用 RF 无线射频技术、单火线取电技术、学习码配套技术等，以极其简单的方法即可实现智能化灯光控制，且具有很强的兼容性与扩展性，可单独使用，也可与整套智能家居系统配套使用，实现更多智能化功能（表 4.2）。

表 4.2　单线制智能开关

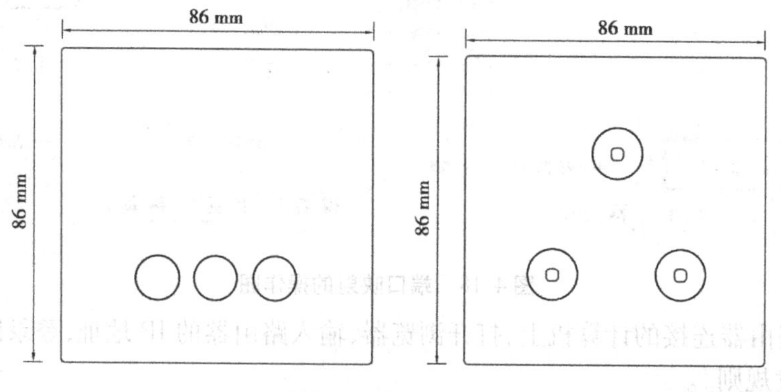

单线制智能开关面板

续表

<table>
<tr><td>设备特点</td><td colspan="5">单火线设计，直接替换机械开关，无须重新施工布线；RF 无线射频技术，无方向性，反应速度快，无延时；低功耗电路应用，环保节能；防雷击、抗浪涌电路，提高安全性；采用百万组学习对码技术，可设置不同的情景模式；开关之间无干扰，遥控距离远</td></tr>
<tr><td rowspan="19">技术参数</td><td>工作电压</td><td colspan="4">AC 220 V ±10% 50/60 Hz</td></tr>
<tr><td rowspan="13">额定功率（以阻性负载为标准）</td><td rowspan="3">CS-862x 轻触系列（x 为开关位数）</td><td>一位开关</td><td colspan="2">5 ~ 800 W</td></tr>
<tr><td>二位开关</td><td colspan="2">每路 5 ~ 400 W</td></tr>
<tr><td>三位开关</td><td colspan="2">每路 5 ~ 300 W</td></tr>
<tr><td rowspan="3">CS-862xM 触摸系列（x 为开关位数）</td><td>一位开关</td><td colspan="2">9 ~ 800 W</td></tr>
<tr><td>二位开关</td><td colspan="2">每路 9 ~ 400 W</td></tr>
<tr><td>三位开关</td><td colspan="2">每路 9 ~ 300 W</td></tr>
<tr><td rowspan="5">CS-865x(M) 大功率系列（x 为开关位数）</td><td>一位开关</td><td>800 W</td><td rowspan="5">注：如使用日光灯或节能灯，额定功率减半</td></tr>
<tr><td rowspan="2">二位开关</td><td>第一路 80 ~ 800 W</td></tr>
<tr><td>第二路 9 ~ 1 500 W</td></tr>
<tr><td rowspan="2">三位开关</td><td>第一路 80 ~ 800 W</td></tr>
<tr><td>第二、三路 9 ~ 1 500 W</td></tr>
<tr><td rowspan="2">CS-862xT 调光系列（x 为开关位数）</td><td>一位开关</td><td>40 ~ 200 W</td><td rowspan="2">注：调光系列负载须为白炽灯等阻性负载灯具</td></tr>
<tr><td>二位开关</td><td>每路 40 ~ 200 W</td></tr>
<tr><td>待机功耗</td><td colspan="4"><0.02 W</td></tr>
<tr><td>接收频率</td><td colspan="4">303.825/315/433.92 MHz</td></tr>
<tr><td>空旷距离</td><td colspan="4">30 m</td></tr>
<tr><td>接线方式</td><td colspan="4">单火线接入与多路输出技术</td></tr>
<tr><td>环境温度</td><td colspan="4">-10 ~ 50 ℃</td></tr>
<tr><td rowspan="2">安装方法</td><td colspan="5">智能灯控开关的安装与传统机械开关一样，安装前必须先切断电源</td></tr>
<tr><td colspan="5">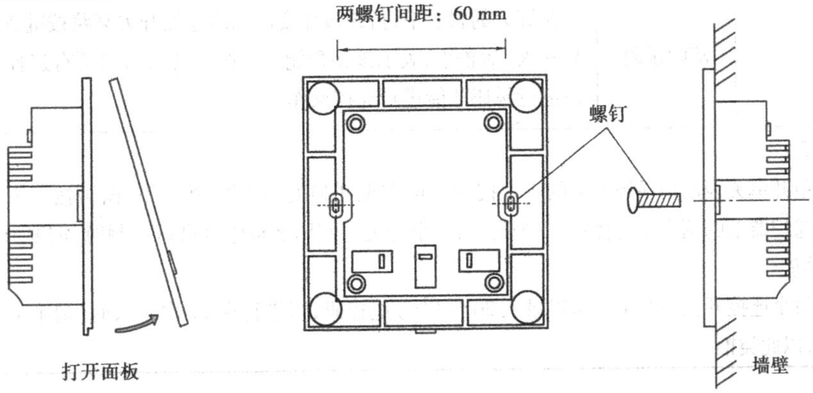
</td></tr>
</table>

续表

<table>
<tr><td rowspan="3">接线方法</td><td colspan="2">智能灯控开关的接线方式与传统机械开关一样,安装前必须先切断电源,按开关上的标示接线</td></tr>
<tr><td colspan="2">注意:严禁灯头或负载短路,严禁在同一接线柱上直接接入火线和零线,以免造成电源短路</td></tr>
<tr><td colspan="2">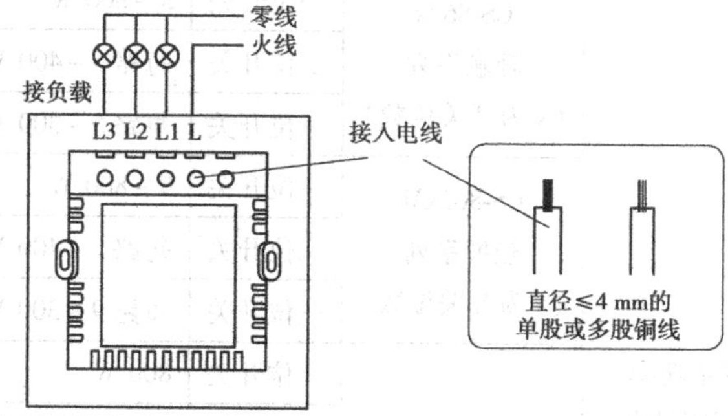</td></tr>
<tr><td rowspan="4">录码方法</td><td>单开单关</td><td>在灯光熄灭状态下,按住要设置的智能开关面板某路按键 5 s,灯亮后松手。松手后 5 s 内按一下客户端软件界面上预设的按键或遥控器上控制该路的按键(表明发送信号一次),待灯光闪动两次,表示该路单开单关功能设置成功,再按一下智能开关上的此路按键或此界面上的开灯按键退出设置</td></tr>
<tr><td>总开功能</td><td>在灯光熄灭状态下,按住要设置的智能开关面板某路按键 15 s,即灯“亮—灭—亮”后松手,在松手后 5 s 内按一下客户端软件界面上预设的按键或遥控器上控制该路的按键(表明发送信号一次),待灯光闪动两次,表示该路开灯功能设置成功,再按一下智能开关上的此路按键或此界面上的开灯按键退出设置</td></tr>
<tr><td>总关功能</td><td>在灯光熄灭状态下,按住要设置的智能开关面板某路按键 10 s,即灯“亮—灭”后松手,在松手后 5 s 内按一下客户端软件界面上预设的按键或遥控器上控制该路的按键(表明发送信号一次),待灯光闪动两次,表示该路关灯功能设置成功,再按一下智能开关上的此路按键或此界面上的开灯按键退出设置</td></tr>
<tr><td>清除录码</td><td>在灯灭的状态下,持续按住要清除的遥控开关某路按键 20 s,即灯“亮—灭—亮—灭”后松手,表示该路智能开关按键已录入的所有遥控器码被清除。需重新进行录码才能进行遥控操作</td></tr>
<tr><td colspan="3">注意:
①单开单关表示用遥控器上的一个按键就可实现开和关的功能,按一下开,再按一下关;总开、总关功能需要遥控器上的两个按键操作,一个为开,一个为关。使用平板电脑进行控制时,需要分别录入“总开”“总关”功能。
②每个遥控开关各路最多可以录入 20 组(次)遥控码,当进行第 21 次录入时,则第 1 次录入的遥控码被清除,以此类推</td></tr>
</table>

(2)双线制智能开关

双线制智能开关在单线制智能开关的基础上多加了一条零线,采用零、火线供电方式,适合装修布线前使用(表4.3)。

表4.3 双线制智能开关

技术参数	工作电压	AC 220 V ±10% 50/60 Hz			
	额定功率(以阻性负载为标准)	CS-866x(M)轻触/触摸系列(x为开关位数)	一位开关	0~1 000 W	
			二位开关	每路0~1 000 W	
			三位开关	每路0~1 000 W	
		CS-868x(M)大功率系列(x为开关位数)	一位开关	0~1 600 W	注:如使用日光灯或节能灯,额定功率减半
			二位开关	每路0~1 600 W	
			三位开关	每路0~1 600 W	
		CS-867x(M)调光系列(轻触、触摸,x为开关位数)	一位开关	40~200 W	注:调光系列负载须为白炽灯等阻性负载灯具
			二位开关	每路40~200 W	
	待机功耗	<0.02 W			
	接收频率	303.825/315/433.92 MHz			
	空旷距离	30 m			
	接线方式	单火线接入与多路输出技术			
	环境温度	-10~50 ℃			
安装方法	与单线制智能开关安装方法相同				
接线方法	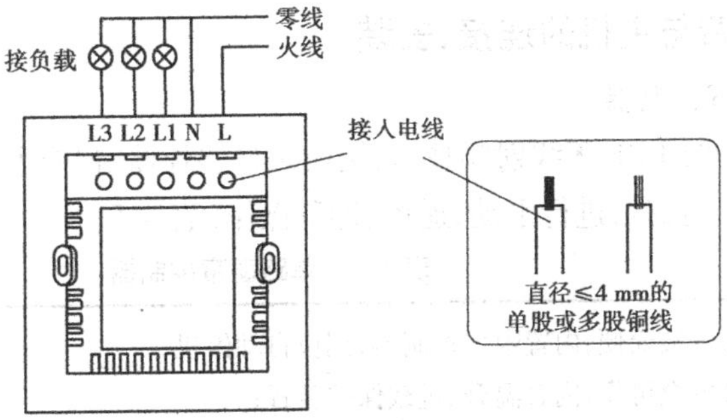				
录码方法	与单线制智能开关录码方法相同				

4)智能插座与主机的连接、安装

智能插座广泛应用于控制电视机、DVD、电风扇、台灯、电饭煲等常用家用电器电源的通断,可对其进行手动、遥控、远程操作(表4.4)。

表 4.4　智能插座

技术参数	输入电压	AC 220 V ± 10% 50/60 Hz	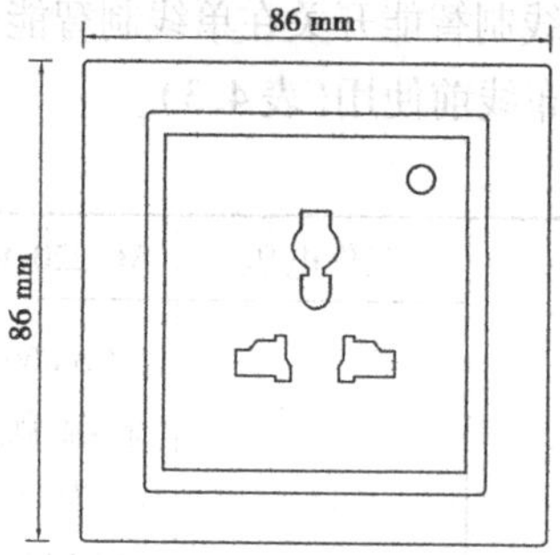
	输出电压	AC 220 V ± 10% 50/60 Hz	
	工作频率	303.825/315/433.92 MHz	
	接收灵敏度	－108 dBm	
	遥控距离	30 m	
	环境温度	－10 ~ 50 ℃	
	外观尺寸	86 mm × 86 mm × 35 mm	
	接线方式	零火线	智能插座面板
安装方法	与智能灯控开关安装方法相同		
接线方法	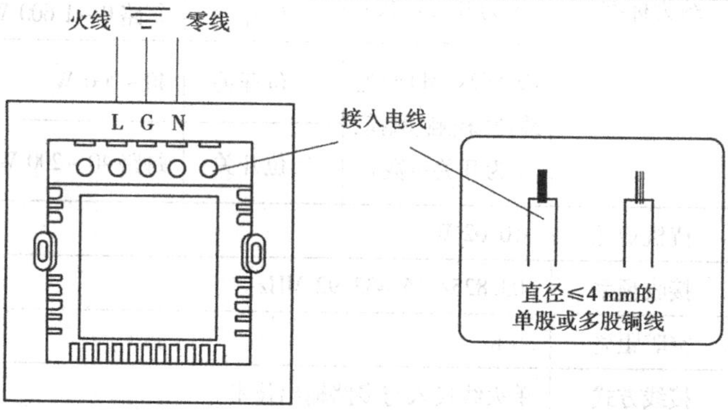		
录码方法	与智能灯控开关录码方法相同		

5）智能窗帘与主机的连接、安装

(1)单路窗帘控制器

窗帘控制器采用 RF 无线射频技术，接收来自遥控器、智能主机发送的无线指令，搭配窗帘限位电机和导轨，对窗帘进行手动、遥控、远程操作(表 4.5)。

表 4.5　单路窗帘控制器

设备特点	①安装简便，内置限位控制器，到位自动停机； ②安全可靠，内有温升、过载保护装置； ③交流驱动，无须转换变压器，直接使用交流电源； ④静音设计，采用自润滑静音设计，噪声低、震动小； ⑤履带传动，使用广泛，用于家庭、办公室窗帘控制

续表

<table>
<tr><td rowspan="9">技术参数</td><td>工作电压</td><td>AC 220 V ±10% 50/60 Hz</td><td rowspan="9">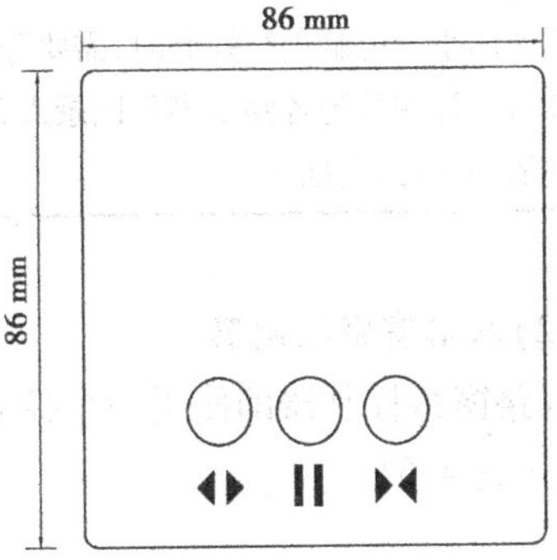

单路窗帘控制器面板</td></tr>
<tr><td>输出电压</td><td>AC 220 V ±10% 50/60 Hz</td></tr>
<tr><td>工作频率</td><td>303.825/315/433.92 MHz</td></tr>
<tr><td>接收灵敏度</td><td>-108 dBm</td></tr>
<tr><td>遥控距离</td><td>30 m</td></tr>
<tr><td>环境温度</td><td>-10 ~ 50 ℃</td></tr>
<tr><td>环境湿度</td><td><85%</td></tr>
<tr><td>外观尺寸</td><td>86 mm × 86 mm × 35 mm</td></tr>
<tr><td>接线方式</td><td>零火线</td></tr>
<tr><td>安装方法</td><td colspan="3">与智能灯控开关安装方法相同</td></tr>
<tr><td rowspan="2">接线方法</td><td colspan="3">安装前必须先切断电源，按开关上的标签纸所示接线，并把电线整理好，防止碰线短路造成开关损坏</td></tr>
<tr><td colspan="3">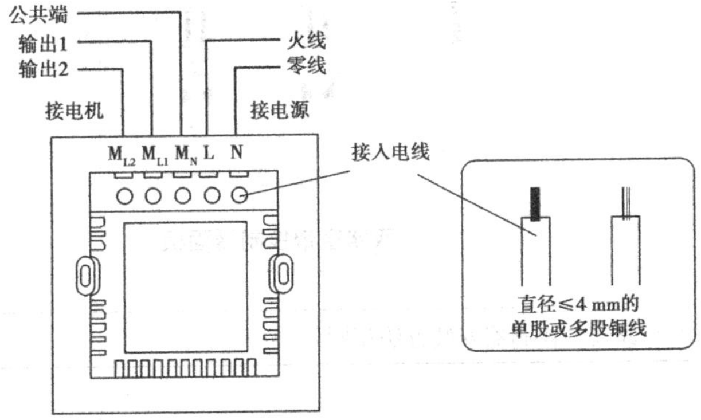
</td></tr>
<tr><td rowspan="4">录码方法</td><td>窗帘开</td><td colspan="2">按住窗帘控制器上开的按键5 s，直到蜂鸣器发出“嘀”的一声松手，按一下遥控器上开的按键，收到信号后蜂鸣器“嘀嘀”响两声，表示录码成功，再按一下遥控器上的该按键或窗帘控制器上的按键，退出设置</td></tr>
<tr><td>窗帘停</td><td colspan="2">按住窗帘控制器上停的按键5 s，直到蜂鸣器发出“嘀”的一声松手，按一下遥控器上停的按键，收到信号后蜂鸣器“嘀嘀”响两声，表示录码成功，再按一下遥控器上的该按键或窗帘控制器上的按键，退出设置</td></tr>
<tr><td>窗帘关</td><td colspan="2">按住窗帘控制器上关的按键5 s，直到蜂鸣器发出“嘀”的一声松手，按一下遥控器上关的按键，收到信号后蜂鸣器“嘀嘀”响两声，表示录码成功，再按一下遥控器上的该按键或窗帘控制器上的按键，退出设置</td></tr>
<tr><td>清除录码</td><td colspan="2">按住窗帘控制器上要清除的按键10 s，5 s时蜂鸣器“嘀”响一声，10 s时蜂鸣器“嘀”长鸣一声，然后松手，表示与该控制器录入的所有遥控码被清除</td></tr>
</table>

续表

<table>
<tr><td>注意:
①使用平板电脑进行控制时,需要分别录入"窗帘开""窗帘关"功能;
②每个控制按键各路最多可以录入20组(次)遥控码,当进行第21次录入时,则第1次录入的遥控码被清除,以此类推</td></tr>
</table>

(2)双路窗帘控制器

双路窗帘控制器即使用一个控制面板可以同时控制两个窗帘电机和导轨,适用于双层窗帘控制(表4.6)。

表4.6　双路窗帘控制器

<table>
<tr><td colspan="2">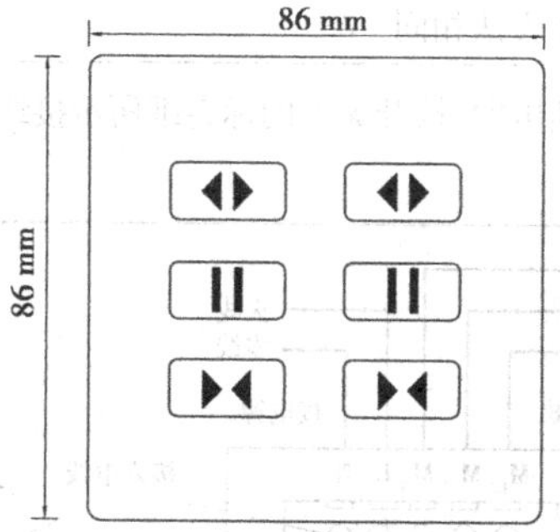

双路窗帘控制器面板</td></tr>
<tr><td>安装方法</td><td>与单路窗帘控制器安装方法相同</td></tr>
<tr><td>接线方法</td><td>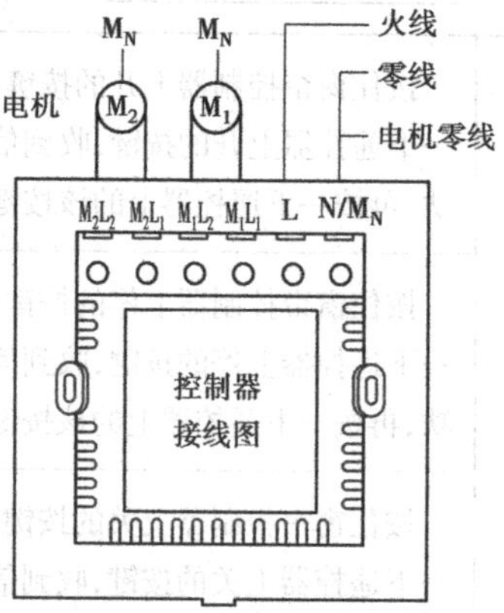
</td></tr>
<tr><td>录码方法</td><td>与单路窗帘控制器录码方法相同</td></tr>
</table>

(3)窗帘电机(表4.7)

表4.7　窗帘电机

<table>
<tr><td rowspan="6">技术参数</td><td>电压</td><td>AC 220 V/50 Hz</td></tr>
<tr><td>电流</td><td>0.2 A</td></tr>
<tr><td>转速</td><td>160 转/min</td></tr>
<tr><td>功率</td><td>45 W</td></tr>
<tr><td>IP 等级</td><td>IP41</td></tr>
<tr><td>环境温度</td><td>-10~50 ℃</td></tr>
<tr><td rowspan="2">安装方法</td><td colspan="2">将电机插入传动箱,转动卡销电机将自动卡紧</td></tr>
<tr><td colspan="2">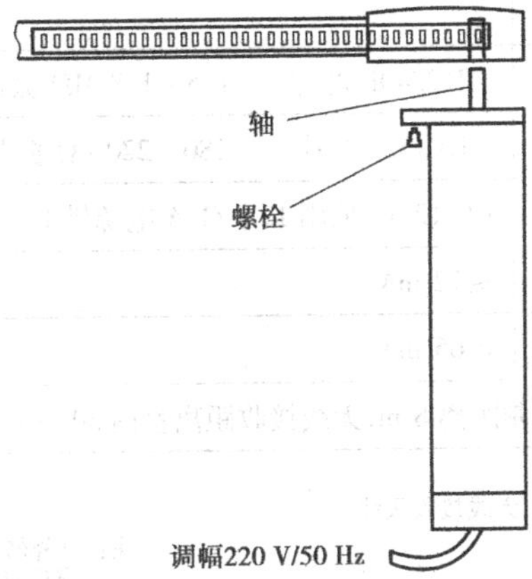
</td></tr>
<tr><td rowspan="2">接线方法</td><td colspan="2">①将电机引出黑线、棕线、绿线接入窗帘控制器,黄/绿接地;
②将电机引出黑线、棕线对换位置接入窗帘控制器,实现电机反向运转</td></tr>
<tr><td colspan="2">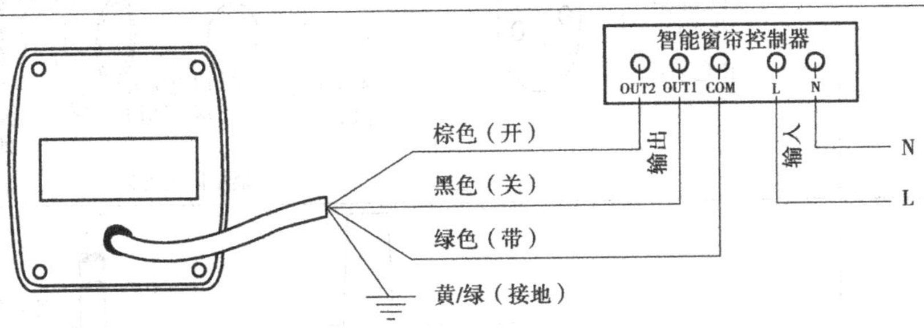
</td></tr>
</table>

(4)窗帘导轨

窗帘导轨需要固定在天花板上,是用于悬挂窗帘,以便窗帘开合,又可增加窗帘布艺美观的窗帘配件。主要由轨道连接器、轨道锁、滑珠、窗帘钩、传动带、电机组成。其安装示意图如图4.20所示。

6)红外转换器的录码、安装

无线红外转换器是智能家居系列产品之一,其功能是将无线射频信号转换为红外信号,从而实现无线设备对红外遥控设备的集中遥控控制,如空调、投影仪、电视机、机顶盒、DVD、音响、功放机、电风扇等电器设备(表4.8)。

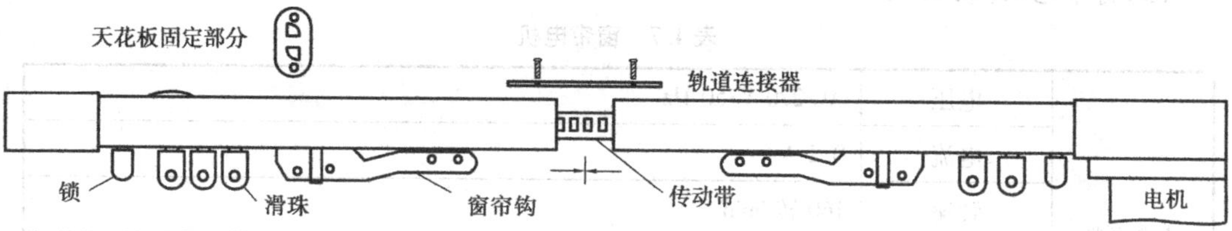

图4.20　窗帘导轨安装示意图

表4.8　红外转换器

技术参数	产品型号	CS-ZHQ		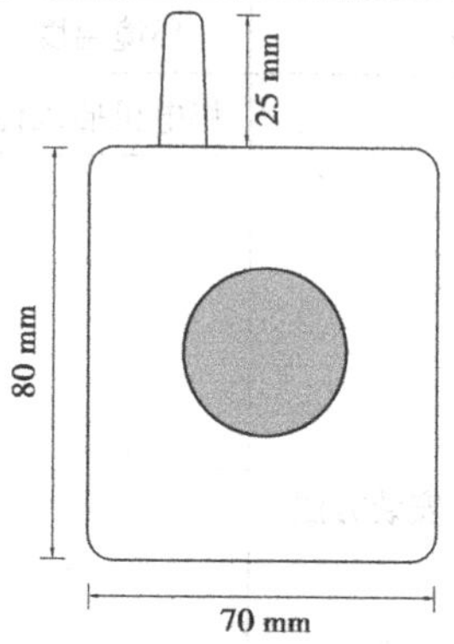红外转换器面板
	无线接收工作频率	303.825/315/433.92 MHz		
	无线信号输入	PT2240B 芯片	1.5～1.8 MΩ 振荡电阻	
		EV1527 芯片	180～220 kΩ 振荡电阻	
	工作电压	DC 12 V(采用12 V/1 A电源供电)		
	待机电流	≤12 mA		
	工作电流	≤65 mA		
	红外有效控制距离8 m,无线接收距离室内30 m			
安装方法	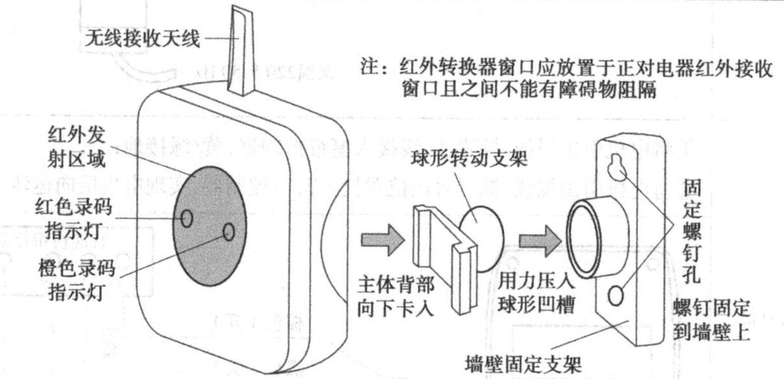			
接线方法	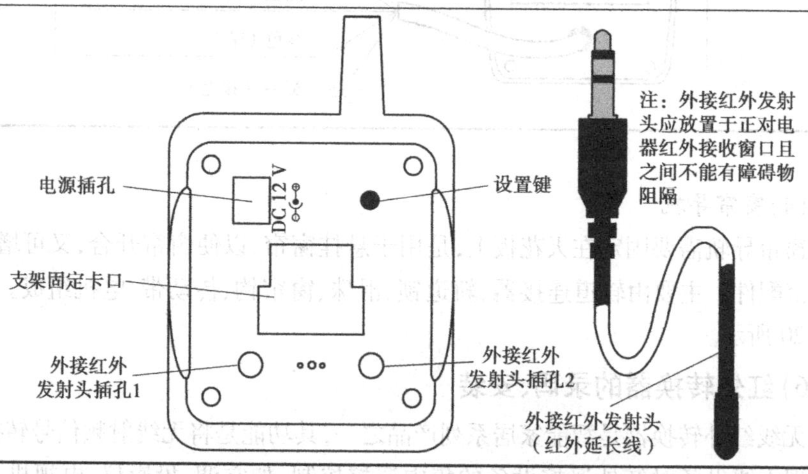			

续表

录码方法	①短按一下红外转换器上的设置按键,橙色录码指示灯亮,并发出“嘀”的一声,此时按下无线遥控器上需设定的按键,收到信号后红色录码指示灯亮。 ②红色录码指示灯亮时,将红外遥控器发射灯(若是空调遥控器注意设好温度)贴近红外转换器窗口中间部分,按下需要复制的红外遥控器的按键,约1.5 s后红色录码指示灯闪烁,并发出“嘀嘀”两声,表示录码成功,否则录码失败,需重新录入。录码成功后,红色录码指示灯连续闪烁60 s后停止,或再次按下无线遥控器已设定的按键则立即停止(如需录入其他红外遥控器按键,方法同上)。 ③录码成功,无线遥控器即可代替红外遥控器使用。录码过程中,红外转换器15 s内没有收到有效红外信号,会自动退出学习状态。 ④删除已录码遥控器。按住红外转发器上的按键约10 s后,红色录码指示灯亮,并发出“嘀嘀”两声,然后灯熄灭,说明全部录码已被删除。这时无线遥控器不能再控制家电设备

7)报警传感器与主机的连接、安装

(1)无线红外探测器

此无线红外探测器应用先进的信号分析处理技术,具有超强的探测和防误报性能。当有入侵者通过探测区域时,探测器将自动探测区域内人体的活动。如有动态移动现象,它则向控制主机发送报警信号(表4.9)。

表4.9 无线红外探测器

<table>
<tr><td rowspan="11">技术参数</td><td>供电方式</td><td>DC 9 V 电池,DC 12 V/300 mA 稳压电流</td><td rowspan="9">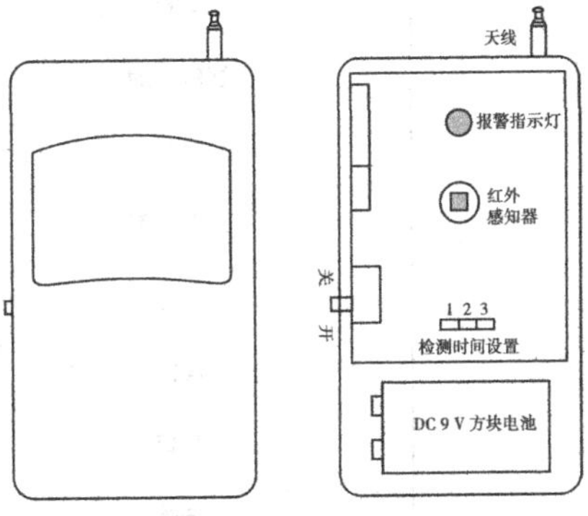

无线红外探测器</td></tr>
<tr><td>工作频率</td><td>315 MHz</td></tr>
<tr><td>编码方式</td><td>固定码</td></tr>
<tr><td>震荡电阻</td><td>4.7 MΩ</td></tr>
<tr><td>调制方式</td><td>ASK</td></tr>
<tr><td>静态电流</td><td>≤70 μA</td></tr>
<tr><td>工作电流</td><td>≤35 mA</td></tr>
<tr><td>低压指示报警电压</td><td>≤7 V</td></tr>
<tr><td>探测距离</td><td>8~12 m(25 ℃)</td></tr>
<tr><td rowspan="2">探测角度</td><td>幕帘</td><td>垂直100°,水平10°,扇形</td></tr>
<tr><td>广 角</td><td>垂直60°,水平110°,锥形</td></tr>
</table>

续表

安装方法	①将探测器安装在入侵者容易通过的区域。 ②红外探头只能安装在室内。正确的安装位置应离地面 2 ~ 2.5 m;远离空调、冰箱、火炉等空气温度变化敏感的地方。 ③红外探头的安装应尽量与窗户平行,以取得最理想的探测范围。探测范围内不得有家具、大型盆景或其他隔离物且不要正对窗户,以防止不报或误报。 ④红外探头对于径向移动反应最不灵敏,而对于切线方向的移动最为灵敏。
录码方法	①通过电脑登录到智能家居网关管理系统中,进入安防管理,建立红外探测器名字,并选择室内/室外、常开、设备类型、设备接口、监控、提示,单击"新增"。然后在设备列表中单击"修改"进入编辑页面。 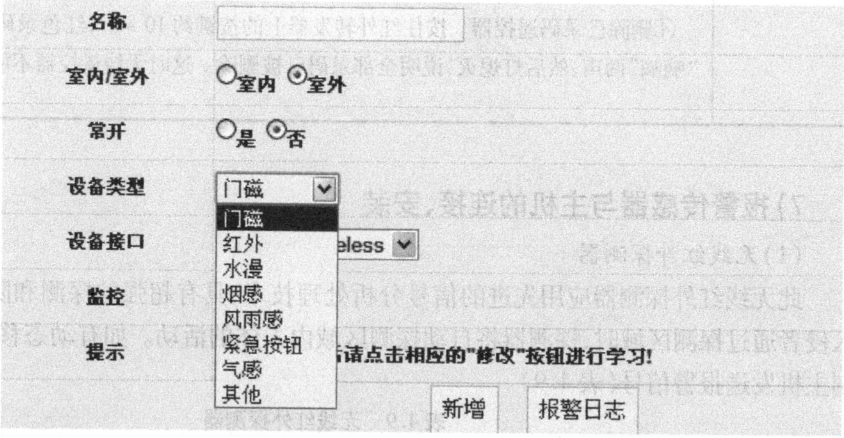 ②单击录码后触发红外探测器,录码成功则会在录码后显示✔。单击更新保存设置。 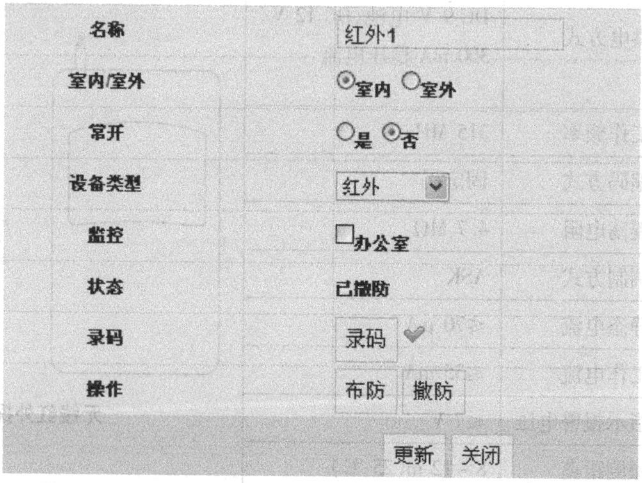

(2)无线门磁探测器

无线门磁探测器安置于门边或窗边(表 4.10)。

表 4.10 无线门磁探测器

技术参数	供电方式	DC 9 V 电池,DC 12 V/300 mA 稳压电流	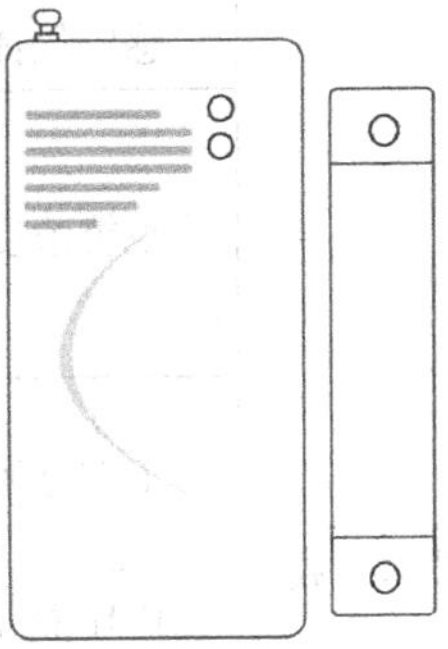 无线门磁探测器
	工作频率	315 MHz	
	编码方式	固定码	
	震荡电阻	4.7 MΩ	
	调制方式	ASK	
	静态电流	≤4 mA	
	工作电流	≤32 mA	
	低压指示报警电压	≤8 V	
	输出功率	16 dBm	
安装方法	无线门磁探测器一般安装在门(或窗户)内侧的上方或边上,它由两部分组成:较小的部件为永磁体,内部有一块永久磁铁,用来产生恒定的磁场;较大的是无线门磁主体,内部有一个常开型的干簧管。一般两个部件分开安装,用双面胶粘牢		
录码方法	录码方法与无线红外探测器类似,请参阅无线红外探测器的录码方法		

(3)无线烟雾探测器(表 4.11)

表 4.11 无线烟雾探测器

技术参数	报警灵敏度	L 级	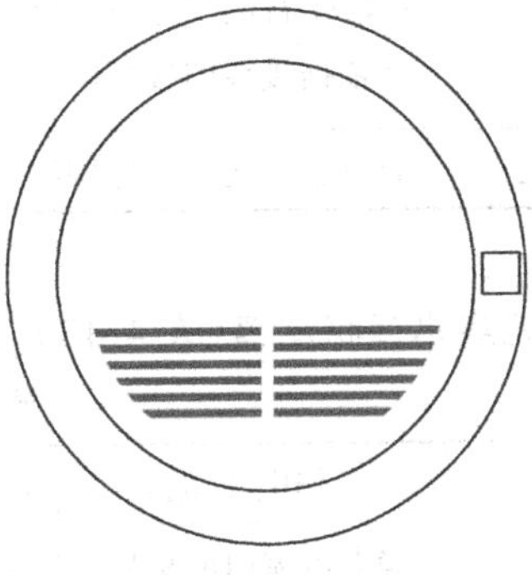 无线烟雾探测器
	静态电流	15 μA	
	报警电流	20～50 mA	
	报警响度	90 dB	
	工作电压	DC 9 V	
	工作频率	(315 ±0.075)MHz	
	发射距离	200～1 000 m	
	工作温度	−10～45 ℃	
	相对湿度	≤95%	
安装方法	①将探测器背面的固定孔对准底板的 L 形卡扣,逆时针旋转卡紧。 ②探测器通电后,每隔一分钟指示灯会闪烁一次。如没有闪烁,表示探测器没有正常工作或者接线不正确,请检查接线或者更换探测器。 ③按下探测器的测试键并保持 3～5 s,探测器会发出连续的警报声并发射无线编码信号,同时指示灯会快速地连续闪烁,说明探测器工作正常,否则表示探测器工作不正常。		
录码方法	录码方法与无线红外探测器类似,请参阅无线红外探测器的录码方法		

(4)无线燃气探测器(表4.12)

表4.12 无线燃气探测器

<table>
<tr><td rowspan="12">技术参数</td><td>感应气体</td><td colspan="2">煤气、天然气、液化石油气</td><td rowspan="12">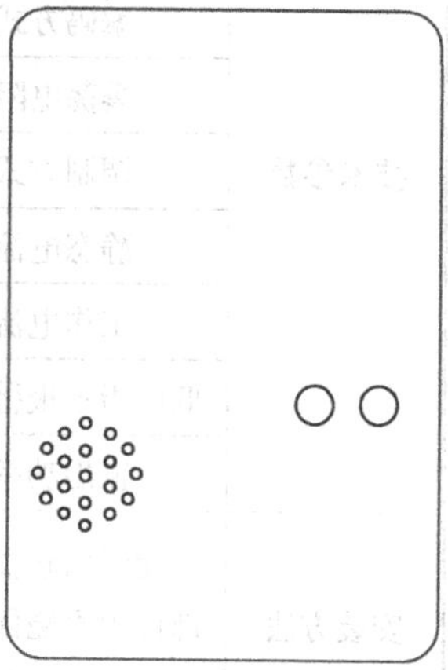
无线燃气探测器</td></tr>
<tr><td rowspan="3">报警浓度</td><td>煤气</td><td>0.1% ~0.5%</td></tr>
<tr><td>天然气</td><td>0.1% ~0.3%</td></tr>
<tr><td>液化石油气</td><td>0.1% ~0.2%</td></tr>
<tr><td rowspan="2">工作电源</td><td>壁挂式</td><td>AC 220 V ±10% 50/60 Hz</td></tr>
<tr><td>吸顶式</td><td>DC 12 V</td></tr>
<tr><td>工作环境温度</td><td colspan="2">-10 ~ 50 ℃</td></tr>
<tr><td>工作环境相对湿度</td><td colspan="2">≤97%</td></tr>
<tr><td>工作电流</td><td colspan="2">100 mA</td></tr>
<tr><td>报警音量</td><td colspan="2">≥85 dB</td></tr>
<tr><td>响应时间</td><td colspan="2">≤20 s</td></tr>
<tr><td colspan="3"></td></tr>
<tr><td>安装方法</td><td colspan="4">①首先确定可燃气体与空气的比重,然后将家用燃气泄漏报警器安装固定在气源半径1.5 m以内的合适位置。
a.煤气比空气轻,漂浮在高处;
b.天然气比空气轻,漂浮在高处;
c.液化石油气比空气重,沉积在低处。
②依据接线图接好电源线并固定好探测器</td></tr>
<tr><td>录码方法</td><td colspan="4">录码方法与无线红外探测器类似,请参阅无线红外探测器的录码方法</td></tr>
</table>

(5)无线水浸探测器(表4.13)

表4.13 无线水浸探测器

技术参数	工作电压范围	7.6 ~ 12 V
	静态电流(DC 9 V)	≤10 μA
	发射频率	315 MHz
	发射时间	1 ~ 2 s
	低电指示动作电压	≤7.6 V
	工作指示	发射时亮灯
	发射距离(DC 9 V)	≥90 m(开阔地带)
	相对湿度	10% ~90%

续表

安装方法	①将此探测器底部的4个探测针放置在需要探测的物体表面，如厨房、机房地面（出厂时，此探测器底部的4个探测针没有露出，打开胶壳，用螺丝刀扭紧至探测针露出即可）。 ②为了方便用户在不使用本探测器的4个探针时可连接探测线，将导线铺在需要探测的地方（此导线必须是裸线）。 ③依据接线图接好电源线并固定好探测器。具体操作内容请参照水浸探测器说明书
录码方法	录码方法与无线红外探测器类似，将探测器下的4个探测针轻压于手掌可触发的探测器，触发后探测器上的指示灯会亮一次红灯。配套录码方法请参阅无线红外探测器的录码方法

8）无线遥控器

（1）24 键情景遥控器

与智能灯控开关、智能插座、窗帘控制器、无线转发器配套使用，学习对码，可进行单开/单关、调光、全开/全关、情景控制等操作（表 4.14）。

表 4.14 24 键情景遥控器

技术参数	工作电压	DC 12 V（23 A/12 V 电池）	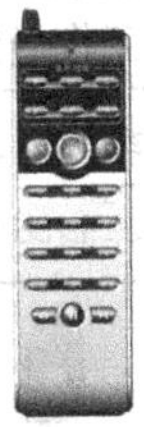
	工作电流	30 mA	
	工作频率	303.825/433.92 MHz	
	频率误差	±75 kHz	
	调制方式	AM	
	控制距离	30 m	24 键情景遥控器
控制方法	遥控开/关	按一下遥控器上某按键，相对应的灯亮，再按一下，则灯熄灭	
	调光控制	在灯亮的状态下，长按遥控器上的控制按键，则灯逐渐变暗；再次长按此按键，则灯逐渐变亮（此功能需要对应调光开关）	
	遥控总开	按一下遥控上全开按键，则已录入的开关的灯全部点亮	
	遥控总关	按一下遥控上全关按键，则已录入的开关的灯全部熄灭	
	情景控制	将一组场景预设到遥控器某些按键上，需要实现此场景时，按一下此场景按键，则返回到预设的场景	
录码方法	可以用遥控器单独对开关、插座、窗帘等设备进行录码控制，详见相关设备录码方法		

（2）4 键情景遥控器

与智能灯控开关、智能插座、窗帘控制器、无线转发器配套使用，学习对码，可进行单开/单关、调光、全开/全关、情景控制等操作（表 4.15）。

表 4.15　4 键情景遥控器

技术参数	工作电压	DC 12 V（23 A/12 V 电池）	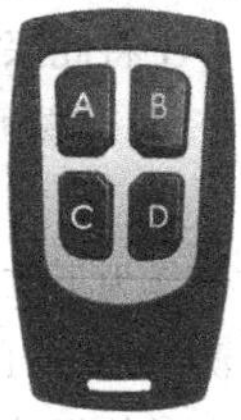4 键情景遥控器
	工作电流	30 mA	
	工作频率	303.825/433.92 MHz	
	频率误差	±75 kHz	
	调制方式	AM	
	控制距离	30 m	
控制方法	A、B、C、D 4 个键用户可以自定义功能		
录码方法	可以用遥控器单独对开关、插座、窗帘等设备进行录码控制，详见相关设备录码方法		

（3）4 键安防管理遥控器

与智能主机配套使用，学习对码，可进行布防/撤防/紧急报警/自定义设置等操作（表 4.16）。

表 4.16　4 键安防管理遥控器

技术参数	工作电压	DC 6 V（CR 2016 电池 2 个）	4 键安防管理遥控器
	工作频率	315 MHz	
	待机电流	0 mA	
	工作电流	18 mA	
	编码方式	百万组学习码（PT2240 芯片 1.5M）	
	控制距离	30 m	
控制方法		用户可以在智能家居网关管理系统联动设置下将此键设置为布防按钮	
		用户可以在智能家居网关管理系统联动设置下将此键设置为撤防按钮	
		用户可以在智能家居网关管理系统联动设置下将此键设置为紧急报警按钮	
		用户可以在智能家居网关管理系统联动设置下将此键自定义设置	
录码方法	在智能家居网关管理系统下的联动设置管理中，建立任务名称后修改，即可在编辑页面中录码，然后单击“响应编辑”，编辑按键触发之后的响应任务。具体设置根据各品牌说明书之联动设置		

（4）墙壁情景发射器

墙壁情景发射器具有灯控开关的外观以及遥控器的功能，可分为电池供电和交流供电两种，在需要设置场景的地方，可以实现对灯光、窗帘、电器的双控、多控控制（表 4.17）。

表 4.17 墙壁情景发射器

<table>
<tr><td rowspan="6">技术参数</td><td>工作电压</td><td>DC 9 V/AC 220 V</td><td rowspan="6">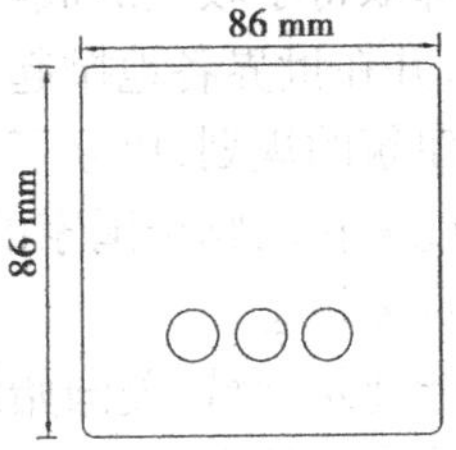
墙壁情景发射器面板</td></tr>
<tr><td>工作电流</td><td>30 mA</td></tr>
<tr><td>工作频率</td><td>303.825/433.92 MHz</td></tr>
<tr><td>频率误差</td><td>±75 kHz</td></tr>
<tr><td>调制方式</td><td>AM</td></tr>
<tr><td>按键数量</td><td>1、2、3、5 键</td></tr>
<tr><td>安装方法</td><td colspan="3">与智能灯控开关相同</td></tr>
<tr><td>录码方法</td><td colspan="3">可以用情景发射器单独对开关、插座、窗帘等设备进行录码控制，详见相关设备录码方法</td></tr>
<tr><td>双控开关实现方法</td><td colspan="3">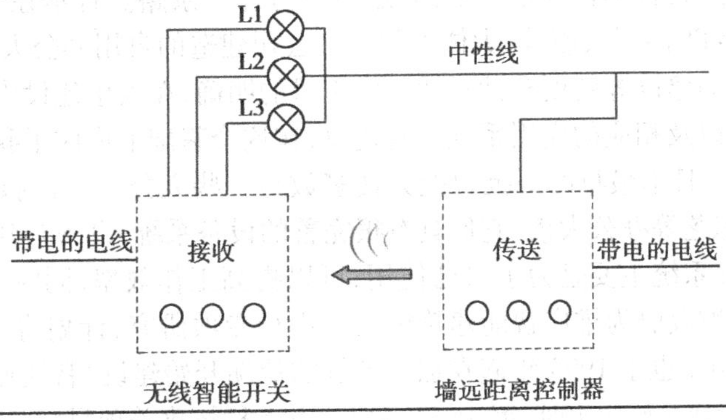</td></tr>
</table>

任务6 智慧楼宇运行管理

任务导读

- **基本要求** 通过本任务的学习，了解智慧楼宇概念与起源，掌握智慧楼宇的特点，熟悉智慧楼宇的主要管理内容。
- **重点** 智慧楼宇的特点。
- **难点** 智慧楼宇的主题管理内容。

4.6.1 智慧楼宇的特点和方式

1）智慧楼宇的概念与起源

智慧楼宇起源于由美国人提出的智能建筑概念。1984 年 1 月，美国联合科技集团的 UTBS 公司在康涅狄格州哈伏特市建成了世界上第一座智能大厦，它是由一座旧金融大厦改建而成的都市大厦。在这座 3 层高，总建筑面积达 10 万多平方米的建筑里，客户不必自己添置设备，便可获得语言通信、文字处理、电子邮件、市场行情信息、科学计算和情报资料检索等服务。此外，大厦实现了自动化综合管理，楼内的空调、供水、防火、防盗供配电系统等均由计算机控制，使客户真正感到舒适、方便和安全，同时，改造后的大厦在出租率、经济效益等方面都取得了较大的成功。自从"智能建筑"一词在美国广告媒体上出现以来，很快传遍了世界，并在世界各地掀起了一阵又一阵的智能建筑热潮。许多国家的政府纷纷制定了发展智能建筑的规划，成立了有关机构和学术团体，带动了一大批相关产业的快速发展，甚至希望以此来拉动整个国家的经济。因此，有人认为智能建筑发展情况是国家经济发达程度的一个重要标志。

在智能建筑领域，美国始终保持技术领先的势头。美国自20世纪90年代以来新建和改建的办公大楼约有70%为智能化建筑；为加速智能建筑的发展，美国公布了《21世纪的技术：计算机、通信》研究报告书。专家认为，网络技术、控制网络技术、智能卡技术、可视化技术、流动办公技术、家庭智能化技术、无线局域网技术、数据卫星通信技术以及双向电视传输技术将在21世纪的美国智能建筑中具有广泛的应用和持续的发展前景。

在欧美之后，日本很快跟上来，但走的是另外一条路。日本在1986年建造的东京本田青山大厦和NTT品川大厦等，大体上都是大公司建造的自用办公大楼。因此，对其设备自动化、通信网络的建设等就更有针对性。由于目的明确，在大楼建设中同时将其内部的办公网络(OA)系统以及相应的应用系统一起建设，在这个基础上形成了我们后来所说的智能建筑的"3A"体系。日本最早的一批智能大楼多数是一些大公司，特别是大型电子公司如NEC、松下、三菱、东芝等办公大楼，它们具有很完善的设备系统，设备与建筑设计配合融洽。这些大公司建设该系统主要是为了自己使用，可以提高工作效率，同时也是为了改善企业形象。在亚洲，新加坡政府为推广智能建筑拨巨资进行专项研究，计划将新加坡建成"智能城市花园"。此外，印度也于1995年起在加尔各答的盐湖开始建设"智能城"。

我国智能建筑始于1986年，国家"七五"重点科技攻关项目——"智能化办公大楼可行性研究"1991年通过鉴定，主要针对一些涉外酒店、高档公共建筑和有特殊需要的工业建筑。其主要技术依靠国外引进，涉及机电设备控制、管理；计算机网络、火灾报警、有线电视等，系统相互独立。台湾的智能大楼起步较早，1989年竣工最多，1991年已建成约1 300栋，其中有233栋具有较高智能化，以台北市智能大楼密度最高，台北101大厦是台湾乃至世界智能大楼的典范。香港的智能建筑建得也较早，相继出现了汇丰银行大厦、立法会大厦、中银大厦等一批智能化程度较高的智能建筑。1989年，北京发展大厦的建成，标志着我国第一幢IB的问世。北京发展大厦涵盖BA/OA/CN(CA)，但是并不完善，三个系统没有实现统一控制。广州1993年建成的广东国际大厦(总建筑面积183 600 m^2，63层)可称内地"首座智能化商务大楼"，有较完善的"3A"系统。智能建筑的建设在20世纪90年代中后期形成高潮。

2)智慧楼宇产生的背景

智慧楼宇的产生并不是偶然的，而是有其深刻的经济、社会和技术背景，归纳起来，有以下4个主要原因：

(1)技术背景

计算机技术、通信技术、控制技术的发展，为智能建筑的实现提供了技术保证。自动化仪表技术、网络技术的发展使自动控制技术从过去分散、个别的控制系统发展成分散控制、集中管理的集散型系统分散控制。

(2)经济背景

第三产业的迅速崛起(第一、二产业发展已相对平缓)，世界经济全球化，经济由总量增长型向质量效益增长型转变。

(3)社会背景

信息时代的到来,社会发生变革,国家垄断经营的交通、邮电等行业转向自由竞争、国际贸易和市场开放,使得信息技术市场的竞争日趋激烈,为智慧楼宇的技术和设备选择提供了更多的机会。

(4)工作和生活的客观需求

随着现代生活水平的提高,人们对生产、生活提出了更高的要求,而智慧楼宇的出现正迎合了这种需求,提供了更加方便、舒适、高效和节能的生产与生活条件。

3)智能建筑的定义

作为建筑工程与艺术、自动化技术、现代通信技术和计算机网络技术相结合的复杂系统工程学科,智能建筑的定义是在不断地发展、补充和完善的。

- 美国智能建筑协会的定义:智能建筑是通过优化其结构、系统、服务、管理4个基本要素及其相互关系来提供一个多产的和成本低廉的环境。同时又指出,没有固定的特征来定义智能建筑,事实上所有智能建筑所共有的唯一特性是其结构设计可以适应降低成本的变化。
- 欧洲智能建筑集团的定义:创造一种可以使住户有最大效率环境的建筑,同时该建筑可以使之有效地管理资源,而在硬件设备方面的寿命成本最小。
- 国际智能工程协会的定义:在一座建筑中设计了可提供响应功能以及适应用户对建筑物用途、信息技术要求变动时的灵活性。智能建筑应该安全、舒适、系统综合,有效利用投资、节能和具备很强的使用功能,以满足用户实现高效率的需要。
- 日本电机工业协会智能建筑分会的定义:①作为收发信息和辅助管理效率的轨迹;②确保在建筑里工作的人们满意和便利;③建筑管理合理化,以便用低廉的成本提供更周到的管理服务;④针对变化的社会环境、复杂多样化的办公以及主动的经营策略,作出快速灵活和经济的响应。
- 中国学术界对智能建筑的定义:智能建筑系统是指利用系统集成方法,将智能计算机技术、通信技术、信息技术与建筑艺术有机结合,通过对设备的自动监控、对信息资源的管理、对使用者的信息服务及其与建筑的优化组合,获得投资合理、适合信息社会需要,并且具有安全、高效、舒适、便利和灵活特点的建筑物。

2000年7月,我国建设部正式颁布了智能建筑国家标准《智能建筑设计标准》,在标准中对智能建筑明确作出如下定义:智能建筑是以建筑为平台,兼备建筑设备、办公自动化及通信网络系统,集结构、系统、服务、管理及它们之间的最优化组合,向人们提供安全、高效、舒适、便利的建筑环境。

4)智慧楼宇的特点

智慧楼宇是在传统建筑平台上为实现智能化而进行全方位改进的产物,从而使冷冰冰的混凝土建筑物成为温暖的、人性化的智慧型建筑。智慧楼宇与传统建筑相比,不但功能更多、更强,而且更节约资源,适应性和灵活性更强。

智慧楼宇与一般建筑的区别在于:①工程规模和总建筑面积都比较大,如中高层建筑、小区、广场、运输枢纽中心等。②具有重要性质或特殊地位,如电视台,报社,政府、军队、公安的指挥中心,通信枢纽楼宇等。③应用系统配套齐全,如网络、安全、环境等服务功能完善。④资金和技术密集,是现代化的高科技产物,需要一个强大的工程部门来管理。⑤总体结构复杂,配合协调较多,是一个综合的集成系统。

智慧楼宇的新功能需求:①对环境和使用功能的变化具有感知能力,如室温、光照的感知等。②具有传递、处理感知信息的能力,如温控、闭路监控等。③具有综合分析、判断的能力,如根据用户授权提供不同的信息访问能力。④具有作出决定并且发出指令信息,提供动作响应的能力,如消防处理系统。⑤低碳环保,能取得较好的节能效益。

智慧楼宇的主要特点:

(1)高度集成

从技术角度看,智慧楼宇与传统建筑最大的区别就是各智能化系统的高度集成,将建筑中分散的设备、子系统、功能、信息,通过计算机网络集成为一个相互关联的统一协调的系统,实现信息、资源、任务的重组和共享。智慧楼宇安全、舒适、便利、节能、节省人工费用的特点,必须依赖集成化的建筑智能化系统才能得以实现。

(2)绿色节能

以现代化商厦为例,其空调与照明系统的能耗很大,约占大厦总能耗的70%。在满足使用者对环境要求的前提下,智慧楼宇应通过其“智能”,尽可能利用自然光和大气冷量(或热量)来调节室内环境,以最大限度地减少能源消耗。按事先在日历上确定的程序,区分“工作”与“非工作”时间,对室内环境实施不同标准的自动控制,下班后自动降低室内照度与温湿度控制标准,已成为智慧楼宇的基本功能。利用空调与控制等行业的最新技术,最大限度地节省能源是智慧楼宇的主要特点之一,其经济性也是该类建筑得以迅速推广的重要原因。

(3)节省运行维护的人工费用

根据美国大楼协会统计,一座大厦的生命周期为60年,启用后60年内的维护及营运费用约为建造成本的3倍。再依据日本的统计,大厦的管理费、水电费、煤气费、机械设备及升降梯的维护费,占整个大厦营运费用支出的60%左右;且其费用还将以每年4%的速度增长。所以,依赖智能化系统的智能化管理功能,可发挥其作用来降低机电设备的维护成本。同时,由于系统的高度集成,系统的操作和管理也高度集中,人员安排更合理,使人工成本降到最低。

(4)安全、舒适和便捷的居住环境

智慧楼宇首先确保人、财、物的高度安全以及具有对灾害和突发事件的快速反应能力。智慧楼宇提供室内适宜的温度、湿度和新风以及多媒体音像系统、装饰照明、公共环境背景音乐等,可大大提高人们的工作、学习和生活质量。智慧楼宇通过建筑内外四通八达的电话、电视、计算机局域网、因特网等现代通信手段和各种基于网络的业务办公自动化系统,为人们提供一个高效便捷的工作、学习和生活环境。智慧楼宇一体化集成管理的能力是其最重要的特点,是区别智慧楼宇与传统建筑的分水岭。同样,一体化集成管理的能力大小,也反映了智慧楼宇的“智商”程度。

4.6.2 智慧楼宇的主要管理内容

1)智慧楼宇的功能构成

智慧楼宇除了拥有一般的电力供应、给排水、空气调节、采暖、通风等设施外,主要还包括具备较好的信息处理及自动控制能力,其基本系统主要有3A——楼宇自动化系统(BA)、通信自动化系统(CA)、办公自动化系统(OA)。我国部分房地产商将楼宇自动化里的信息管理自动化系统(MA)和消防安保自动化系统(FA)独立出来,因此也有5A的说法,也可称为“5S智能大厦”,即楼宇自动化系统(BAS)、通信自动化系统(CAS)、办公自动化系统(OAS)、计算机网络系统(CNS)和建筑物综合布线系统(PDS)(图4.21)。

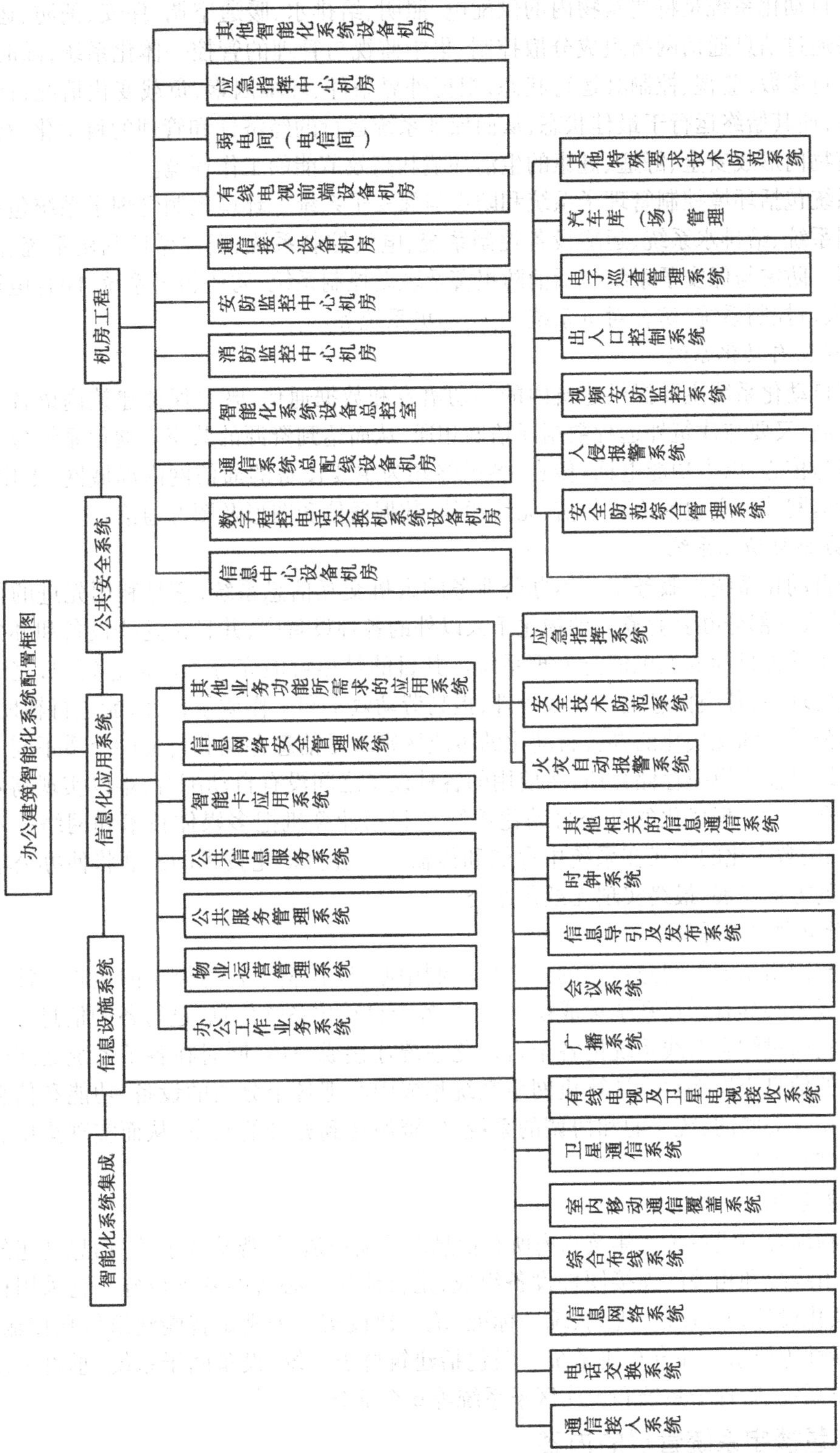

图4.21 某办公建筑智慧楼宇系统组成示意图

(1)楼宇自动化系统

楼宇自动化系统是将建筑物内的供配电、照明、给排水、暖通空调、保安、消防、运输、广播等设备通过信息通信网络组成分散控制、集中监视与管理的管控一体化系统,随时检测、显示其运行参数,监视、控制其运行状态,根据外界条件、环境因素、负载变化情况自动调节各种设备,使其始终运行于最佳状态,从而保证系统运行的经济性和管理的科学化、智能化,并在建筑物内形成安全、舒适、健康的生活环境和高效节能的工作环境。

此系统包括环境控制管理子系统和防灾与保安子系统。环境控制管理子系统包括暖通空调控制系统、给排水系统、运输设备控制系统、电气控制系统、资源循环利用系统、能源管理系统等。防灾与保安子系统包括消防报警及联动控制系统、防盗报警系统、闭合电视监控系统、出入口控制系统、访客对讲系统、电子巡更系统等。

(2)通信自动化系统

通信自动化系统主要提供建筑内的一切语音和数据通信,既要保证建筑内语音、数据、图像的传输,又要与建筑外远程数据通信网相通,从而达到资源的共享。通信系统包括以程控交换机为核心,以多功能电话、传真、各类终端为主要设备的通信网内局域网、工作站、高速主干通信网等。它包括语音通信、无线通信、数据通信和图形及图像通信。

(3)办公自动化系统

办公自动化系统是服务于具体办公业务的人机交互信息系统,它是利用先进的科学技术,不断使人的部分办公业务活动物化于人以外的各种设备中,并且由这些设备和办公人员构成服务于某种目标的人机信息处理系统。其目的是尽可能充分利用信息资源,完成各类电子数据处理,对各类信息进行有效管理,提高劳动效率和工作质量,同时能进行辅助决策。传统的办公系统和现代化的办公自动化的本质区别就是信息存储和传输的介质不同。传统的办公系统是使用模拟存储介质,所使用的各种设备之间没有自动配合,难以实现高效率的信息处理和传输。现代化的办公自动化系统是利用计算机把多媒体技术和网络技术相结合,使信息用数字化的形式在系统中存储和传输。办公自动化技术的发展将使办公活动朝着数字化的方向发展,最终实现无纸化办公。

(4)计算机网络系统

计算机网络系统是智慧楼宇的最高层控制中心,监控整个智慧楼宇的运转。计算机网络系统集成中心具有通过系统集成技术、汇集各个自动化系统信息、进行各种信息综合管理的功能。它通过综合布线系统把各个自动化系统连接成一体,同时在各子系统之间建立起一个标准的信息交换平台。计算机网络系统集成中心把各个分离的设备、功能和信息等集成为一个相互关联的、统一的和协调的系统,使资源达到充分的共享,从而实现集中、高效、方便的管理和控制。

(5)建筑物综合布线系统

建筑物综合布线系统是建筑物内所有信息的传输通道,是智慧楼宇的“信息高速公路”。综合布线由线缆和相关的连接硬件设备组成,是智能建筑必备的基础设施。它采用积木式结构、模块化设计,通过统一规划、统一标准、统一建设实施来满足智能建筑信息传输高效、可靠、灵活性等要求。综合布线系统一般包括建筑群子系统、设备间子系统、垂直干线子系统、水平子系统、管理子系统和工作区子系统等6个部分。

2)智慧楼宇系统管理的内容

智慧楼宇在我国已成为建筑市场的大趋势,也是建筑业中新的经济增长点。各类建筑

(楼、馆、场等)的智能化工程投资,约占工程总投资的5% ~8%,有的已高达10%;居住小区的智能化系统建设投资约在60元/m^2(占土建投资的5% ~8%),如按全国每年竣工面积计算,其总投资为几十亿元。智慧楼宇这个新的经济增长点促成相关企业迅速增长。粗略估计,目前全国从事楼宇智能化的企业超过3 000家,产品供应商近3 000家,全国有152家设计院和127家系统集成商具有专项设计资质。

在深圳,智慧楼宇随着经济的持续稳健增长,其数量和水平正逐年提高,深圳居民对智慧楼宇的认可度也越来越高。目前,深圳的安防覆盖率居全国之首。深圳还是国家发改委选定的全国社区信息化建设试点城市,深圳信息化社区的技术装备程度走在全国前列。深圳智能建筑及相关行业的企业有数千家,一些国际上最新的技术、产品都能在深圳同步上市。

智慧楼宇最初由单一系统向多系统拓展和延伸,逐步形成了完善的产品体系,其技术性能、产品质量以及开放性、兼容性、可靠性逐年提高。

智慧楼宇工程应用由商业建筑(酒店)智能化向各种类型建筑拓展,并向相关行业延伸。

系统的信号采集、传输、存储、显示由模拟、数模混合向全数字化发展。

系统按需集成被广泛认可,从上往下的系统集成是发展趋势,将有利于用户提高管理水平,开展增值服务。

经过多年的发展,初步奠定了智慧楼宇产业基础,智慧楼宇产品国产化仍有较大的发展空间,行业企业应积极关注。

智慧楼宇涉及的系统:

● 楼宇自控系统(系统软件及应用软件、控制器与通信网络及其组件、各类传感器、各类执行机构)(图4.22)。

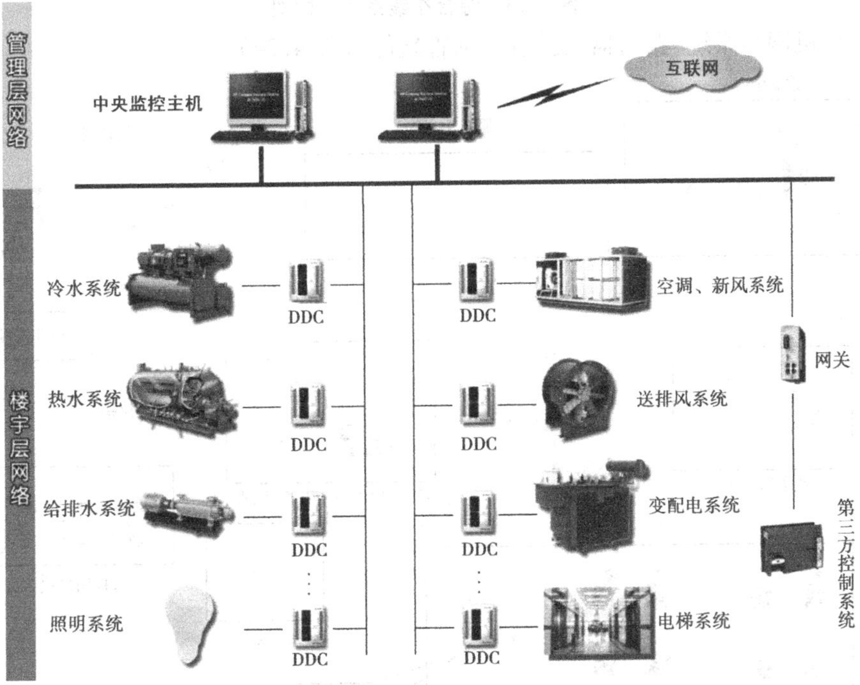

图4.22　楼宇自控系统组网图

• 综合布线系统[光纤/铜缆/大对数线缆、面板模块、配线架(数据/语音)、19 寸工业标准机柜](图 4.23)。

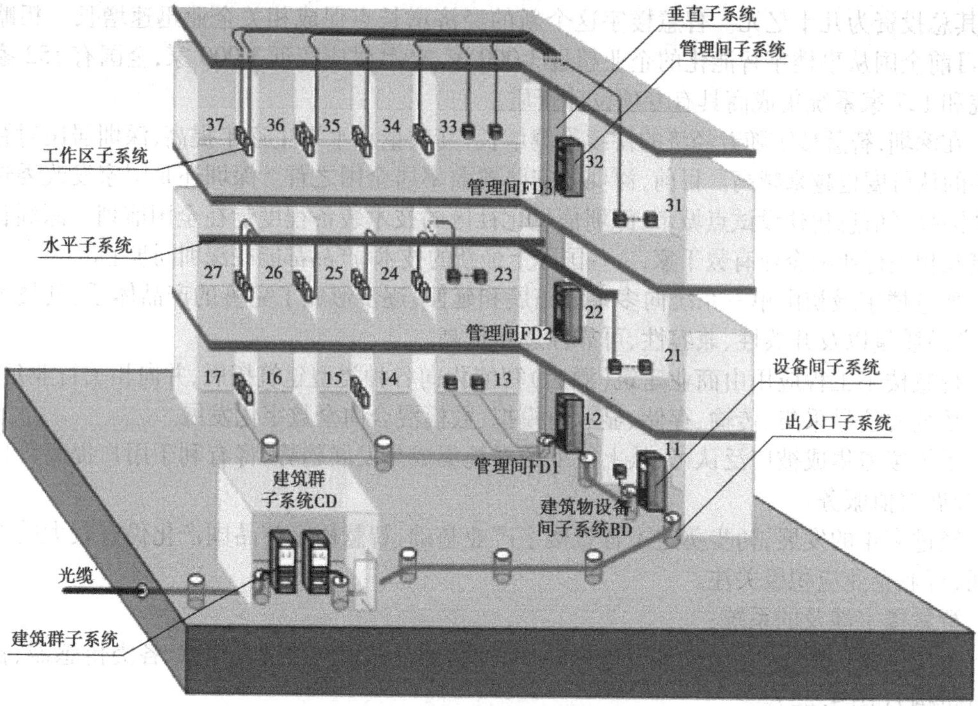

图 4.23　综合布线系统结构图

• 计算机网络系统(路由器、交换机、网管软件)(图 4.24)。

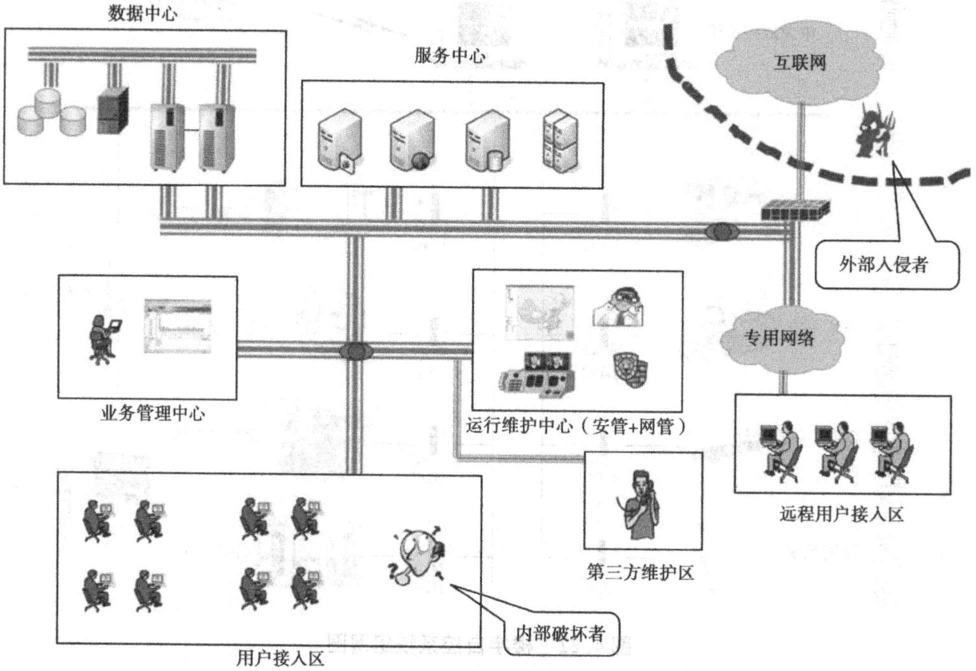

图 4.24　计算机网络系统结构图

• 语音通信系统(图4.25)。

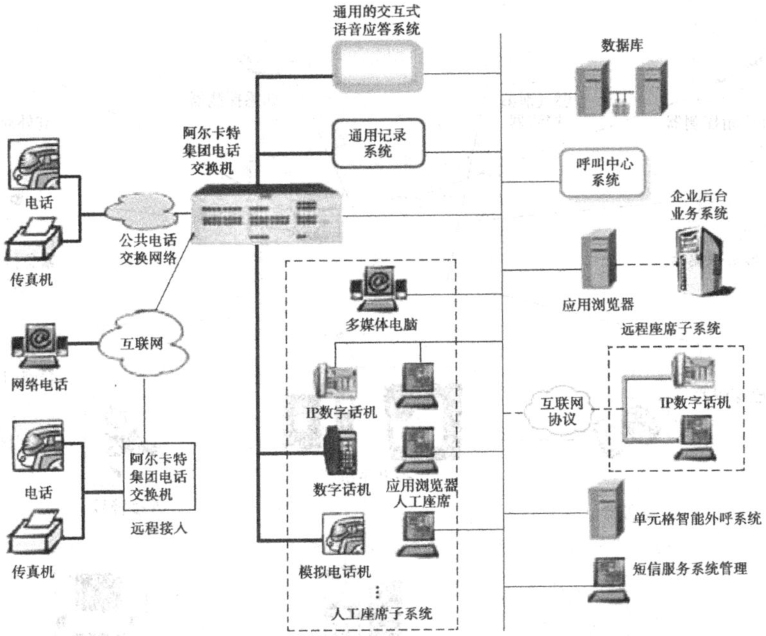

图4.25　语音通信系统结构图

• 视频安防监控系统(硬盘录像机、编解码器、视频矩阵、监控显示器、各种摄像头、管理软件及操控设备)(图4.26)。

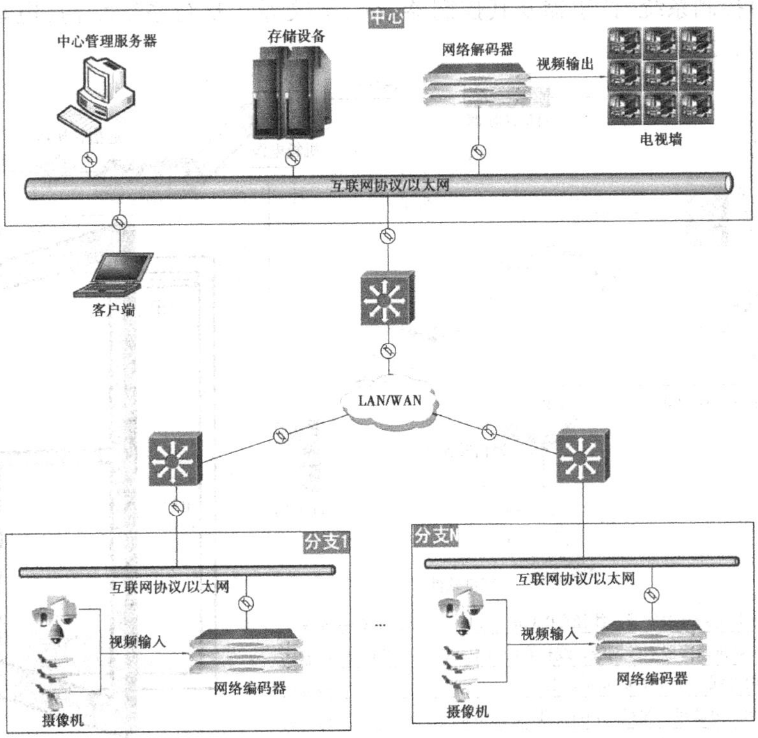

图4.26　视频安防监控系统示意图

• 防盗报警系统(报警管理软件、各类探测器、报警主机)(图4.27)。

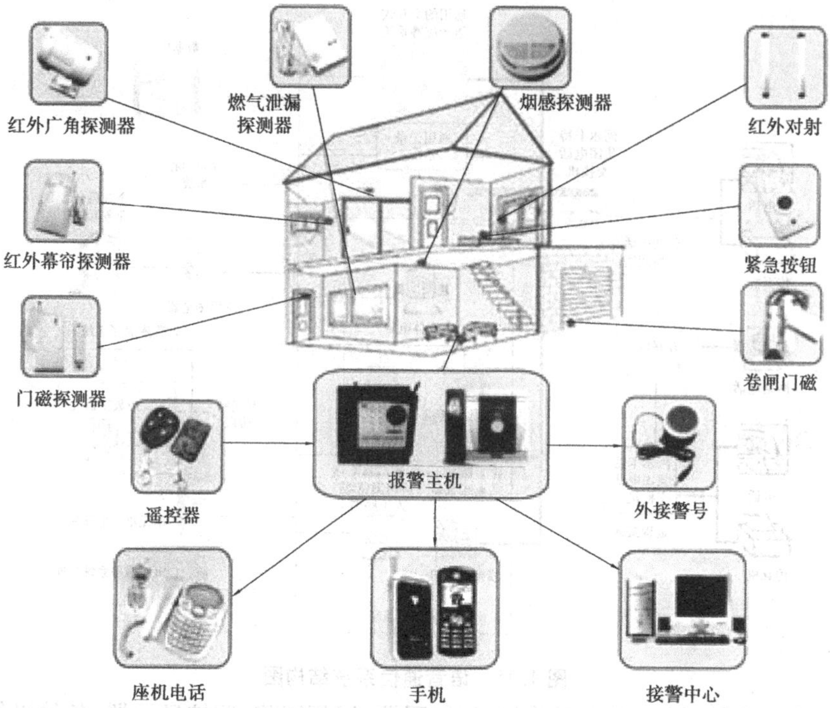

图4.27 防盗报警系统示意图

• 出入口控制系统[读感器及其控制器(卡、指纹等)、执行系统结构(电动门锁、门磁、按钮等)](图4.28)。

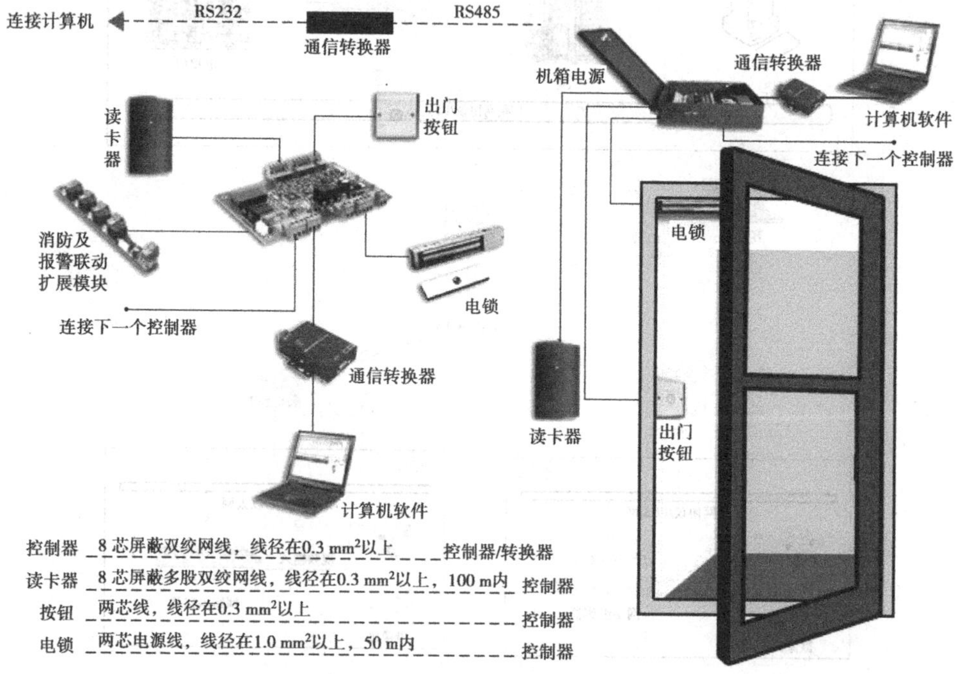

图4.28 出入口控制系统示意图

• 停车场管理系统(管理软件、出入口控制设备、道闸、摄像及显示设备)(图4.29)。

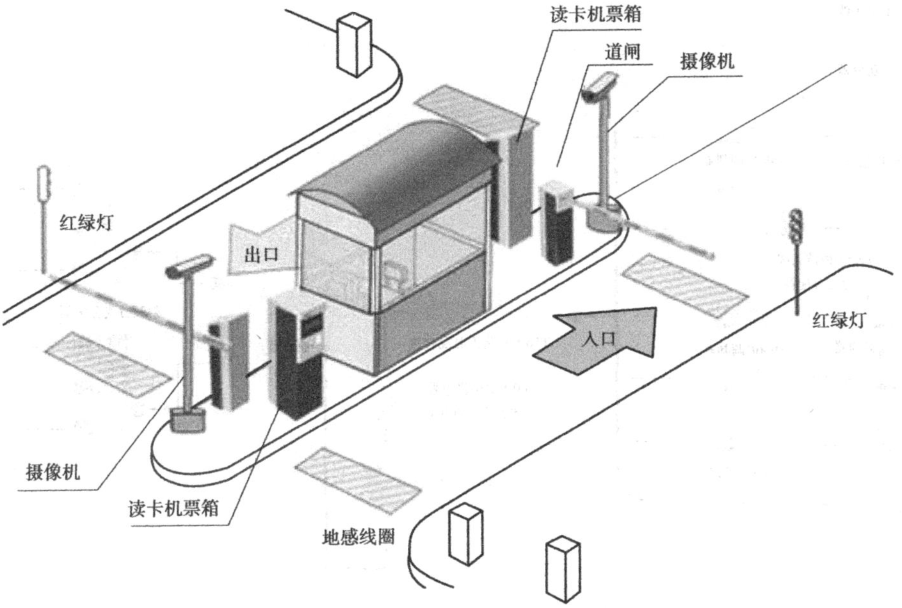

图4.29 停车场管理系统示意图

• 火灾自动报警系统(报警控制器及各类模块、探测、声光报警器、消防电话、广播系统、联动控制器)(图4.30)。

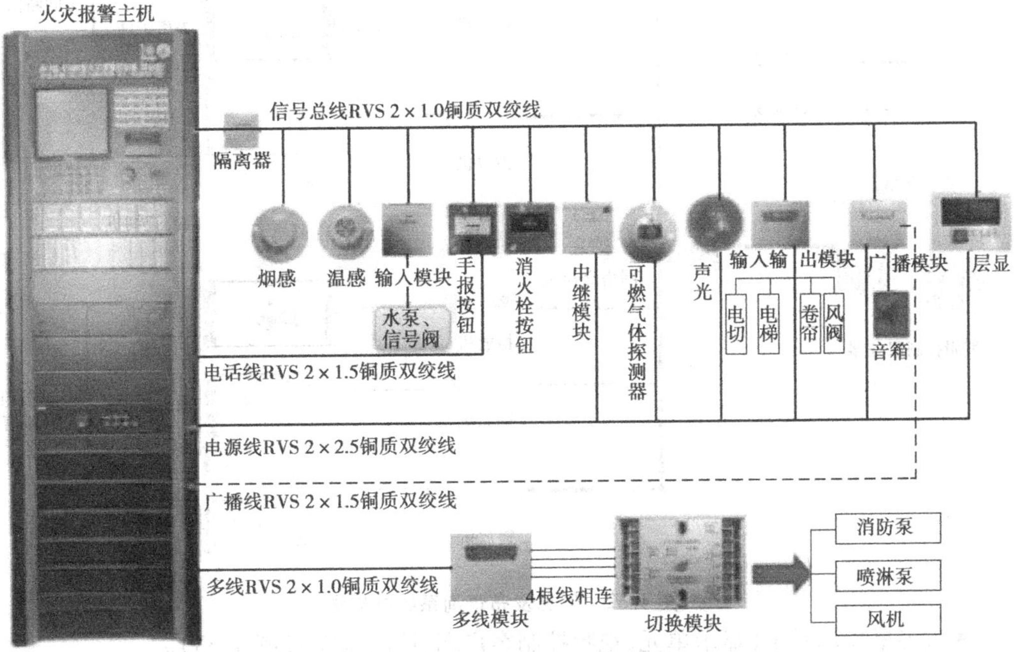

图4.30 火灾自动报警系统结构图

• 有线电视系统(前端系统、传输系统、分配系统)(图 4.31)。

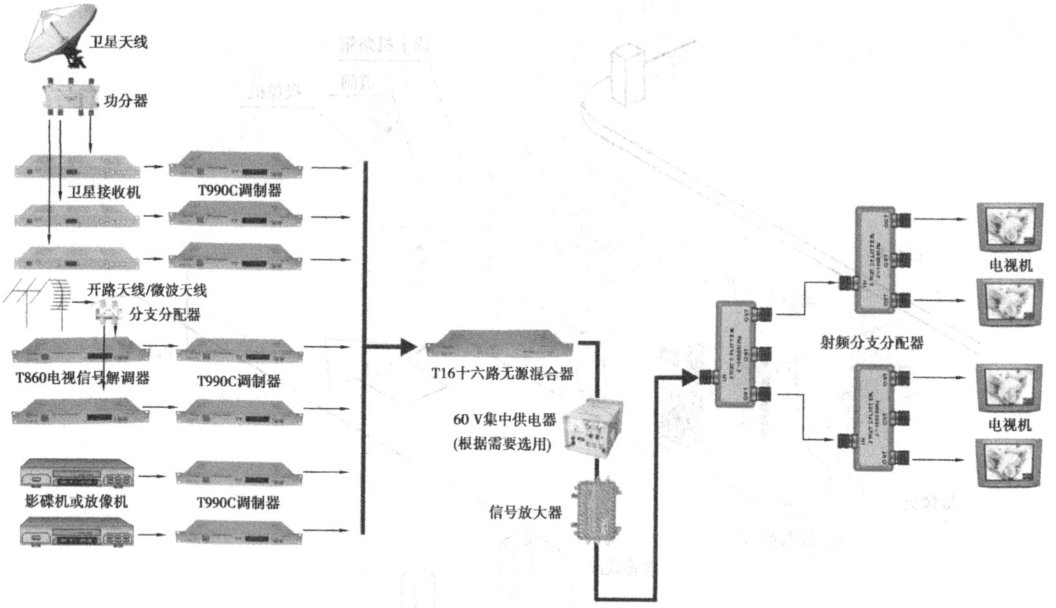

图 4.31　有线电视系统结构图

• 信息发布查询系统(显示设备、MT 终端控制器、触摸屏)(图 4.32)。

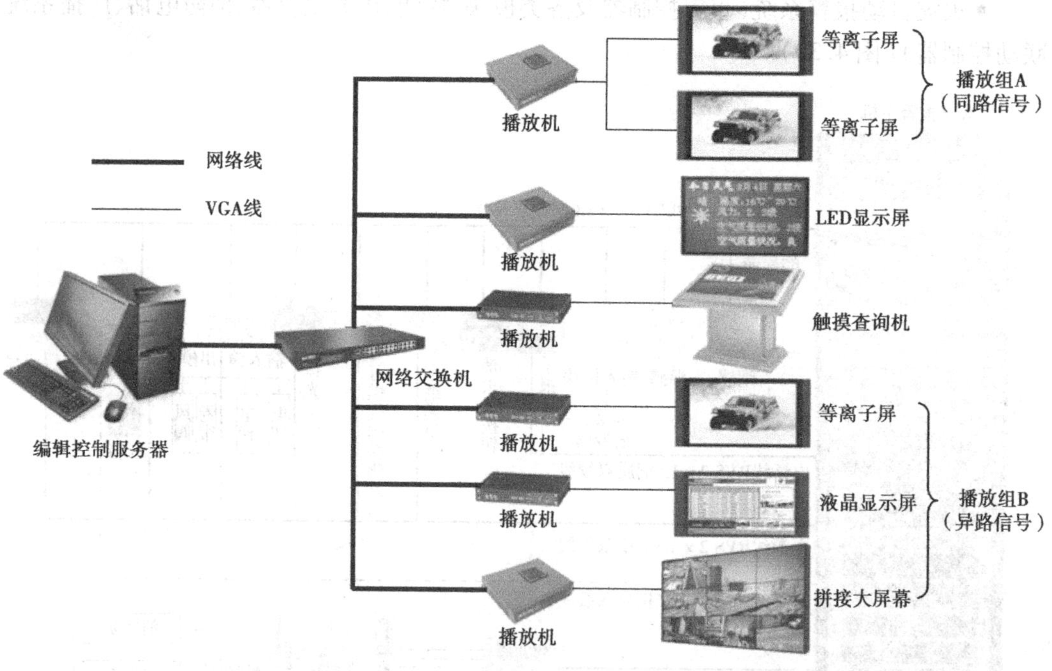

图 4.32　信息发布查询系统结构图

• 大屏幕显示系统(显示单元、视频控制客户端、控制软件)(图 4.33)。

• 视频会议系统(会议发言及讨论系统、同声传译系统、远程视频管理系统、集成控制系统)(图 4.34)。

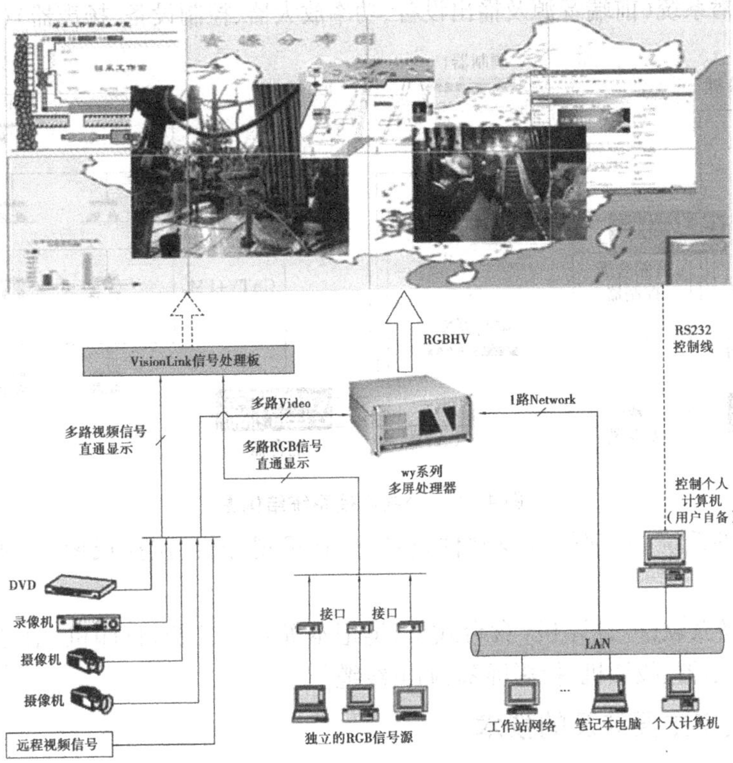

图4.33 大屏幕显示系统结构图

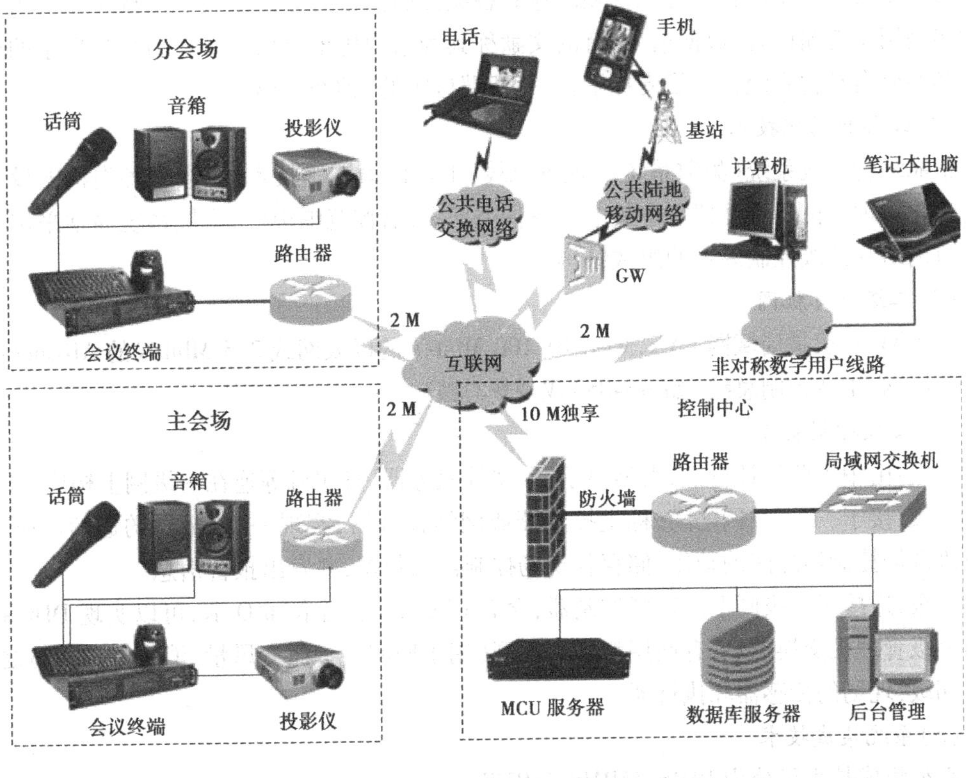

图4.34 视频会议系统结构图

• 公共广播系统(前端音源及播出设备、功率放大器、控制设备、扬声器)(图4.35)。

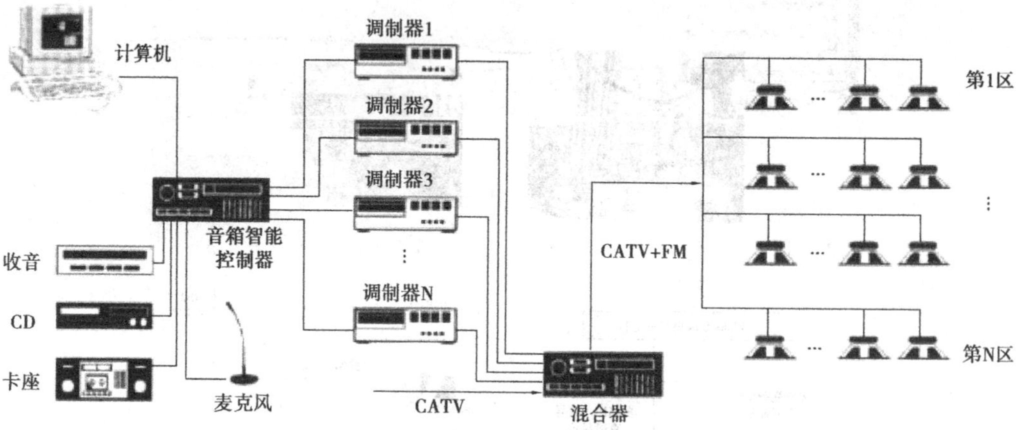

图4.35　公共广播系统结构图

• 访客对讲系统(管理软件及硬件设备、壁挂可视分机、监控摄像头、适配器等)(图4.36)。

• 通用设备及软件[计算机(含台式机、笔记本等)、服务器、打印机、信号浪涌保护器、麦克风、液晶显示器、投影机、投影屏幕、弱电线缆]。

3)智慧楼宇主要涉及的技术

(1)综合布线系统

综合布线系统是语音、数据、视频图像和各类控制信号的综合性线缆传输系统。由于目前大多是用于传输语音、数据信号,有的文献称其为结构化布线系统。它为智慧楼宇的通信网络和办公自动化系统设立了支撑平台,是智慧楼宇的"神经中枢"。

(2)设备自动化技术

依靠综合布线系统(集散系统)、现场总线、工业以太网等技术,对楼宇各类机电设备进行自动化管理。由于智慧楼宇中机电设备种类繁多,监控范围很广,集散系统通常采用二级计算机网络和四级控制装置的组成结构。

(3)二级计算机网

一级网:一般是局域网LAN,采用10,100 Mbit/s的以太网或2.5 Mbit/s的ARCnet网。

二级网:工业控制总线(如RS485)或现场总线。

(4)四级控制装置

一级:由中央监控计算机、大型显示屏、文件服务器、打印机等连在一级网上构成。

二级:接于一、二级网之间,称主控制器或网络控制器,实现一、二级网的通信。协调与第三级现场控制器之间的动作,储存各现场控制器的数据,并发出报警信息。

三级:连接于二级网上的现场控制器,含有CPU卡、通信卡、I/O卡,可以实现DDC控制并与上级管理机交换信息,有通用型和专用型(用于照明、空调、变风量、消防、保安等)之分。

四级:现场的传感器和执行器。

(5)系统集成技术

系统集成技术可分为IBMS、I2BMS、I3BMS。

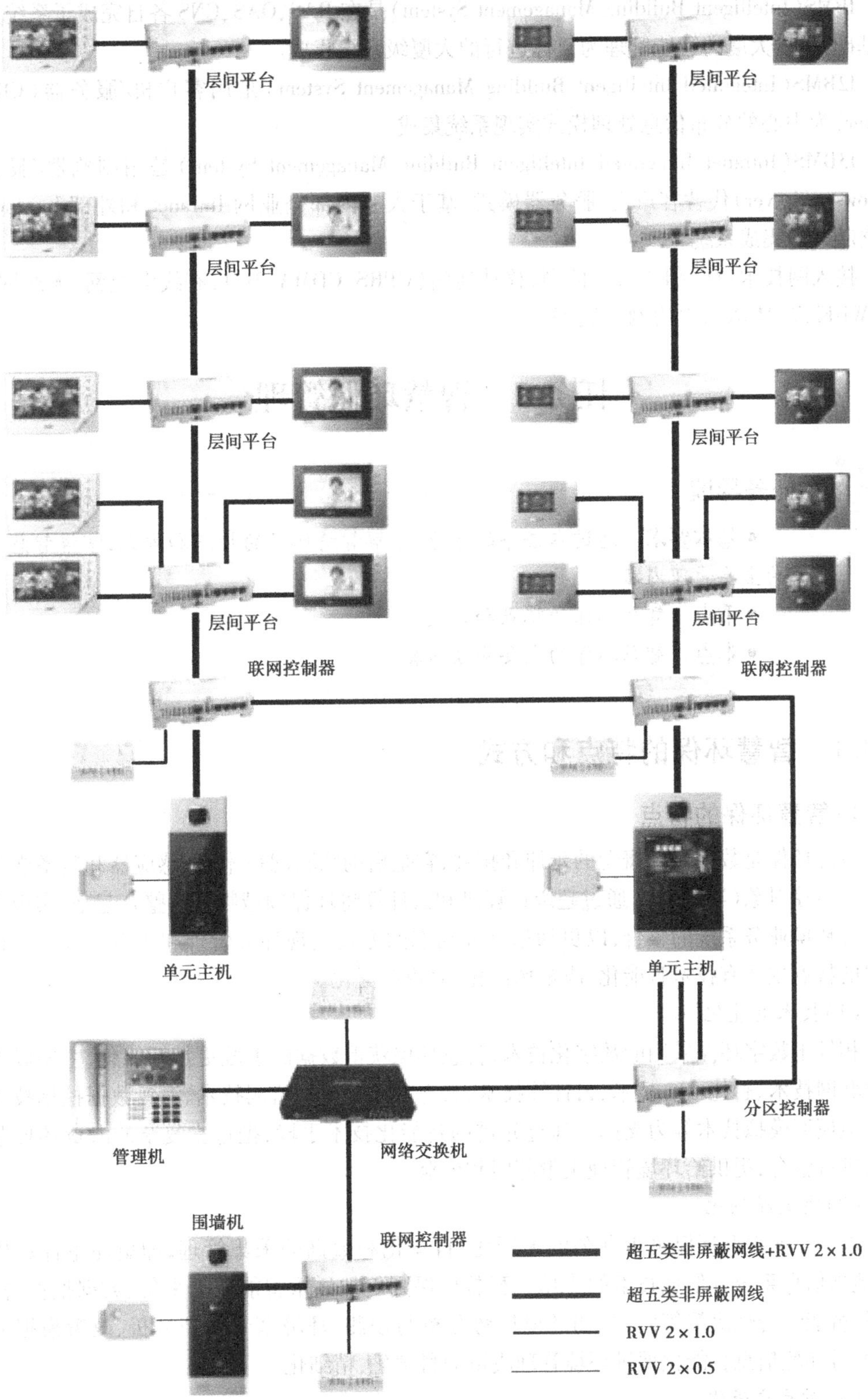

图 4.36　访客对讲系统结构图

IBMS(Intelligent Building Management System)是在BAS、OAS、CNS各自完成子系统集成的基础上,以大厦的智能管理为目标进行的大厦级系统集成。

I2BMS(Integrated Intelligent Building Management System)是用客户机/服务器(Client/Server)为中心的分布信息处理模式实现系统集成。

I3BMS(Intranet Integrated Intelligent Building Management System)是用浏览器/服务器(Browser/Server)代替客户机/服务器模式,基于大厦内部企业网Intranet和外部Internet网建立起来的集成系统。

接入网技术:宽带LAN,电信网,移动通信(GPRS、CDMA、3G),有线电视网,无线网(蓝牙、Wi-Fi、WiMAX),电力网载波等。

任务7　智慧环保管理

任务导读

• **基本要求**　通过本任务的学习,了解智慧环保的特点和方式,掌握智慧环保的主要管理内容。

• **重点**　智慧环保的特点和方式。

• **难点**　智慧环保的主要管理内容。

4.7.1　智慧环保的特点和方式

1)智慧环保的特点

智慧环保是数字环保概念的延伸和拓展,它是借助物联网技术,把感应器和装备嵌入各种环境监控对象(物体)中,通过超级计算机和云计算将环保领域物联网整合起来,实现人类社会与环境业务系统的整合,以更加精细和动态的方式实现环境管理和决策的智慧。智慧环保的特点主要有技术智能化、决策精细化、对象广泛化。

(1)技术智能化

相较于数字环保采用的数字化技术,智慧环保获得数据的手段更加智能化,主要以先进的物联网技术、智能GIS技术、云计算技术、天空一体化遥感监测技术、海量数据挖掘技术以及环境模型模拟技术等为支撑。通过先进的智能化技术手段,把过去复杂的海量环境监测数据进行整合,提供给环境管理决策部门和公众。

(2)决策精细化

数字环保强调环保决策办公的无纸化、自动化和数据的采集管理,即更注重计算机网络、地理信息系统等信息技术的作用。智慧环保则更加注重智能数据采集、数据挖掘、模型模拟、智能综合性决策等问题,如环境形势分析与预测、环境情景模拟分析、政策模拟分析等,通过环境信息智能化促进环境管理决策的科学化、精细化。

(3)对象广泛化

信息技术发展必然会促使智慧环保从概念形成走向全社会的参与。智能环保可以很好地满足公众对环境状况的知情权，公众可通过环境信息门户网站了解当前环境的各种检测指标，通过环境污染举报与投诉处理平台向环保部门提出投诉与举报，从而帮助环保部门更加有效地保持环境良好。

2)智慧环保的方式

智慧环保工程建设主要内容包括环境监测监控体系、预警与辅助决策体系、环境监察应急体系等五大部分，细分可分为燃煤锅炉环境管理系统、环境气象监测服务系统、建设项目环境影响评价系统、环保双随机系统等十多项内容。

智慧环保工程管控体系分为环境感知层、信息传输层、平台支撑层和管理应用层4个层次，要实现从"数字环保"到"智慧环保"的跨越，关键是要重点加强感知层与智慧层的建设。一是利用物联网技术，建设实时、自适应进行环境参数感知的感知系统，智慧环保的基础是物联网，构建环保领域覆盖全国的物联网系统，是实现由"数字环保"向"智慧环保"转化的第一步。二是利用云计算、模糊识别等各种智能计算技术，整合现有信息资源，建设具有高速计算能力、海量存储能力和并行处理能力的智能环境信息处理平台，为最终实现智慧环保的各项应用服务提供平台支撑与信息服务。

智慧环保的具体方式如下：

①构建全面覆盖的感知网络，建立智慧型信息化平台，实现环境数据的无缝融合、信息的综合分析。

②建设覆盖全面的、规划统一的在线监测监控系统，实现环保事件及时预警，提高重特大环境事故的应对与处置能力。

③使用信息化工具自动监管，为相关部门提供环保工作的辅助决策。

④单点采集多点利用，实现环保部门和单位对监测数据的共享。

⑤及时利用监测数据进行分析决策，包括解决视频、污染源在线、环境监测的系统分割状态，提高监管部门及被监管单位的数据互动、临场互动能力，使监管更加准确、有效，增强对紧急事件的应急处理能力。

4.7.2 智慧环保的主要管理内容

智慧环保平台是采用先进的信息化手段，提供环保状态感知、环保信息存储、环保事件检测、环保状态评估及预测等功能，以达到污染源控制、治理、消灭的目标，为环保政策制定、检验、评估、修正提供依据，并进一步探究环境问题成因的综合性公共服务平台。

智能环保平台由数据采集硬件和数据中心软件系统两部分组成。数据采集硬件负责采集现场的各种环境数据并将数据传输到数据中心，数据中心安装智能环保软件系统，软件系统负责对数据进行存储、分析、汇总、展现和报警。

智慧环保的主要管理内容包括：

①更透彻的感知。采用各种先进的感知工具全面感知环境，如区域环境在线监测设备及监控视频、污染源排放口在线监测设备及监控视频、污染治理设施状态传感器、射频识别等。

②更全面的互联互通。通过各种信息化设备、网络与先进的感知工具进行连接，将感知的信息进行实时传送，如移动和手持设备、GPS和定位设备、计算机和多媒体终端、宽带和无

线移动通信网络等。

③更深入的智能化应用。综合使用传感器、先进的移动终端、高速分析工具和集成 IT 等技术设备,通过环保系统物联网数据管理平台实时收集并分析环保领域的所有信息,相关机构及时作出决策并采取适当的措施。环保行政管理部门、污染源方、公众和相关方接入同一个环保物联网数据管理平台,按权限和使用功能分级参与。

任务 8　智慧消费与收费管理

任务导读

- **基本要求**　通过本任务的学习,树立正确的消费观念,借助智慧社区提供的智慧化信息工具,达到智慧、理性、高效的消费方式。
- **重点**　智慧社区服务与智慧消费。
- **难点**　智慧社区功能平台对智慧消费的促进作用。

4.8.1　智慧消费的特点和方式

1)消费的概念

消费是指利用社会产品来满足人们各种需要的过程。消费可分为生产消费和个人消费。本书只讨论个人消费。

个人消费是指人们为满足自身需要而对各种物质生活资料、劳务和精神产品的消耗,它是人们维持自身生存和发展的必要条件,也是人类社会最大量、最普遍的经济现象和行为活动。

个人消费的对象,主要包括用于个人及其家庭消费所购买的衣、食、住、行、用等方面的消费品。这部分消费与劳动者个人的贡献紧密相连,并构成社会总消费的主体部分。个人消费中,每个人有着不同的特点、兴趣、爱好和习惯,因此,个人消费总是多种多样、千差万别。个人消费不仅可以满足个人的不同需要,而且还可以实现劳动者的个人物质利益,调动劳动者的生产积极性。

2)信息化社会与“互联网+”

当今世界正处于信息化时代,信息技术对人们的生活产生了深远的影响,人类社会的生存方式也发生了根本性的变化,智慧社区与智慧消费正是这一新时代的产物。

(1)信息化社会

信息社会也称信息化社会,是脱离工业化社会以后,信息起主要作用的社会,它是以信息产业在国民经济中的比重、信息技术在传统产业中的应用程度和信息基础设施建设水平为主要标志。

(2)“互联网+”技术

“互联网+”是信息化社会的重要标志,也是互联网思维的进一步实践成果,推动经济形态不断地发生演变,从而带动社会经济实体的生命力,为改革、创新、发展提供广阔的网络平台。通俗地说,"互联网+"就是"互联网+各个传统行业",但这并不是简单的两者相加,而是利用信息通信技术以及互联网平台,让互联网与传统行业进行深度融合,创造新的发展生态。它代表一种新的社会形态,即充分发挥互联网在社会资源配置中的优化和集成作用,将互联网的创新成果深度融合于经济、社会各领域之中,提升全社会的创新力和生产力,形成更广泛的以互联网为基础设施和实现工具的经济发展新形态。2015年7月4日,国务院印发《国务院关于积极推进"互联网+"行动的指导意见》,2016年5月31日,教育部、国家语委在京发布《中国语言生活状况报告(2016)》,"互联网+"入选十大新词和十大流行语。

3)信息社会对个人消费的影响

(1)信息设备的发展趋向

在信息时代,消费者的消费行为依赖于其拥有的信息设备,从最早的有线互联网到现在的移动互联网。而移动互联网高度发达的今天,作为消费网络基础的信息设备呈现了以下特点:

- 设备的移动化、便捷化

移动互联网是信息设备的移动化、便捷化,能随时随地使用是移动互联网的重要特征。因此,移动互联网的应用场景是随时切换的,移动终端让人们接触互联网的地点从室内到室外再到无处不在的任何一个角落,从而进一步扩大了互联网的应用范围,这种扩大最直接的作用就是同时增加了人们使用互联网的时间。

- 本地化服务

依托基于移动网络的本地化服务,用户能够方便地找到身边所需的服务,甚至可以通过移动终端依据相同位置建立起用户之间的互动联系。有了移动互联网之后,一个本地化的趋势很自然就形成了。比如你在一个地方购物之余想了解一下周边的哪一家餐厅的食物好吃,你在开车时想找到最近的购物中心或者停车场的入口,这一切移动互联网都能帮你实现。而人们天生有一种被认可、被采纳的需求,即社交的需求,这在马斯洛需求理论里面也有提及。因此,各种应用如果能够有助于使用者得到他人的肯定,促进社交关系的发展,那它一定也能蓬勃发展。

- 简单化、操作方便

因为移动设备的便捷化、简单化,操作方便是至关重要的。新时代的消费者更青睐简单、快捷、便利的服务,如扫描二维码等快捷操作。烦琐、复杂的操作模式必然会被市场所淘汰。

(2)消费者的消费特点

伴随着信息设备的更新换代与互联网的进一步延伸和发展,信息时代的消费者们展现了许多与过去不同的消费特质。

- 自主性更强

消费者为自己打算,对于自己的价值认识不断提升。他们对于企业营销有所了解,不再总是相信品牌向他们灌输的信息内容。在消费心理方面,网购的消费者正在变得更有主见、更易怀疑。大多数消费者表示网络上第三方发表的评价比品牌厂商自己发布的信息更加真实可靠,同样越来越多的消费者认为我的需求与感受和别人有很大不同,在选择品牌与产品时,我会更有主见,较少听信品牌厂商的宣传介绍。另外,网购消费者更加注重对信息"真实性”的把控,而不再唯听厂商自我宣传,消费者会经常查看与关注那些由真实用户发表和分享的产品使用体验与回馈,据此从不同渠道全面了解各种品牌/产品信息。消费者认为这样获得的信息会更加真实和可靠。

• 决策意愿更加强烈

信息时代,消费者有自己的思想,明白企业的营销策略会干扰他们的消费决策,甚至有时会发起一场“对抗营销”的讨伐:如果一个品牌厂商不断通过各种广告宣传试图影响或改变消费者的想法,那么消费者可能会感到厌烦并产生逆反情绪。今天的消费者已经被各种工具“武装”起来,现代科技就在消费者兜里或包里,令他们可以与大量的信息实时相连,厂商、零售商相对于消费者的竞争优势正在大幅削弱。越来越多的消费者表示非常乐于使用科技产品/服务(如计算机、手机、互联网等)来获取信息,帮助自己作出“聪明”的购买决策并认为如果没有尽力对品牌/产品进行充分的了解与比较就作出购买决定,通常会有一定的风险。大多数消费者会查看与比较同一产品在不同销售渠道(如网店、大卖场、折扣店、品牌专卖店)的价格,在外出购物时,他们也会借用计算机或手机来帮助查询或确认相关的产品/服务信息(如价格比较、店铺推荐等)。

• 自我表达欲望更强,注重实时联系与信息分享

消费者生成海量、自发、不受限、非结构化的评论与信息。越来越多的消费者喜欢与那些有共同兴趣或话题的人建立联系,倾听他们的经验与建议,并积极分享自己的看法与感受。这也意味着企业/品牌不得不改变与消费者沟通、对话的方式,找出与这些“极富经验”的消费者进行有效互动的新方式。无论是营销者还是市场研究者都要力图利用他们的知识,而不是试图漠视或回避,要吸引消费者,与他们进行长期、开放的对话与协作,充分利用消费者分享交流的兴趣以及参与的积极性。

4)社区消费现状:网络经济与传统零售业的结合

(1)传统零售业和电商并存的现状

传统零售由来已久,在很长一段时间里,满足衣食住行的所有需求都需要在实体零售店内完成。而对于居民居住的社区,基于某些产品的消费特性(比如中国人习惯的生鲜食品等),传统零售仍是消费生活中必不可少的一部分。而另一方面,传统零售经营场所的固定性和现场面对面的交易模式,也限制了其市场规模。

随着互联网的迅速发展,人们生活时间逐渐呈碎片化,传统零售的固定服务式场景已经不符合大部分人的生活方式。由此,互联网巨头开始另寻商机,从电商入手。网购的发展,节约了地租、人力成本,消费者通过线上查看价格,移动支付就可以完成交易,纯线上的交易方便快捷。网购不仅成为年轻人的“专利”,不少老年人对“剁手”也乐此不疲。随着网购的快速发展,其自身的问题也在不断暴露,如虚假宣传、售后服务差、假冒伪劣产品等现象也层出不穷。线上电商急需实体产品体验来满足顾客的需求。

当传统实体店与电商的槽点难以满足消费者的生活需求时,线上线下融合发展的商业业态应运而生。中国电子商务研究中心主任曹磊说:“线上和线下零售业,在过去是‘有你没我,有我没你’的状态,但是,线上线下的融合,由O2O过渡到新零售,已经成为行业内一个广泛的共识。大家开始思考优势互补,共同把产品服务体验做好,共同来瓜分这块蛋糕,而不只是竞争。”

目前，多家电商业的大型企业开始在社区新零售发力，如叮咚小区、社区001、顺丰嘿客等，如图4.37所示。同时，大型物业公司也依托品牌优势，开始进军零售业，如“彩生活+”、龙湖电商等物业品牌的社区商店。

图4.37 目前运营的社区O2O商店

(2)“最后一公里”的机遇与挑战

随着当今消费市场的快速转型，人们的生活方式发生着改变，商业业态逐渐从商业中心大型百货商场转变为大型超市、郊区仓储市场和各种类型的社区商业。

虽然物质生活日益充裕，但不少消费者仍然面临着资源与信息不对称的难题。根据目前社区商店的运营分析，在既有用户的前提下，利用大数据采集的方式可以和产品的直接源头即生产方达成直接合作，减少很多不必要的中间环节。以大数据为通路，践行B2B、B2C模式，为用户提供个性化的筛选、品质及信誉的担保，让消费者更加省时、省力、省钱。

消费转型升级时代，社区商业在政策和资本的加持下，将出现前所未有的大发展。新零售是线上、线下、物流、数据、供应链的一个整合，物流在整个新零售中扮演着重要角色。物流是新零售发展过程中必不可少的基础设施之一，可以说哪家企业优先解决这个问题，哪家在新零售时代就能率先获得优势地位。

社区新零售有别于传统实体店、电商，企业纷纷抓住社区生活“最后一公里”的商业机遇。可以预见，未来社区商业领域将迎来更多的入局者，具有卓越的战略眼光，拥有核心竞争力，真正扎根社区、服务社区的企业将迎来良好的发展契机，并将在激烈的竞争中独占鳌头。

(3)“一刻钟”社区商圈

社区商业以社区范围内的居民为服务对象，以便民、利民，满足和促进居民综合消费为目标。它所提供的服务主要是社区居民需要的日常生活服务，这些服务具有经常性、便利性，但价格不一定低廉的特点。因此，社区商业具有稳定的市场基础，并将随着居民收入水平的提高得到更大的发展。

目前的社区商业正朝着信息化、标准化、规范化、集约化以及和电子商务相结合的方向发展,从统一规划,科学选址,集中布置的商业规划可以看出,今后居民日常消费商圈将在居住地500~3 000 m范围内完成,各行各业将采取超市、便利店、专卖店、连锁店、专业店等先进业态形式,满足传统衣、食、住、行的需要,更能适应新型消费需求。

2016年11月,由商务部、民政部、国土资源部、住房城乡建设部、质检总局五部委联合印发了《关于推进电子商务进社区促进居民便利消费的意见》(以下简称《意见》),该《意见》指出发展社区电子商务,是推动社区商业创新发展、转型升级的重要方式,是完善城乡社区服务体系的重要任务,有利于适应和满足居民个性化、多样化消费需求,对扩大消费、提高居民生活品质具有重要意义。力争到2020年,基本形成布局合理、功能完善、便利高效的社区商业综合服务体系,电子商务在社区商业领域的应用水平显著提升,居民生活消费需求基本可以在"一刻钟"社区商圈内得到满足,形成一批具有带动引领作用的示范社区。

(4)锁定特定消费客群

从2014年的O2O到当下"社区+电商"的结合,新零售都在凸显互联网与线下实体融合的业态,新零售的本质就是为了适应新消费需求而产生的新模式。当消费者快速转型升级后,势必增大传统企业的包袱,改变也将日益艰难。

目前,商超市场面临着消费升级的巨大转变,消费者从单纯的关注价格转向对个性品质的需求。天天低价的策略在消费水平提升后,正在面临着挑战。转型的商家都在用心思考一个问题:"消费者到底要什么?"

那么,当下年轻人的购物习惯是什么呢?当下"80""90""00"后的特征需求,是社区商业中不可小觑的消费群体,对他们来说,过多的囤货意味着浪费,他们的想法也是当下商家营销需要考虑的理念。

(5)数据应用将改变消费行为习惯

对于社区商业来说,关注品质的年轻人已是商家非常重要的客户群体。在传统商超,大家强调的是大包装,让用户囤货,而新数字技术正通过数据改变消费者的行为,也通过支付模式来改变消费者对于钱、对于消费的认知。绝大多数消费者对于这一改变还是表示支持与欢迎的。线上线下的最好比例是2:8,线上的订单最好达到线下的5倍。这样可通过大数据做到精准营销,千人千面,更好地满足消费者的需求。目前,我们已可以依托手机人脸识别完成消费支付。

一次买一顿饭所需要的最新鲜肉类、蔬菜,在很多商品上可以通过供应链体现优势,也可以做到让利于消费者。通过悬挂链系统,把大卖场与后仓配送合为一体,共享库存,保证消费者线上、线下购买商品品质达到统一。主打一站式购物,可以满足一顿饭的商品采购模式。在高效地满足不同场景的购买需求时,快就是最核心的竞争力。由于吃是随机性很强的一种需求,不同场景的变化会影响不同购物需求的产生,因此设置解决家里的一顿饭需求送达标准可以是线上下单,小包装商品,3公里30分钟内送达。

(6)社区商业未来的发展趋势

未来的社区商业市场竞争,不是一个人能玩得转的,也不是一家小公司能玩得转的,它将涉及供应链、营销体系、仓储配送体系、生鲜冷链体系、产品开发迭代、品牌形象设计、大数据分析、无人零售、增值服务等一系列的相关问题。零售是最底层的行业,也是最具入口价值的行业,社区新零售市场有非常大的成长空间。

4.8.2 智慧消费数据管理

在社区消费产生海量数据的同时,大数据技术将使我们在分析社区情况、争夺市场份额方面占据有利地位。那么,大数据技术应该如何在市场中应用呢?

大数据应用,其真正的核心在于挖掘数据中蕴藏的情报价值,而不是简单的数据计算。那么,对于消费品行业来说,管理者应该如何借助大数据为产品行业的运营管理服务呢?对此,可以从以下4个方面整理总结大数据在消费品行业的创新性应用。

1)大数据有助于精确市场定位

成功的品牌离不开精准的市场定位,可以这样说,一个成功的市场定位,能使一个企业的品牌加倍快速成长,而基于大数据的市场数据分析和调研是企业进行品牌定位的第一步。企业可以从大数据中了解行业市场构成、细分市场特征、消费者需求和竞争者状况等众多因素,在科学系统的信息数据收集、管理、分析的基础上,提出更好的解决问题的方案和建议,保证企业品牌市场定位独具个性化,提高企业品牌市场定位的行业接受度。

2)大数据成为市场营销的利器

今天,从搜索引擎、社交网络的普及到人手一机的智能移动设备,互联网上的信息总量正以极快的速度不断暴涨。每天在Facebook、Twitter、微博、微信、论坛、新闻评论、电商平台上分享各种文本、照片、视频、音频、数据等信息高达几百亿甚至几千亿条,这些信息涵盖着商家信息、个人信息、行业资讯、产品使用体验、商品浏览记录、商品成交记录、产品价格动态等海量信息。这些数据通过聚类可以形成行业大数据,其背后隐藏的是行业的市场需求、竞争情报,闪现着巨大的财富价值。

无论是产品、渠道、价格还是顾客,可以说每一项工作都与大数据的采集和分析息息相关,而以下两个方面又是消费品行业市场营销工作中的重中之重。一是通过获取数据并加以统计分析来充分了解市场信息,掌握竞争者的商情和动态,知晓产品在竞争群中所处的市场地位;二是企业通过积累和挖掘消费品行业消费者档案数据,有助于分析顾客的消费行为和价值取向,便于更好地为消费者服务和发展忠诚顾客。

以企业对顾客的消费行为和价值取向分析为例,如果企业平时善于积累、收集和整理消费者的消费行为方面的信息数据,如消费者购买产品的花费、选择的产品渠道、偏好产品的类型、产品使用周期、购买产品的目的、消费者家庭背景、工作和生活环境、个人消费观和价值观等,并建立消费者大数据库,便可通过统计和分析掌握消费者的消费行为、兴趣偏好和产品的市场口碑现状,再根据这些总结出来的行为、兴趣爱好和产品口碑现状制订有针对性的营销方案和营销战略。因此,可以说大数据中蕴含着出奇制胜的力量,如果企业管理者善于在市场营销中加以运用,将成为在消费品行业市场竞争中立于不败之地的利器。

3)大数据支撑行业收益管理

收益管理作为实现收益最大化的一门理论学科,近年来受到消费市场行业人士的普遍关注和推广运用。收益管理意在把合适的产品或服务,在合适的时间,以合适的价格,通过合适的销售渠道,出售给合适的顾客,最终实现企业收益最大化目标。要达到收益管理的目标,需求预测、细分市场和敏感度分析是此项工作的三个重要环节,而这三个环节推进的基础就是大数据。

需求预测是通过对建构的大数据统计与分析,采取科学的预测方法,通过建立数学模型,使企业管理者掌握和了解消费品行业潜在的市场需求,未来一段时间每个细分市场的产品销售量和产品价格走势等,从而使企业能够通过价格的杠杆来调节市场的供需平衡,并针对不同的细分市场来实行动态定价和差别定价。需求预测的好处在于可提高企业管理者对消费品行业市场判断的前瞻性,并在不同的市场波动周期以合适的产品和价格投放市场,获得潜在的收益。细分市场为企业预测销售量和实行差别定价提供了条件,其科学性体现在通过消费品行业市场需求预测来制订和更新价格,最大化各个细分市场的收益。敏感度分析是通过需求价格弹性分析技术,对不同细分市场的价格进行优化,最大限度地挖掘市场潜在的收入。

4)大数据创新产品行业需求开发

随着论坛、博客、微博、微信、电商平台、点评网等媒介在 PC 端和移动端的创新和发展,公众分享信息变得更加便捷自由,而公众分享信息的主动性促使了“网络评论”这一新型舆论形式的发展。微博、微信、点评网、评论版上成千上亿的网络评论形成了交互性大数据,其中蕴藏了巨大的产品行业需求开发价值,值得企业管理者重视。

网络评论,最早源自互联网论坛,是供网友闲暇之余相互交流的网络社交平台。在微博、微信、论坛、评论版等平台随处可见网友使用某款产品优点点评、缺点吐槽、功能需求点评、质量好坏与否点评、外形美观度点评、款式样式点评等信息,这些都构成了产品需求大数据。同时,消费者对企业服务及产品简单表扬与批评演变得更加的客观真实,消费者的评价内容也更趋于专业化和理性化,发布的渠道也更加广泛。作为消费品行业企业,如果能对网上消费品行业的评论数据进行收集,建立网评大数据库,然后再利用分词、聚类、情感分析了解消费者的消费行为、价值取向、评论中体现的新消费需求和企业产品质量问题,以此来改进和创新产品,量化产品价值,制订合理的价格及提高服务质量,从中获取更大的收益。

4.8.3 智慧收费管理

基于现代信息技术、移动通信技术、电子金融系统、大数据等新型技术开发的智慧收费系统,将取代传统人工收费,其更智慧、快捷、便利的运营方式,将使你的生活更智慧。目前,投入使用的智慧收费系统主要集中在零售业和交通收费领域。

1)智慧社区收费管理

针对智慧社区而言,日常收费是社区进行有效日常管理、维持社区基本运营的根本保障。日常收费包括了社区物业管理费、代收水电费等费用。而其中的物业费指的是物业产权人委托物业管理单位对其居住的小区内的设备、环境绿化、治安以及卫生方面进行日常维护和修缮提供相关的服务而收取的费用。

过去,普通的物业社区一般要求业主直接去小区的相关办事处缴纳物业费,很多业主因为工作时间的问题很难准时缴纳,导致出现各种各样的催款单,甚至直接上门催款,严重影响了业主及家人和邻居的日常生活。而相关费用不能按时收缴，也会影响社区的服务质量。

智慧社区物业管理不再采用人工收费这种低效的收费方式，利用社区建立的网站或 APP 平台，让业主能够在网站或 APP 上直接看到自己的物业费用，然后进行缴纳。一般来说，新的智慧付费方式不需要业主重新办理银行卡，可以直接登录相关网站或 APP，选择物业费，然后选择相对应的分户账号，就可以选择任何一张银行卡进行缴费。另外，不少社区还开通了使用支付宝或其他移动支付系统网上缴纳物业费（图 4.38）。

图 4.38 物业管理 APP

2）社区商业收费系统

（1）快捷支付系统

便利店是社区商圈的重要组成部分，其特点是距离业主最近，有商品可选择。便利店的快捷支付系统，可以大大提高收费的效率，让人们的生活更智慧。现在社区便利店普遍采用扫描支付系统，用户通过手机客户端扫描二维码，便可实现与商家支付账户的支付结算，如图 4.39 所示。最后，商家根据支付交易信息中的用户收货、联系资料，就可以进行商品配送，完成交易。

图 4.39 扫码支付

（2）无人便利店

无人便利店（图 4.40）是一种免排队、自助结账的服务。全自助的购物过程包括以下几个步骤：①扫描门上的二维码进行实名认证后即可进入店内；②选择自己想要的商品；③将所选商品放在收银台的“商品识别区”，显示屏会立即显示金额以及支付二维码；④手机支付完成，取走付款商品，店门自动开门。整个购物过程非常流畅智能，即使 5 岁的小孩也可以轻松完成，如图 4.41 所示。

无人便利店/无人超市极大地减少了人工，应用场景多，同时还可以做到无人便利店 + O2O 模式（电商）+ 茶饮水果吧（体验式消费）+ 广告（店面外卖做直播广告）+ 消费金融等

图 4.40　无人便利店

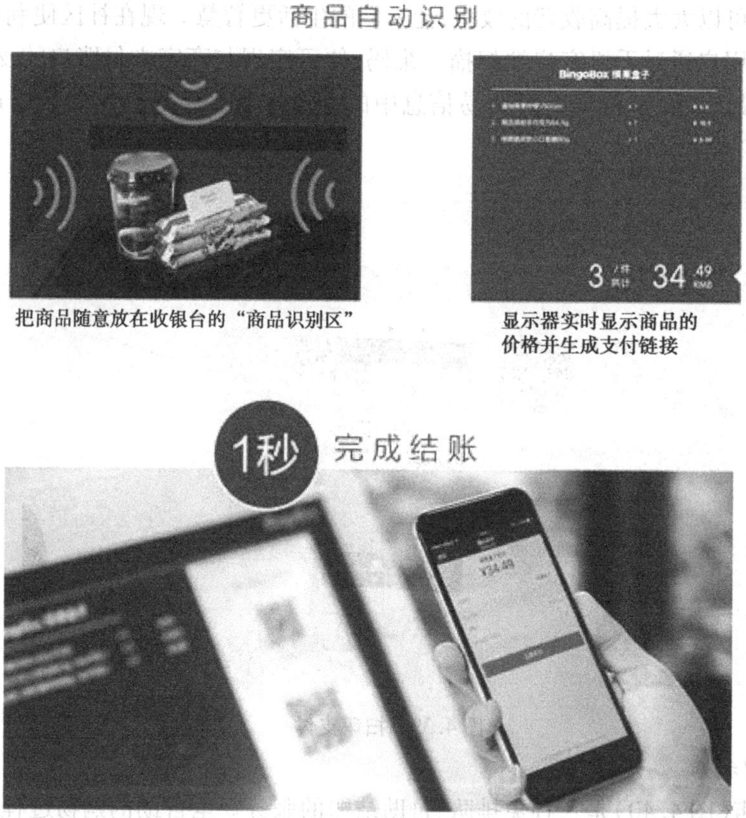

商品自动识别
BingoBox 缤果盒子
3
34.49
把商品随意放在收银台的“商品识别区”
显示器实时显示商品的
价格并生成支付链接
1秒
完成结账
¥34.49

图 4.41　无人便利店的结账方式

模式，使效率更高、成本更低。

（3）智慧停车收费系统

相比传统停车收费系统，智慧停车收费系统具有通行识别率高、免车载设备安装、充值查询便捷、自助打印发票、实时路况查询等技术优势。

传统停车收费系统需要人工进行收费，效率低，工作高峰期拥堵现象时常发生，人工成本高。为了收费的效率和质量，新型互联网不停车收费系统应运而生。在传统收费系统成熟应用的基础上融合移动互联网技术，实现“车牌识别＋不停车收费＋移动支付”新型收费模式。新型系统拥有预缴费、数据推送、发票打印、信息查询等服务功能。

不停车收费系统实现了移动支付功能，车主可以通过微信、支付宝、中国银联等方式对系统的APP账户进行充值，缴交费用，车主无须准备零钱和排队缴费，极大地提高了车库收费的效率。

实训任务1 设计智慧社区的安防方案

1）实训目的

通过设计智慧社区的安防方案，掌握智慧社区的安防管理内容。

2）实训要求

能针对某一智慧社区项目设计一套安防方案。

3）实训步骤

①分组收集智慧社区项目的安防方案。

②选取附近某一社区为其定制安防方案。

③结合课堂的讲解内容，设计安防方案的系统组成、各系统的功能定位、管理内容等。

4）实训时间

实训时间为2学时。

5）实训考核

①考核组织。将学生分组，由指导教师根据小组的组织情况、实训表现等进行考核。

②考核内容。根据各小组智慧社区安防方案完成情况，教师（占70%）和小组（占30%）互评，然后给出实训考核成绩。

实训任务2 认知智慧消费

1）实训目的

通过对智慧消费与传统消费的区别，掌握智慧消费的内容。

2）实训要求

①调查两个不同的智慧消费项目。

②能分析不同智慧消费项目的目标群体、功能定位、运营方式等方面的异同点。

3）实训步骤

①准备调查的两个不同的智慧消费项目。

②分组实地现场调查，并在网络上收集这两个不同的智慧消费项目的相关资料。

③结合课堂的讲解和图例，从目标群体、功能定位、运营方式等方面分析这两个不同的智慧消费项目，总结出二者之间的相同点及不同点。

4）实训时间

实训时间为2学时。

5)实训考核

①考核组织。将学生分组,由指导教师进行考核。

②考核内容。学生根据智慧消费项目调查,提出智慧消费项目的运营方式、针对对象,教师根据学生调研内容提出其存在的三个问题,由学生回答,然后给出实训考核成绩。

项目小结

(1)智慧视频监控系统是指利用图像处理、模式识别和计算机视觉技术,通过在监控系统中增加智能视频分析模块,借助计算机强大的数据处理能力,实现对场景中目标的定位、识别和跟踪等,并在此基础上分析和判断目标的行为,从而得出对图像内容含义的理解以及场景的解释,并以最快和最佳的方式发出警报或触发其他动作,从而有效地进行事前预警、事中处理、事后及时取证的全自动、全天候、实时监控的智能系统。智慧视频监控系统应具备三大主要功能:监测、甄别和分析,其与目标监测、目标跟踪、人脸识别、行人再识别等技术紧密相连。

(2)视频监控系统从出现、发展到现在共经历了 4 个主要阶段,包括模拟视频监控系统、数字视频监控系统、网络视频监控系统、智慧视频监控系统。

(3)智慧视频监控系统在智慧社区的应用主要体现在对社区人、物 24 小时实时监控、录像与识别;视频监控和防盗报警有效联动;远程监控、维护和配置;对视频环境影响的正常监控。

(4)智慧门禁系统是将身份识别技术与门禁安全管理有效结合,涵盖计算机控制学科、机械学科、光电检测学科和生物技术学科等内容,是对进出的人或事物的通行允许、拒绝、报警和记录的智能自动控制系统,具备不易遗忘和丢失、不易伪造和被盗、可以“随身携带”、随时随地使用等优点。

(5)智慧门禁系统按照识别来源可分为卡片识别门禁系统、密码识别门禁系统和生物识别门禁系统三大类。其中,生物识别门禁系统根据生物识别技术所用人体生物特征的差异可具体分为指纹识别、语音识别、视网膜识别、虹膜识别和人脸识别。

(6)根据智慧社区智能门禁系统基本组成结构,实现的功能可主要划分为识别功能、管理控制功能、门禁执行管理功能和系统设置功能。

(7)智慧停车场是利用物联网、移动终端、GPS 定位、GIS、云计算等先进技术对停车场进行管理,并将分散的终端数据汇总起来,通过对停车场的远程在线实时管控,实现便民利民的空位预报、车位预订、导航停车、错时停车、在线支付等功能,从而实现停车位资源利用率的最大化、停车场利润的最大化和车主停车服务的最优化。

(8)智慧停车场系统包含停车场出入口子系统和停车场管理子系统的设计。

(9)智慧停车场的特点:促进停车位的使用效率,引导车主方便、快速地停车;逐步减轻对人的依赖性,无人化服务逐渐实现;智慧停车场系统的建设离不开移动终端的参与;化解信息孤岛局面,实现停车场数据共享。

(10)通过电梯智能管理系统的搭建,实现电梯监管的动态化、可视化,电梯安全信息实时、全天、远程收集、监控,对电梯故障事故进行预报预警、分级响应和应急处理,及时掌握电梯运行和维护保养情况。通过电梯智能管理系统可以使电梯、电梯企业、质监部门、维保企业、配件企业、物业企业、电梯乘客、行业协会和房产企业之间进行有效的信息和数据交换，实现对电梯的智能化、统一化管理，保障电梯的可靠运行。

(11)智慧电梯系统的基本结构，可分为数据采集层、小区网络层、公共网络层和平台应用层。

(12)智慧电梯系统实现的功能包括安全监控、维保工作管理、应用管理、信息平台。

(13)智慧消防是一个全新的理念，立足于公众消防安全需求，利用物联网、移动“互联网+”、传感器技术、智能处理等最新技术，配合全球定位系统、通信技术和计算机智能平台等，针对城市消防装备、应急预案、消防水源、建筑固定消防设施等信息进行智能采集、数据清洗、治理、分析以及辅助决策，从而实现对城市消防安全的监测、预警、处置、指挥调度等功能，有效提升城市防灾减灾救灾能力。

(14)智慧消防主要内容包括火灾预警自动化、灭火应急救援智能化、日常部队管理精细化。

(15)火灾预警自动化重点建设项目实施包括建设城市火灾动态监管系统、建设火灾风险评估系统、建立消防信息宣传系统；灭火应急救援智能化重点建设项目实施包括建立火灾和应急救援快速反应平台、建立火灾现场全面监控智能指挥系统、建立完善的消防地理信息系统；日常部队管理精细化重点建设项目实施包括建设消防模拟训练系统、建设消防战勤智能保障系统、建立消防执法智能化系统。

(16)智慧设施设备的种类包括中央控制器、智能空调、智能调光板、智能 LED 灯泡、信号/协议转换器、智能开关、智能插座等。

(17)智慧设施设备的运行包括主机与路由器、摄像头、智能开关、智能插座、智能窗帘、报警传感器等的连接、安装和设置。

(18)智能建筑是以建筑为平台，兼备建筑设备、办公自动化及通信网络系统，集结构、系统、服务、管理及它们之间的最优化组合，向人们提供安全、高效、舒适、便利的建筑环境。

(19)智慧楼宇的主要特点是高度集成、绿色节能、节省运行维护的人工费用，以实现安全、舒适和便捷的居住环境。

(20)智慧消费是伴随着信息社会和人们生活的智慧程度而发展的。信息社会中消费者的消费行为从意识到方式都越来越智慧，商业企业必须适应这样的变化，推出更智慧的产品和服务，否则将被淘汰。

(21)智慧收费让我们的生活更轻松，无须预约、排队，用你的信息设备即可完成，快捷的支付方式能免去传统收费方式的诸多问题。

复习思考题

1. 智慧视频监控系统在智慧社区有哪些应用？
2. 智慧门禁系统在智慧社区实现的功能有哪些？
3. 智慧停车场的组成有哪些？
4. 智慧电梯系统的功能有哪些？

5. 智慧消防建设的主要内容及其实施有哪些？
6. 智慧维保的管理内容主要有哪些？
7. 什么是中央控制器？
8. 什么是智能开关和智能插座？
9. 简述主机与路由器的设置方法。
10. 智慧楼宇在我们这个时代产生的原因是什么？
11. 简述智能建筑的定义。
12. 智慧楼宇与一般建筑的区别在哪里？
13. 智慧楼宇的主要特点有哪些？
14. 智慧环保的管理内容主要有哪些？
15. 社区智慧消费现状是什么？
16. 社区智慧收费的方式有哪些？

项目5

智慧政务与大数据管理

任务1　智慧政务认知

任务导读

• **基本要求**　通过本任务的学习，了解智慧政务的含义、特征、作用及发展历程，掌握智慧政务的核心理念、运行模式和技术基础。

• **重点**　智慧政务的核心理念与运行模式。

• **难点**　智慧政务的运行模式。

5.1.1　智慧政务概述

1）智慧政务的含义

智慧政务是指运用云计算、大数据、物联网等技术，通过监测、整合、分析、智能响应实现政务系统中各种资源的高度融合，为公众、社会提供高效、便捷且可追溯责任的一体化政务管理与服务，从而提高政府的透明度和公信力。

2）智慧政务的特征

智慧政务是网络技术进步的必然结果，是智慧城市发展的必然要求，作为电子政务发展的高级阶段，其重点在于智慧性。与传统电子政务相比，智慧政务涵盖透彻感知、快速反应、主动服务、科学决策等本质要求，其基本特征如下：

（1）数据化

如今，政务大数据不仅是政府部门的重要资产，而且是政府部门作出决策的有力支持，作为其智慧引擎,政务大数据所涵盖的信息是通过数字、符号、图像、音频等形式来体现,这样有利于政务管理者收集、整理、分析与利用,进而帮助其基于有限理性而尽可能作出正确有效的决策。

(2)网络化

智慧政务的本质要求是要主动服务与快速反应,要建成让老百姓满意的服务型政府,关键在于推进政务工作虚拟化。要实现政务工作虚拟化,网络是基础;可以说,没有网络,智慧政务就不可能实现。

(3)智能化

就政务后端而言,智慧政务实质上是基于知识管理的网上协同智能化办公,是利用3S技术、大数据、智能通信网络技术、物联网等技术或手段来实现政务系统智能化,进而实现智能获取和共享信息、智能办公、智能决策与监督、智能管理与服务的目标。所谓3S技术是指集空间技术、传感器技术、卫星定位与导航技术、计算机技术、通信技术于一体,多学科高度集成的对空间信息进行采集、处理、管理、分析、表达、传播和应用的现代信息技术,是遥感技术(Remote Sensing,RS)、地理信息系统(Geography Information System,GIS)和全球定位系统(Global Positioning System,GPS)的统称。

(4)精细化

随着政务大数据的广泛应用与发展,其4V本质特性——数据规模大(Volume)、多样性丰富(Variety)、生产速率快(Velocity)和利用价值高(Value)——决定了政府治理模式的变革,主要表现为从一元主导到多元合作的结构变革、从经验决策到数据决策的决策变革、从目标评估到全景评估的绩效评估变革。事实上,这些变革就是要求政府重视并践行精细化管理,要让政府部门及其工作人员明确权力边界、细化权责,要用权力清单来规范其行为和检验其工作成效,既要重视归纳,又要关注演绎,尤其要有整体思维和创新思维。

3)智慧政务的作用

(1)有利于消除"信息孤岛",实现政务信息共享

在传统政务阶段及电子政务初级阶段,都存在"信息孤岛"现象。所谓信息孤岛是指各单位的计算机应用系统之间在功能上不关联互助、兼容性差、信息不共享互换及信息与业务流程相互脱节等现象。

(2)有利于政务公开,提高政府治理能力

政务公开主要在于政府信息公开,包括政府决策公开、政务执行公开、政务管理与服务公开、财政预决算公开、公共资源配置公开、重大基础设施建设公开等。2016年2月17日,中共中央办公厅、国务院办公厅联合印发《关于全面推进政务公开工作的意见》,提出"公开透明是法治政府的基本特征。全面推进政务公开,让权力在阳光下运行,对于发展社会主义民主政治,提升国家治理能力,增强政府公信力、执行力,保障人民群众知情权、参与权、表达权、监督权具有重要意义"。

(3)有利于政府提供快捷便民服务,向服务型政府转变

在计划经济时代,政府是全能型的,既是生产经营者,又是监督管理者,为公众、社会提供公共服务的职能被弱化,而审批职能被凸显,进而出现权力寻租、多头管理、管理失位等不良现象,这与全心全意为人民服务的宗旨相背离。然而,服务型政府的本质就是要坚持一切

从人民群众的根本利益和现实需求出发，全心全意为人民服务。其具体表现有：通过网络整合各种政府服务资源，并方便公众查询与利用；身份自动验证，无须证明“我是我”；一次性告知，避免来回跑路、反复提供材料；部门协同办公，既提高工作效率，又便于相互监督等。

(4)有利于提高工作效率，降低成本

智慧政务所体现的部门协同办公与流程优化功能，不仅可以为公众和社会组织节省大量的时间、人力、物力成本，而且还能极大地提高政府部门的办事效率。

5.1.2 智慧政务的发展历程

从某种意义上说，智慧政务的发展历程就是电子政务的发展历程。世界各国电子政务的发展进程不一，但其发展规律相似，即从单机到联网、从分散到集中、从办公自动化到政务信息化的发展路径。就发展阶段而言，主要有“五分法”和“三分法”：“五分法”包括起步阶段、提升阶段、双向互动阶段、在线事务处理阶段和无缝集成阶段；“三分法”包括初级阶段、中级阶段和高级阶段，初级阶段对应起步阶段和提升阶段，中级阶段对应双向互动阶段和在线事务处理阶段，高级阶段对应无缝集成阶段。

目前，电子政务发展处于世界领先地位的主要有美国、新加坡等发达国家。以美国为例，其电子政务始于克林顿时期，1993 年，美国提出构建以顾客为中心的电子政务；2000 年 9 月建立“第一政府”网站；2002 年，布什政府颁布《电子政务法案》；2010 年 12 月，美国联邦政府提出“云优先”政策；2013 年 6 月，奥巴马与 G7 首脑签署了《开放数据宪章》，这些举措有力地助推了美国快速进入智慧政务时代。就新加坡而言，其电子政务的发端更早，20 世纪 80 年代初就确立了国家计算机计划，随后经历了国家 IT 计划、信息技术 2000 计划、21 世纪信息通信技术计划、互联新加坡计划、智慧国 2015 计划和智慧国 2025 计划。

与美国、新加坡等发达国家相比，我国的电子政务起步较晚，但其发展速度较快。大致说来，我国电子政务经历了 3 个发展阶段：第一阶段是政府信息化起步阶段（1993—1998 年），其标志是 1993 年 12 月启动的“三金工程”（即金桥工程、金关工程和金卡工程）；第二阶段是电子政务快速发展阶段（1998—2015 年），其标志是 1998 年 5 月“青岛政府信息公众网”开通、2001 年国务院提出“三网一库”（即政府外网、内网、专网和电子政务信息资源库）和 2005 年 4 月 1 日施行的《中华人民共和国电子签名法》；第三阶段是智慧政务阶段（2016 年至今），其标志是《国务院办公厅关于转发国家发展改革委等部门推进“互联网＋政务服务”开展信息惠民试点实施方案的通知》（国办发〔2016〕23 号），提出通过两年左右时间在试点地区实现“一号一窗一网”目标。

5.1.3 智慧政务的基本理论

1）智慧政务的核心理念

(1)以用户为中心

智慧政务的本质在于体现互联网思维，而互联网思维的核心就是一切以用户为中心，对于政府而言，其用户就是人民群众。要落实和体现“执政为民”的理念，就必须坚持以人民群众为中心，扬弃以政府为中心，这就意味着政府各级职能部门要做到服务便利化、主动化、个性化和超值化，唯有如此，才有可能实现全心全意为人服务且让人民满意的服务型、智慧型政府。

(2)大数据在手

智慧政务系统不仅是政府各级部门的网络联合办公处，更是数据汇集与共享的高地；它不仅是自来水公司、电力公司、天然气公司、银行、保险公司等单位的链接平台，而且要让这些单位成为信息供应方，为其提供实时动态数据；它既要有来自多领域、多部门、多途径现有数据的集成，又要有来自多领域、多部门、多途径历史数据的积累与整合。可以说，没有大数据，就没有智慧政务。

(3)公众参与

近年来，国内出现了不少环境可能被污染的项目遭受人们诟病甚至极力反对、阻拦的事例，究其原因，主要在于政府决策过程不透明。假如政府的执政态度更开放、决策过程更公开，让老百姓及时、多渠道知悉甚至参与决策，其结果或许大不相同。简单地说，如果"以用户为中心"意味着"政府一切为了你"，那么"公众参与"则意味着"政府时刻需要你"。

2)智慧政务的运行模式

对于智慧政务运行模式的认识与把握，不同的标准对其理解也有所区别。为了简略起见，仅根据其服务对象不同，分为政府间模式、政府与企事业单位间模式、政府与公众间模式和政府与公务员间模式4种。

(1)政府间模式

政府间(Government to Government, G2G)智慧政务分为外部智慧政务与内部智慧政务两类，前者主要指上下级政府、不同地方政府、不同政府部门之间的智慧政务，具体包括法律法规、政策文件、政府机构及其职能等政务信息，电子会议、数据统计、项目申请等智慧办公，财政收支、项目经费预决算及执行等财务管理，以及立法、行政、司法和社会的监督评价；后者则是涉及业务信息、公文、办公、财务、人事、工资福利、后勤等内容的智慧政务。

(2)政府与企事业单位间模式

政府与企事业单位间(Government to Business, G2B)智慧政务主要有以下几类：

①审批类：企事业单位的注册、变更与注销，行业资质审批，招商引资项目审批等。

②税务类：税务登记、变更与注销，纳税与退税，税务征收与处罚等。

③金融类：经常项目、资本项目及出口项目的管理与服务，投融资与保险服务等。

④司法类：律师事务所、司法鉴定所的设立、变更与注销，公证，法规检索等。

⑤公共资源交易类：建设工程项目招投标，土地使用权、矿业权出让与租赁，国有产权交易，政府采购等。

⑥监管类：工商、环境、安全、劳工等。

⑦综合类：政府机构职能介绍，法规政策、档案资料等公开信息查询，专用数据库查询，业务流程申请与审批等。

(3)政府与公众间模式

政府与公众间(Government to Citizen, G2C)智慧政务涉及公众生活的方方面面，从出生、成长、衰老到死亡，从吃、住、行到学习、工作，从物质需求到精神需求，都可以通过政府获得相应的服务，具体包括但不限于计划生育、教育、医疗、婚姻登记、就业、出国、税务、住房保障、社会保障、社会救助、社会福利、社区服务、公共安全、信访、殡葬等。

(4)政府与公务员间模式

政府与公务员间(Government to Employee,G2E)智慧政务是指通过智慧政务系统为政府及其工作人员(含公职人员和其他工作人员)搭建起有效的行政办公与员工管理体系,从而提高其工作效率与员工管理水平。不难发现,就其意旨及价值而言,G2E是G2G、G2B、G2C的基础。

3)智慧政务的技术基础

要完全实现智慧政务,不仅在于理念问题,还在于技术问题,甚至可以说其关键就是技术创新与技能大众化。下面就简略介绍智慧政务系统涉及的硬件技术,具体言之,主要有网络、服务器、数据库、云计算和云平台。

(1)网络

智慧政务涉及的网络不外乎两种:互联网(Internet)和内联网(Intranet)。前者是指通过现代信息技术手段将两台以上的计算机终端、客户端、服务端按照一定的通信协议相互联系起来的计算机网络;后者是指在组织内部网络上以TCP/IP作为通信协议,以互联网的Web模型作为标准信息平台,并借助防火墙技术来实现组织内部成员共享信息与服务的计算机网络。

(2)服务器

作为提供计算服务设备的服务器,其构成包括处理器、硬盘、内存、系统总线等。通常说来,就其处理能力、稳定性、可靠性、安全性、可扩展性、可管理性等方面而言,智慧政务服务器的要求及配置都是很高的。根据其服务内容不同,可分为文件服务器、数据库服务器、应用服务器和Web服务器(网站服务器)。

(3)数据库

数据库实质上就是电子化文件柜,用户通过对文件中的数据进行新增、截取、更新、删除等操作,从而实现多个用户共享使用。但是,数据库本身与应用程序是相互独立的。大致说来,数据库分为3个层次:第一层是物理数据层(或原始数据层),第二层是概念数据层(或存贮记录层),第三层是用户数据层(或逻辑记录层)。它们由内到外,主要是通过映射来实现相互转换的。

(4)云计算

云计算是一种基于互联网相关服务的增加、使用和交付的模式,它主要通过互联网来提供动态、易扩展且经常虚拟化的资源。究竟何谓云计算,目前尚无较为通行的说法。美国国家标准与技术研究院(NIST)定义:云计算是一种按使用量付费的模式,这种模式提供可用的、便捷的、按需的网络访问,进入可配置的计算资源共享池(包括网络、服务器、存储、应用软件等),这些资源能够被快速提供,只需投入很少的管理工作或者与服务供应商进行很少的交互。云计算包括3个层次的服务:基础设施即服务(Infrastructure-as-a-Service,IaaS)、平台即服务(Platform-as-a-Service,PaaS)和软件即服务(Software-as-a-Service,SaaS)。

(5)云平台

云平台又称云服务平台,是由云服务器、云计算机及网络组件构成,用于提高低配置计算机的综合性能,从而使其达到云计算效果的应用平台。云平台提供“云”服务,其直接用户是开发者,而不是最终用户。与应用平台一样,云平台亦包含3个部分:一个基础、一组基础设施服务和一套应用服务。

任务2 智慧政务系统及管理

任务导读

• **基本要求** 通过本任务的学习，了解智慧政务的系统架构，掌握智慧政务的关键技术、主要业务、建设与运营。

• **重点** 资讯回溯与数据可视化，电子证照系统，基于多规合一的审批系统，公共资源统一交易平台，智慧政务决策，政务监控与舆情管理。

• **难点** 智慧政务系统的建设与运营。

5.2.1 智慧政务的系统架构

1)智慧政务系统的基本架构

智慧政务系统的基本架构由物理层、数据层、支撑层、应用层、接入层(或展现层)5个部分组成，它们相互衔接，相互融贯，形成一个自下而上的开放体系(图5.1)。

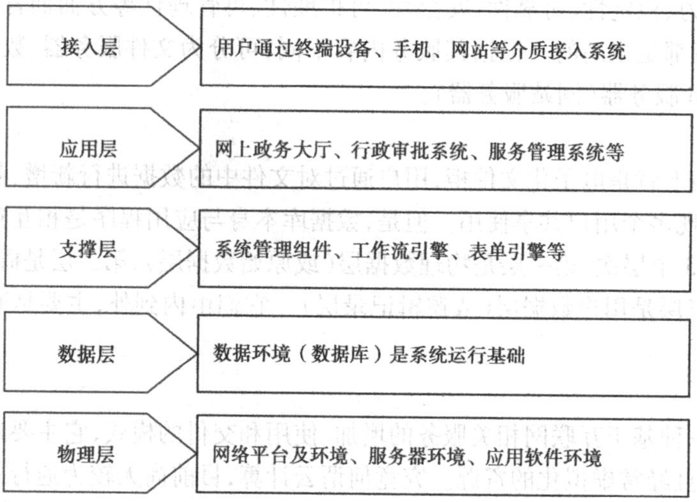

图5.1 智慧政务系统的基本架构图

2)智慧政务的集成服务体系

2001年，国务院办公厅下发《全国政府系统政务信息化建设2001—2005年规划纲要》，提出要建立以"三网一库"为基本框架的政府政务信息化发展思路。目前，除中央及省级人民政府外，我国市(县)级地方人民政府根据"上下联动，便民服务，分级承办"的原则，通过整合行政资源，统一服务规范，建立健全工作制度，已逐步建成以市(县)、区(镇、乡、街道)、社区(村)三级上下联动的政务服务平台。不过，部分地方仍然存在因多部门提交申请、多窗口提交材料、流程烦琐、周期较长等造成"办证多、办事难"的不良现象。智慧政务的本质决定了想要消除这种不良现象，打造高效、便民的服务型政府，必须将政务的前端与后端联动起来，唯有如此，才能提供让人民满意的政务服务。也就是说，要实现智慧政务，只有通过集成管理而非简单集合，才能做到“1+1>2”。

与以分工理论为基础的传统管理模式不同，集成管理强调一体化的整合管理。就智慧政务管理而言，它既包括前端政务集成服务，又包括后端政务集成服务，还包括其延伸的集成便民服务。政务前端主要面向服务对象，其功能在于提供信息查询、政务申请、材料收转等服务。它包括以综合窗口、门户网站、APP、微信公众号、自助终端、移动终端、网上服务大厅等为主的服务设施集成；依托统一的数据共享平台，以居民身份证号码作为唯一标识来构建电子证照库，从而实现涉及政务服务事项的证件数据、信息等跨部门、跨区域、跨行业互认共享的“一号”申请；以及实现首问负责、一次性告知、一次认证、多点互联、并联办理、一网通办、限时办结的“一窗”受理。政务后端是政府部门政务办理平台，其功能在于提供政务审批、公共资源交易、政务决策与监控等服务，它包括多规合一、全流程网上审批、并联审批、公共资源统一交易平台、政务决策与监控支持系统。便民服务是政府借助政务服务平台为老百姓提供充值缴费、购物等相关增值服务的方式。

5.2.2 智慧政务的关键技术

智慧政务的实现主要依赖于政务资讯的获得与应用，尤其是对大数据的获取与利用，而资讯回溯与数据可视化是其关键所在。

1）资讯回溯

(1）资讯回溯的含义

资讯回溯就是以事件结果为初始状态，逆向推导事件的状态、诱因、路径和起源，直至事件原点并可视化还原本质。

(2）资讯回溯系统架构

在智慧政务系统中，资讯回溯系统的价值在于打通各进驻单位与政府服务中业务系统“管”“办”“维”及公众间的资讯通道：上达分管领导，以明晰分管部门行业资讯；中达各级审批部门，以明晰办件、流程动向、运维事件、底层数据加工资讯；下至公众，以进行贴身公共资源服务的感知应用。可以说，资讯回溯可视化平台是智慧政务服务的信息中枢，是支持智慧政务应用的基础。

资讯回溯系统的架构由上至下分为应用展示层、回溯资讯层、应用业务层和物理链路层（图5.2）。它利用国内领先的“爬虫”技术、搜索引擎技术、自然语言处理技术和知识管理方法，对政务活动涉及的大量信息进行自动获取、提取、分类、聚类、主题监测、专题聚焦，实时监测政府内部数据、标题、网页内容、业务及流程、公众等网络信息回溯，并对敏感信息及时预警，从而为政府作出正确决策和监控提供支持和保障。

(3）资讯回溯的主要任务

资讯回溯的主要任务包括资讯收集、资讯存储、信息过滤与去噪、自动分类与排重、自动摘要、信息统计与分析（含文本权重、传播轨迹、媒体覆盖、发展趋势）、热点发现与主题追踪、监听预警、提交报告与反馈。

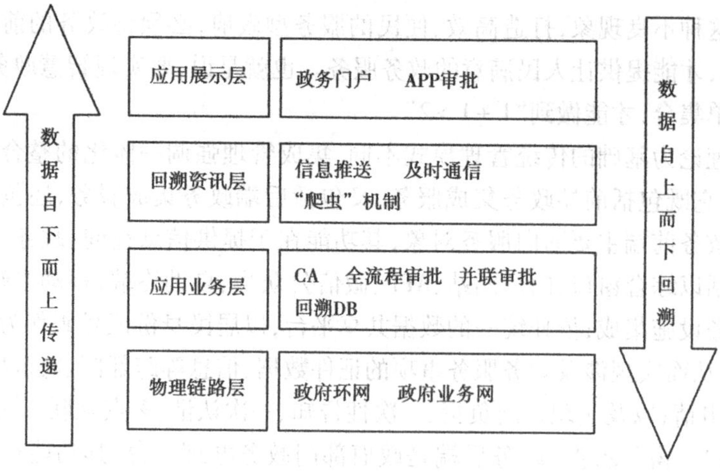

图 5.2 资讯回溯系统的架构图

2)数据可视化

(1)数据可视化的含义

数据可视化是指利用图形或图像处理、计算机视觉及用户界面,通过表达、建模及对立体、表面、属性和动画的展示来对数据加以可视化解释,从而清晰有效地传达与沟通信息。

(2)数据可视化的方法与工具

数据可视化并非一成不变的,其边界在不断地扩大。因此,其涉及的领域较广、技术也较复杂,这直接影响着人们对其方法和工具的选择。目前,数据可视化方法主要有4种:

①指标图形化。指标图形化包括指标、指标值、指标关系三者的图形化。比如,就年龄结构而言,某单位的青年人、中年人、老年人占比分别是20%、45%和35%;就学历层次而言,该单位的小学及以下、中学、大学及以上占比分别是20%、45%和35%。其中,指标就是年龄与学历,指标值就是相应的占比,指标关系就是各指标间的关联。

②时空可视化。时空可视化分为时间可视化和空间可视化,时间可视化通常利用趋势图,空间可视化通常借助于地图做背景展示。

③将数据转换成概念。为了加深用户对数据的感知,通常使用对比和比喻的方法。比如,当我们需要喝水时,通常会说"给我来一杯水",而不会说"给我来50 mL水"。

④让图表"动"起来。它主要是通过单击、鼠标浮动等交互和入场、播放等动画来体现。

随着计算机技术的不断发展,人们已开发出了多种数据可视化工具,主要有Bonsai、Chartkick、Ember Charts、Leaflet、Modest Maps、Pizza Pie Charts、Raw、Sringy等。

5.2.3 智慧政务的主要业务

就服务用户而言,智慧政务的主要业务包括电子证照系统、基于多规合一的审批系统和公共资源统一交易平台系统。

1)电子证照系统

(1)电子证照的含义

电子证照是指在遵循有关技术规范及安全的情况下,通过计算机等电子设备形成、办理、传输和存储信息,并由政府部门及相关单位经有效可靠的电子签名后签发或出具的各类批文、证件、证明、执照、牌照及其他文件材料。

(2)推行电子证照的意义

据不完全统计,我国现有各类证照100余种,如此繁多的证照给那些制造、贩卖假证的不法商家带来了巨大商机。因此,大力推行电子证照的意义是显而易见的,具体表现有:①建立电子证照共享库,有助于解决当前政务活动中公众多次往返、反复提交材料的顽疾,从而减少社会成本和资源浪费;②实行电子证照共享互认、交叉证明,可以减少甚至消除一些不必要的证明;③有利于打击伪证、假证,促进社会信任体系建设;④有利于提高行政审批效率,进而从根本上解决"办证难"问题。

(3)电子证照系统的架构与功能

电子证照系统包括运行环境层、数据层和应用层(图5.3)。

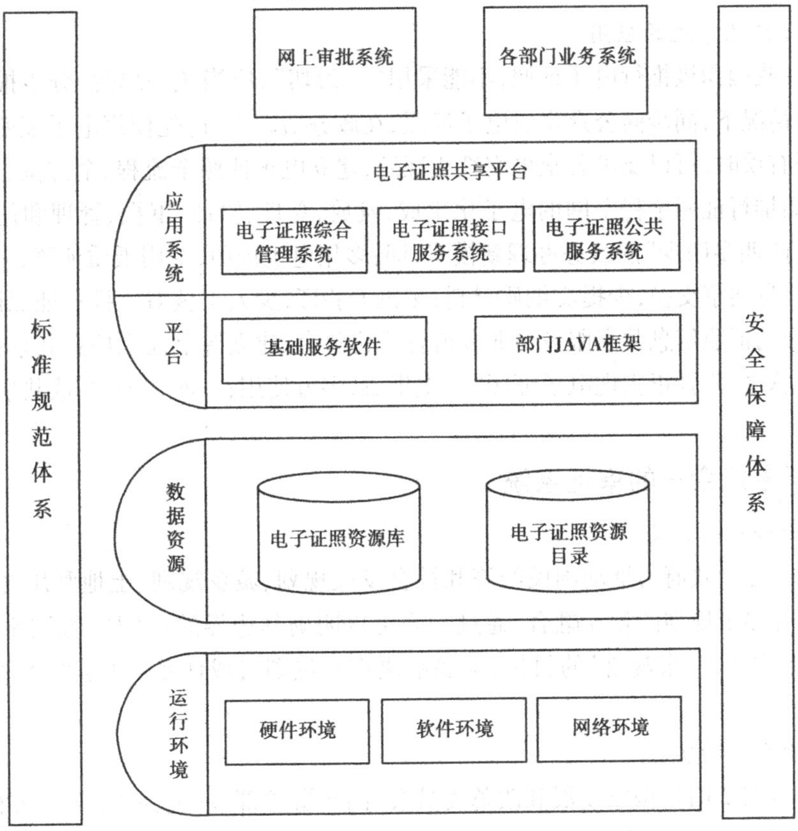

图5.3 电子证照系统框架图

电子证照系统的功能有入库存储、维护管理和共享使用(图5.4)。

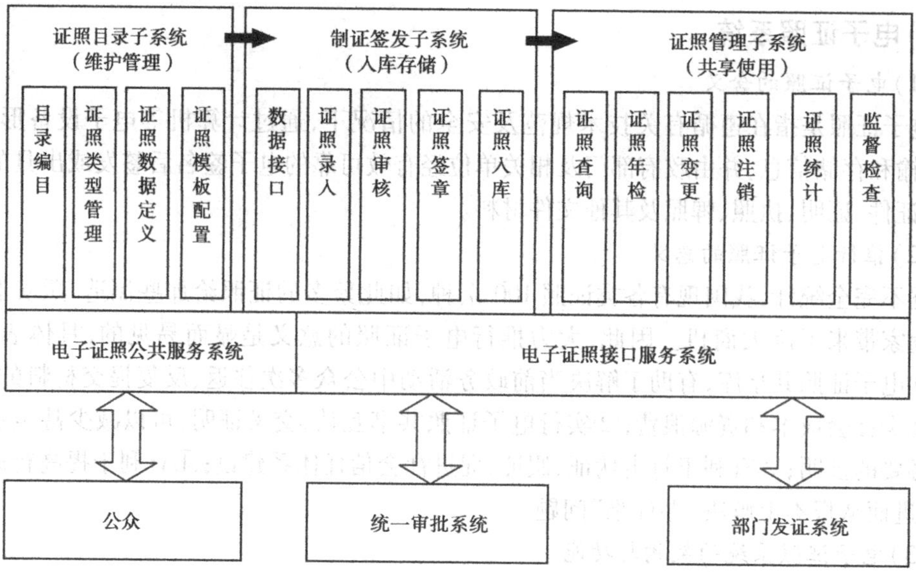

图 5.4　电子证照系统功能图

(4) 电子证照系统的应用

目前，在我国积极推行电子证照，不能采用“一刀切”，应当统一思想、分步推进，在保留纸质证照的情况下，同步向公众发放电子证照；在政务活动中，优先使用电子证照，只有当电子证照验证有误时，可以要求公众提交纸质证照；建立电子证照全流程、全方位、全环节的应用机制，全面推行证照全程全网的电子化生成、发放、受理、验证、审批、管理和使用，在政务工作中，推行“四多四少”的政务办理新模式，即：多用电子证照，少用纸质证照；多走网络，少走马路；多信息共享交换，少提交纸质材料；多机器验证，少人工核对。推行证照网上年检和电子签名；推动证照信息共享服务与业务流程优化整合；建立健全证照信息共享服务运行与监管机制。总之，要真正实现电子证照“一次生成，多方使用；一库管理，互认共享”的智慧政务服务模式。

2) 基于多规合一的审批系统

(1) 多规合一的含义

多规合一是指政府为推动国民经济和社会发展规划、城乡规划、土地利用规划、生态环境保护规划等多个规划的相互融合，通过一张可以明确其边界的市(县)域图来实现“一个市(县)，一个规划，一张蓝图”的目标，彻底解决现有规划自成体系、内容冲突、缺乏衔接的问题。

(2) 多规合一的实施

2014 年 8 月 26 日，国家发展和改革委员会、国土资源部、环境保护部、住房和城乡建设部联合发布《关于开展市县“多规合一”试点工作的通知》，决定联合开展市县“多规合一”试点工作，其目标就是合理调整各类规划中的重叠用地、落实统一的生态底线、确定新的经济增长点和简化行政审批事项，同时提出了具体的工作要求，即要统一技术标准、协调规划期限、划定生态红线、限定开发边界、建立统一的空间规划体系和多规合一信息管理平台。

(3)全流程审批与并联审批

智慧政务最重要的活动就是审批,而规划又是审批的基本依据,在大力推进智慧政务的时代背景下,简化审批手续、优化审批程序及整合政务资源是当务之急,也是工作重点,基于多规合一的全流程审批和并联审批就此应运而生。

全流程审批又称全流程网上审批,全部政务审批工作都是通过网络来实现,包括网上前台预约申请和网上后台审批。为了提高审批效率,全流程审批的重点在于及时有效地处理网上流转问题,其具体保障措施包括建立受理容缺审批制度、超时默许制度、审批协调与监督机制。

并联审批是指需要两个及两个以上部门共同审批办理的事项,实行由一个中心(或部门、窗口)协调、组织各责任部门同步办理的行政审批模式,从而做到"一窗受理、并联审批、统一收费、限时办结"。并联审批并未改变相关部门的权限,与全流程审批亦不冲突。从申报单位角度看,并联审批可以免除逐级申报、部门依次审核,大大节约了审批时间和相关资源;从政府角度看,并联审批可以增强主动服务意识、节省行政成本和提高行政效率。

并联审批应当坚持合法、高效、创新原则,当前置审批事项存在关联时,采取阶段式并联审批;当前置审批事项不存在关联时,采取同步并联审批。要推行并联审批,前期准备工作必不可少,具体包括划分审批阶段、清理审批事项、整合审批流程、推进审批标准化建设和提供审批咨询辅导服务。在实施并联审批时,大致有许可预告、服务前移、一窗受理、内部运转、并行审批、限时办结和监控测评 7 个步骤,其关键在于打破部门界限和厘清审批事项前置条件,这就需要通过推行网上申报、规范技术审查工作、实行缺席默认制度、建立审批协调与监察机制等措施来保障。

3)公共资源统一交易平台系统

(1)公共资源统一交易平台建设的必要性与要求

针对目前全国各地的各类交易市场存在设立分散、重复建设、市场资源不共享、职能定位不准确、交易不规范、监管缺位等问题,政府为了规范、整合建设项目招投标、土地使用权和矿业权出让、国有产权交易、政府采购等交易市场而建立公共资源统一交易平台。其意义在于:有利于防止公共资源交易碎片化,加快形成统一开放、竞争有序的现代市场体系;有利于推动政府职能转变,提高行政监管和公共服务水平;有利于促进公共资源交易阳光操作,强化对行政权力的监督与制约,推进预防和惩治腐败体系建设。

从某种意义上说,公共资源统一交易平台的建设要求就是其建设目标,即要建成一套与实际业务和应用基础相适应,面向各类交易用户,且安全可靠、稳定高效、操作方便、可扩展的一体化信息管理系统。具体言之,就是要运行规范透明、资源和信息共享、全程无纸化操作、全流程监控和全流程安全的公共资源统一交易平台。

(2)公共资源统一交易平台的构成与功能

公共资源统一交易平台由"一网两系统"组成,即公共资源电子交易门户网、公共资源交易管理系统和公共资源交易监督网,其技术架构分为机房式架构和云平台架构。公共资源电子交易门户网负责信息发布、注册与验证管理、市场主体诚信库管理、CA 建设、电子签章与接口标准规范建设等任务,它既是内部业务系统的门户,又是对外服务的窗口,承载着信息交互的作用。公共资源交易管理系统包括工程建设子系统、政府采购子系统、土地交易子系统、产权交易子系统和其他交易子系统，主要提供交易用户网上办事、电子文件编制、网上开标评标、电商城采购、综合管理及移动办公平台服务等。公共资源交易监督网包括项目监督备案子系统、综合监管子系统、电子监察子系统、分析决策子系统，主要监督项目交易全过程和交易相关人员（包括项目单位人员、中介机构人员、投标单位人员、评标专家及其他辅助人员）的行为，以及维护交易场所秩序。

5.2.4 智慧政务系统的运行

1）智慧政务决策系统

智慧政务管理离不开决策，从某种意义上说，其本质就是决策。这一论断源自1978年诺贝尔经济学奖获得者赫伯特·西蒙提出的"管理就是决策"。在他看来，人是有限理性的，在决策标准上，应当用"令人满意"准则代替"最优化"准则，由此可以推断：既然人是介于理性与非理性之间的，那么其决策必然会依赖于经验。不过，大数据让政务决策从直觉决策转向科学决策成为可能，准确地说，从依靠个人经验决策转变为依靠共同经验决策，这从智慧政务决策的本质要求——全面感知需求，海量信息支撑，决策过程客观、公正、透明，公众便捷参与，群体高效协同——就足以证实。

智慧政务决策基础在于大数据，其平台架构分为5层，即数据源层、计算层、交换层、分析层和决策层，中间3层又合称数据处理层（图5.5）。

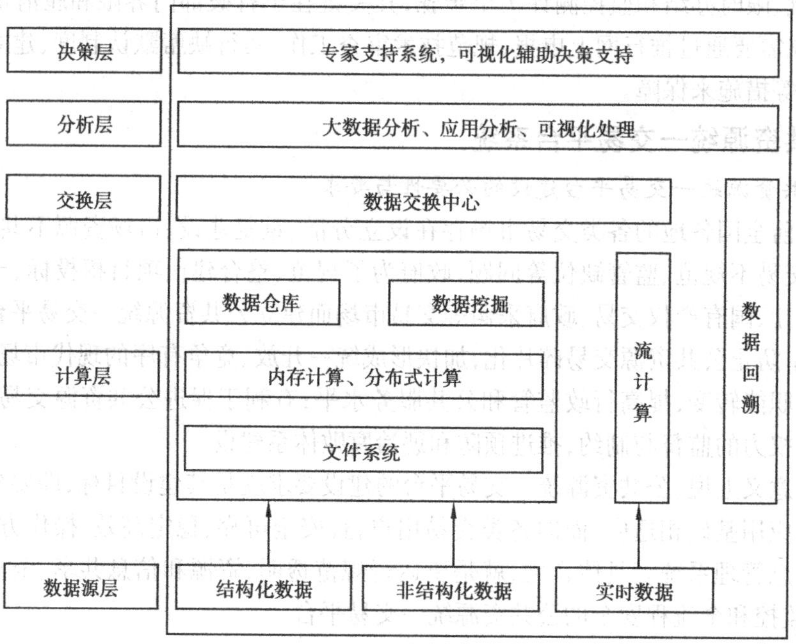

图5.5 基于大数据的智慧政务决策平台架构图

当然，要实现智慧政务高效决策，仅有基于大数据的决策平台架构是不够的，还需要借助于辅助决策支持模式，即描述模式、诊断模式、预测模式和指导模式，就其内容而言，这4种模式呈递进关系。具体言之，描述模式是先向决策者描述发生了什么，再让其决策，主要工具有描述报告、源数据、统计数据等；诊断模式不仅要向决策者描述发生了什么，而且还要向其说明为什么会发生,再让其决策,主要工具有分析报告、数据关联分析、因果分析、主次分析、排列图分析等;预测模式不仅要向决策者描述发生了什么,为什么会发生,而且还要预测将来会发生什么,再让其决策,主要工具有回归分析、时间序列分析、神经网络等;指导模式不仅要向决策者描述发生了什么,为什么会发生,预测将来会发生什么,而且还要说明应该怎么办,再让其决策,主要工具有优化方法、对策论、控制论等。

2)智慧政务监控系统

监控是智慧政务管理的基本职能之一,是其不可分割、不可缺少的重要部分。根据发生时点不同,监控分为前馈监控(或事前监控)、现场监控(或事中监控)和反馈监控(或事后监控),其内容及优缺点见表5.1。

表5.1　3种监控方式的比较

监控方式	前馈监控	现场监控	反馈监控
发生时点	活动进行前	活动进行中	活动进行后
控制重点	预防问题发生	解决已发生问题	避免发生类似问题
优　点	应用范围广;损失成本低;对事不对人,避免冲突	现场监督,及时发现问题,解决问题	有利于避免发生类似问题;为员工奖惩提供依据;提供有关计划效果的真实信息
缺　点	对活动信息要求较高;对管理人员要求较高;预防成本高	应用范围较窄;受管理人员精力、能力及时间局限;容易发生冲突	损失成本高

智慧政务监控利用互联网、大数据、网络视频、云计算等现代网络通信技术进行政务监控。智慧政务监控有各种分类方式:根据监控过程不同,分为政务申请受理监控、政务办理监控和政务反馈监控;根据监控内容不同,分为政务信息公开监控、时限监控、程序监控、收费监控、业务办理监控、政务舆情监控等;根据监控对象不同,分为行政审批监控、行政执法监控、重大工程建设监控、公共资源交易监控、重大事项监控、信访与投诉监控等。

智慧政务监控不仅要遵循全过程、全方位、动态实时监控原则,还要坚持重点突出、预防为主、自我监控原则。实践中,基于大数据的监控平台已嵌入智慧政务内网,主要包括信息采集、实时监察、预警纠错、智能决策、信息服务、绩效评估等功能,鉴于智慧政务监控平台架构与智慧政务决策平台架构基本相似,故在此不再赘述,但有必要介绍其运行过程(图5.6)。

此外,与智慧政务监控紧密相关的政务舆情已引起政府高度重视,究其原因,作为政务舆情之一的网络舆情影响越来越大。据不完全统计,截至2017年6月,中国网民规模高达7.51亿人,由于网络舆情所体现的表达便捷、身份不公开、信源模糊、互动频率高、突发性强等特性,必然会给政府的舆情管理带来巨大挑战。基于此,政务舆情管理必须抓好3个关键环节,即网络政务舆情监测、网络政务舆情评估和网络政务舆情响应。

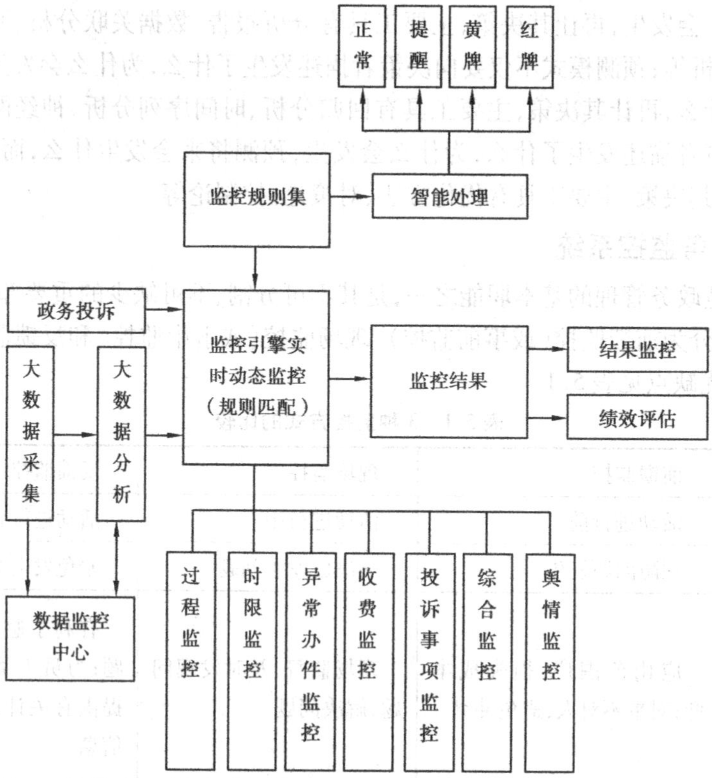

图 5.6　基于大数据的智慧政务监控平台运行图

3）智慧政务系统的建设与运营

通常来说，智慧政务系统的建设与运营包括 4 个方面，即项目管理、项目外包、安全保障体系和绩效评估体系。

（1）智慧政务项目管理

智慧政务项目管理分为 3 个阶段，即项目申报审批阶段、项目建设阶段和项目验收评估阶段，其重点在于项目建设阶段要明确项目责任人，建立并完善项目管理制度，严格执行招标投标、政府采购、工程监理和合同管理，要重点关注项目进度计划管理、项目资金管理、项目质量管理、项目监督管理和项目验收管理。

（2）智慧政务项目外包

智慧政务项目外包是指在推行政务信息化过程中，政府将智慧政务项目建设、日常运行维护及相关服务等工作部分或全部委托给专业服务商完成的一种运行管理模式。其具体模式分为建设外包模式和外包融资模式，前者按程度不同，又分为基于自建自管的技术维护外协模式、完全外包模式（主要有 ASP 模式、BOO 模式、BT 模式和 BOT 模式）和有限外包模式；后者按融资形式不同，又分为 BOO 模式、BT 模式、BOT 模式和 PPP 模式。

（3）智慧政务安全保障体系

智慧政务安全管理的目的在于保护政务信息资源不受侵犯，保证信息资产拥有者面临最小风险和获取最大利益，确保政务信息基础设施、信息应用服务和信息内容为抵御各种安全威胁而具有保密性、完整性、真实性、可用性和可控性的能力。目前，智慧政务系统面临来自内外两方面的安全威胁(表5.2)。

表5.2 常见的智慧政务系统安全威胁

类型		表现形式
外部威胁	病毒传染	破坏文件、占耗内存、干扰系统运行、妨碍磁盘操作、扰乱屏幕显示等
	信息间谍	信息窃取、网络窃听、密文破译、密匙破译、电磁探测、流量分析等
	黑客攻击	系统入侵、网络窃听、密文破译、拒绝服务、损坏传输通道等
	信息战争	发布虚假信息、窃取军事情报、攻击指挥系统、破坏社会经济系统等
	信息恐怖	摧毁国家信息基础设施、制造并散布恐怖信息等
内部威胁	恶意破坏	破坏数据、转移资产、设置故障、损毁设备等
	内外勾结	出卖情报、系统入侵、破坏数据、设置故障、损毁设备等
	滥用职权	非法查看内部信息、非法使用信息等
	操作不当	数据损坏、数据丢失、硬件损坏、垃圾信息处理不当等
	意识不强	疏忽大意、经验不足、放松警惕等
	管理疏漏	制度不完善、人员配置不合理、缺乏监控措施、权责不清等
	系统缺陷	电磁泄漏、剩磁效应、预置陷阱、OS漏洞、数据库缺陷、逻辑炸弹、协议漏洞、网络结构隐患、设备老化等
	自然灾害	因温度、湿度、灰尘、雷击、静电、水灾、火灾、地震、空气污染等因素引起软硬件设备损坏或无法正常工作

智慧政务安全保障体系是智慧政务系统的有机组成部分,一般分为安全技术系统和安全管理系统(图5.7)。要使智慧政务安全保障体系运行有效,必须加强安全技术子系统建设和安全管理子系统建设。安全技术子系统包括物理安全对策、公匙基础设施(Public Key Infrastructure,PKI)、授权管理基础设施(Privilege Management Infrastructure,PMI)、防火墙技术、病毒防护技术、入侵检测技术、安全扫描技术、安全认证技术、数据加密技术、访问控制技术、数据备份与灾难恢复技术;安全管理子系统主要有建立安全管理组织机构,定期进行安全评估与审计,制定安全制度、策略及标准等。

(4)智慧政务绩效评估体系

为了保证智慧政务系统建设和运行达到预期效果,有必要对其绩效进行评估,其首要工作就是设计评估指标体系,目前尚无专业智慧政务绩效评估指标体系,但可参照国内外电子政务绩效评估指标体系,如埃森哲公司指标体系、布朗大学指标体系、IBM公司指标体系、Gartner公司指标体系等。此外,对评估方法的选择亦极为重要,常用的评估方法有层次分析法、数据包络分析法、神经网络法、平衡卡计分法等,实施评估时,要尽量采用多种方法,而非单一方法。

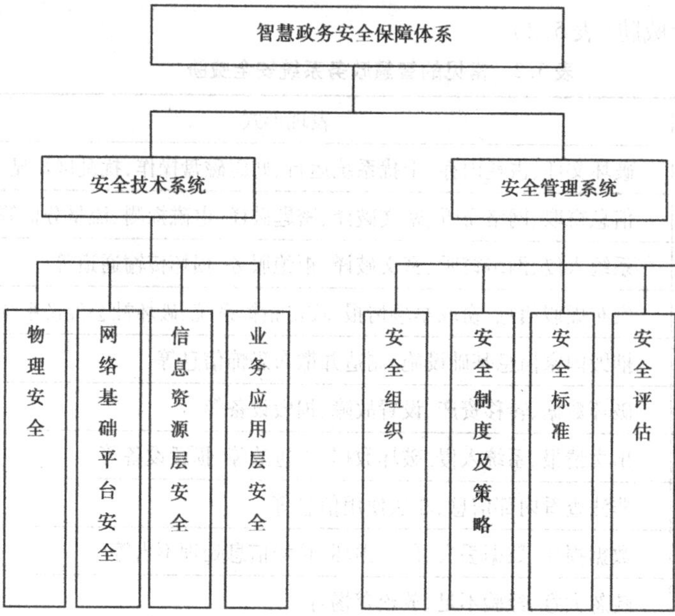

图 5.7　智慧政务安全保障体系图

任务 3　大数据管理

任务导读

• **基本要求**　通过本任务的学习，了解大数据的含义、特征、意义及类型，掌握大数据的搜集、存储、分析与利用。

• **重点**　大数据的搜集、存储、分析与利用。

• **难点**　大数据的分析与利用。

5.3.1　大数据的概述

1）大数据的概念及特征

当前，人们每天的生活都被大数据包围着，一切行为和事件都以数据的形式被记录、储存和处理。早上出门，电梯的摄像头记录着人们的出行时间；开车上班，道路旁的摄像头记录着人们的位置和车速；工作期间，网页记录着人们的浏览习惯和搜索记录，电话记录着人们的联络对象、通话时间及频率；下班回家，购物记录界定着人们的职业身份、家庭背景甚至性格特征，电视机顶盒记录着人们的收视习惯和价值品位……形形色色的数据终端将物理世界、生物世界和社会世界的万事万物数据化，形成了一个全面深入映射的现实世界，尤其是现代城市发展与生活规律的数据化世界。从某种意义上说，这是一个由数据构成的世界，而人就是一切数据足迹的总和。

既然如此，如何理解大数据？为了全面理解其本质内涵，应当从 3 个层面来展开：第一层面是理论。理论是人们认知的必经途径,亦是被人们广泛认同和传播的基线。从其本质含义来理解行业对大数据的整体描绘和定性;从其价值探讨来深入解析大数据的珍贵所在;从其现在和未来来洞悉大数据的发展趋势;从大数据隐私视角来审视人和数据之间的长久博弈。第二层面是技术。技术是大数据价值体现的手段和发展的基石,具体从云计算、分布式处理技术、存储技术和感知技术的发展来说明大数据从采集、处理、存储到形成结果的整个过程。第三层面是实践。实践是大数据的最终价值体现,具体从互联网大数据、政府大数据、企业大数据和个人大数据 4 个方面来描绘其已经展现的美好景象及即将实现的蓝图。不过,考虑到本书相关章节会涉及后两个层面,故仅就其理论层面作简略介绍。

就其本质含义而言,行业内众说纷纭,莫衷一是。比较典型的定义,比如,麦肯锡咨询公司认为,大数据是指大小超出了传统数据库软件工具的抓取、存储、管理和分析能力的数据群;高德纳咨询公司指出,大数据是需要新处理模式才能具有更强的决策力、洞察力和流程优化能力的海量、高增长率和多样化的信息资产;在至顶网副总编赵效民看来,"大数据的出现标志着人类在数据利用方面进入了一个新的阶段,它代表了一种理念(数据能源)、一种思路(从数据搜集到数据分析再到数据呈现的整体构想)和一种新工具(将结构化与非结构化数据和语义与机器化数据汇聚、统一处理、分析与呈现的工具)的集合,它赋予了人类认知数据的新能力,也进一步打开了人类在数据利用方面的想象空间"。通过前述经典定义不难发现,大数据既是一种新技术,更是一种思维方式,还是一种基础性社会制度甚至一项必要的基础设施。

早在 2001 年,高德纳咨询公司分析员道格·莱尼就明确指出,数据增长有 3 个方面的挑战与机遇:数量、速度和多样性;IBM 公司在此基础上提出大数据的 4V 特征,即大容量(Volume)、高速度(Velocity)、多样性(Variety)和真实性(Veracity);随后业界又在 4V 的基础上提出 7V,还包括价值密度低(Value)、可视化(Visualization)和有效性(Validity)。除此之外,还有人使用 3S 或者 3I 来描述其特征,其中 3S 是指大小(Size)、速度(Speed)和结构(Structure),3I 是指定义不明确的(Ill-defined)、令人生畏的(Intimidating)和即时的(Immediate)。总之,虽然各自表述不同,但有异曲同工之妙,其内在逻辑关系正如国际数据公司所说"大数据技术通过使用高速的采集、发现或分析,从超大容量的多样数据中经济地提取价值"。

为了更全面地理解大数据的本质含义,有必要从其意义方面进行梳理。毫无疑问,大数据的真正价值在于创造,在于填补尚未实现的无数个空白。大数据并不在于"大",而在于"有用"。可以说,其价值含量、挖掘成本比数量更为重要。就其价值探讨而言,大数据是什么?在投资者看来就是资产,比如在 Facebook 上市时,评估机构评定的有效资产中大部分都是其社交网站上的数据。如果把大数据比作一种产业,那么这种产业实现盈利的关键,在于提高对数据的"加工能力",通过"加工"实现数据的"增值"。又如,Target 超市以怀孕期间孕妇可能会购买的 20 多种商品为基础,将所有用户的购买记录作为数据来源,通过构建模型分析购买者的行为相关性,能准确地推断出孕妇的具体临盆时间,这样,Target 超市的销售部门就可以有针对地在每个怀孕顾客的不同阶段寄送相应的产品优惠券。Target 超市之所以能够成功,恰好印证了维克托·迈尔-舍恩伯格的观点:"通过找出一个关联物并监控它,就可以预测未来。"从某种意义上说,大数据的核心价值就在于预测。不过,并非所有单位或组织都能完整有效地理解和利用大数据。

目前，大数据的利用存在 3 种模式：

①手握大数据，但没有利用好，比如部分金融机构、电信行业、政府机构等；

②没有数据，但知道如何帮助有数据的人利用它，比如埃森哲、IBM、Oracle 等；

③既有数据，又有大数据思维，比如 Google、Amazon、Mastercard 等。

毫无疑问，未来在大数据领域最具有价值的：一是拥有大数据思维的人，这种人可以将大数据的潜在价值转化为实际利益；二是尚未被大数据触及过的业务领域，这些是还未被挖掘的“油井”或“金矿”，是所谓的“蓝海”。

正如维克托·迈尔-舍恩伯格所说：“大数据开启了一次重大的时代转型。就像望远镜让我们感受宇宙、显微镜让我们能够观测微生物一样，大数据正在改变我们的生活以及理解世界的方式，成为新发明和新服务的源泉，而更多的改变正蓄势待发……未来数据将会像土地、石油和资本一样，成为经济运行中的根本性资源。”的确，大数据时代是人类信息化进程中继计算机时代、互联网时代之后的第三个阶段，它所呈现出的大数据、大知识、大价值的时代全景，无不让人向往与振奋。从其发展进程来看，可以说大数据已影响到人们生活的方方面面。比如，大数据帮助政府实现市场经济调控、公共卫生安全防范、灾难预警、社会舆论监督，帮助城市预防犯罪、实现智慧交通、提升紧急应急能力，帮助医疗机构建立患者的疾病风险跟踪机制，帮助医药企业提升药品的临床使用效果，帮助艾滋病研究机构为患者提供定制的药物，帮助航空公司节省运营成本，帮助电信企业实现售后服务质量的提升，帮助保险企业识别欺诈骗保行为，帮助快递公司监测分析运输车辆的故障险情以提前预警维修，帮助电力公司有效识别即将发生故障的设备，帮助电商公司向用户推荐商品和服务，帮助旅游网站为旅游者提供心仪的旅游路线，帮助二手市场的买卖双方找到最合适的交易目标，帮助用户找到最合适的商品购买时期、商家和最优惠价格等。可以说，大数据的身影无时无处不在。就其目的而言，就是要通过大数据来解决人的问题。

当然，大数据的积极意义是不言自明的，但其消极影响亦是不容忽视的。或许你并没意识到，当你在不同的网站上注册了个人信息后，可能这些信息已经被扩散出去。当你莫名其妙地接到各种邮件、电话、短信的滋扰时，你不会想到自己的电话号码、邮箱、生日、购买记录、收入水平、家庭住址、亲朋好友等私人信息早就被各种商业机构非法存储或转卖给其他有需要的企业或个人了。更可怕的是，这些信息你永远无法删除，它们存在于互联网的某些你不知道的角落，除非你更换掉自己的所有信息，但是这代价太大了。用户隐私是大数据应用难以绕开的一个问题，有效保护大数据背景下的隐私权就显得极其必要和紧迫。尽管部分专家提出了一些建议，如减少信息数字化、加强隐私权立法、建设数字隐私权基础设施（类似于 DRM 数字版权管理）、改变人类认知（接受忽略过去）、创造良性的信息生态和建立语境化，但是这些都很难立即见效或者有实质性改善。当许多互联网企业意识到隐私对于用户的重要性时，为了继续得到用户的信任，他们采取了很多办法，比如 Google 承诺仅保留用户的搜索记录 9 个月，浏览器厂商提供了无痕浏览模式，社交网站拒绝公共搜索引擎的“爬虫”进入，并将提供出去的数据全部采取匿名方式处理等。但是，仍然有很多人没有建立起对于信息隐私的保护意识，一直处于被滋扰、被利用、被监视的处境中。

2）大数据的基本类型

与传统数据不同，大数据不仅非常“大”，而且十分“新”。作为新数据，就其生成来源、内容及表现形式而言，大致可分为线上行为数据与内容数据。其中，线上行为数据包括页面数据、交互数据、表单数据、会话数据等；内容数据包括应用日志、电子文档、机器数据、语音数据、社交媒体数据等。正如大数据本质属性所决定的，大数据种类极其庞杂，为了更好地进行识别，有必要从以下3个方面来理解：

①根据生成来源不同，大数据分为商业数据、传感器数据和互联网数据。商业数据包括消费者数据、ERP数据、库存数据和会计账目数据等；传感器数据包括呼叫记录、智能仪表数据、工业设备传感器数据、设备日志和交易数据等；互联网数据包括用户行为记录、反馈数据等社交数据和其他数据。

②根据表现形式不同，大数据分为数字文本数据、语言文字数据、语音会话数据、图像视频数据和其他数据。

③根据逻辑关系不同，大数据分为结构化数据、半结构化数据和非结构化数据。结构化数据是指在固定字段集合中存放的数据，如关系型数据、电子表格数据等；非结构化数据是指难以用数据库二维逻辑表表现的数据，如文本数据和未标记视频、音频及图像数据等；半结构化数据是指介于二者之间，用标签和其他标志划分数据元素的数据，如可扩展标记语言、超文本标记语言等。

实践中，尤其是在智慧政务管理领域，常见的大数据包括业务数据、调查数据、环境数据、用户生成数据和系统日志数据。其中，调查数据根据其实施主体不同，又分为政府部门调查数据、科研机构调查数据和行业企业调查数据。

5.3.2 大数据的管理

从某种意义上说，自2013年始，大数据的价值从来没有像现在这样受到人们的重视，通过思维变革，重新审视自己在大数据时代所处的位置，应当是每一个身处大数据时代的组织和个人必须思考的问题。正如维克托·迈尔-舍恩伯格所说："我们可以看到一个全球性的趋势，就是从原来的生产制造的思维方式到把自己视作一个数据的平台。"可以说，未来竞争优势不一定来自制造，而是来自数据，来自搜集、分析和使用数据的能力。如何驾驭或管理大数据，必须面临并解决3个问题：第一个是"存"，即数据采集与存储，海量且庞杂的大数据从何而来，应当如何存储；第二个是"管"，即如何管理这些碎片化、非结构化的大数据，如何对这些凌乱数据进行整理与分析，并在无序中建立起一个有序的分析逻辑；第三个是"用"，即如何呈现和使用这些分析结果，将挖掘的知识落实到实际的技术开发、公共管理等问题上，从而解决这种大规模复杂结构下的实时应用问题。

1）大数据的搜集与存储

正如前文所述，大数据开启了一个大规模生产、分享和应用数据的时代，它给技术和商业带来了巨大的变化。据麦肯锡咨询公司研究报告表明，在医疗、零售、制造业及其他相关领域，大数据每年可以提高劳动生产率0.5～1个百分点。毫无疑问，大数据在核心领域的渗透速度是有目共睹的，然而，未被使用的信息比例却高达99.4%，在很大程度上说，这都是由于高价值的信息无法搜集所致；即使能够较为全面地搜集，但至少要耗费人们大量的时间和精力。这一论断与业界流行的"拇指法则"是契合的，即数据分析工作至少有70%～80%的时间都耗费在搜集和准备数据上，仅有20%～30%的时间花在分析本身上，尤其是初次处理大数据,准备时间可能会更长。因此,在大数据时代背景下,如何从大数据中搜集出有用的信息已经是大数据发展的关键因素之一。那么,什么是大数据搜集?大数据搜集又称大数据获取或采集,是指从传感器和其他待测设备等模拟和数字被测单元中自动采集信息的过程。传统数据采集来源单一,且存储、管理和分析数据量相对较小,大多采用关系型数据库和并行数据仓库即可处理。对于依靠并行计算提升其处理速度的传统数据,由于传统的并行数据库技术追求高度一致性和容错性,因此它难以保证其可用性和扩展性。大数据采集来源广泛,数据量巨大,数据类型丰富,包括结构化数据、半结构化数据和非结构化数据,且采用分布式数据库,其具体采集方法主要有系统日志采集法、网络数据采集法和其他数据采集法。与此同时,它还可以借助于 Apache Flume、Fluentd、Logstash、Splunk Forwarder 等大数据采集平台进行数据采集。

如果说日益丰富的数据来源和采集手段、方法帮助人们解决了“巧妇难为无米之炊”的尴尬,若没有与之匹配的存储手段、方法,那也只能让“米”因无处存放而无法成“食”,进而人们所期望的大数据分析与利用也不可能实现。为此,国际数据公司指出,“在可预见的未来,存储是大数据和分析领域最大的基础设施之一”。事实上,对于大多数组织而言,大数据对存储容量的需求已经超出其目前的存储能力。比如,一些组织过去通常以 5 年作为其信息技术系统规划的一个周期,在这个周期内,组织的存储容量可能会增加 50% ~100%;而现在,组织会每年制订存储数据量级的增长计划,其存储系统必须迅速地跟上数据膨胀速度,唯有如此才能确保其业务不受干扰地持续增长。当然,在数据存储的过程中,如何避免信息孤岛、降低存储成本、提升利用效率、确保数据安全和及时性等关键性问题,是组织应当优先且急需解决的。

为了帮助大家更直观地认识大数据存储问题,下面简要介绍 3 种系统的存储,即开放系统的直连式存储(Direct-Attached Storage,DAS)、存储区域网络(Storage Area Network,SAN)和 Hadoop。其中,DAS 属于直连式存储,以往每一台应用服务器都倾向拥有直连式系统,比较适合存储数据规模小、本地化要求较高的存储;SAN 则是为了更大规模、更高效率提供共享存储,适合存储数据规模大、本地化要求不高的存储;从某种意义上说,Hadoop 是对 DAS 的回归,即每一个 Hadoop 集群都拥有自身的横向扩展型直连式存储,这有助于 Hadoop 管理数据本地化,但也放弃了共享存储的规模和效率。对于 Hadoop 而言,目前最大的挑战就是如何平衡数据本地化与规模效率问题,前者是为了确保大数据存储在计算节点附近便于分析,而后者则需要协调大数据存储集群的独立操作问题,进一步说,即如何利用分布式存储、避免控制器瓶颈、创建弹性数据湖、加强虚拟化、注重删重与压缩、处理大视频和超融合等一系列关键性问题,但要解决这些问题还需要时间、技术及其他资源的支持。所以,目前较为理想的办法就是将超融合平台与分布式文件系统和分析软件整合在一起,而成功与否的最主要因素就是存储的可扩展性。

2)大数据的分析与展现

众所周知,大数据是庞杂凌乱的,让我们无法处理和编辑,要想挖掘其价值并视为组织的资源,其难度是不言而喻的。那如何赋予其背景,找到内在逻辑,这就需要我们借助各种新技术、新方法和新手段,才能有效地帮助我们驾驭大数据。从某种意义上说,数据分析的目的就是更好地利用它,这是组织领导正确决策的关键和基础。倘若该数据分析结果不能为组织领导提供正确决策，甚至因该数据分析结果而导致组织领导错误决策，那它就不是组织的资源，至少不是为组织带来效益的资源。

数据分析又称为数据挖掘，是在一大批看似杂乱无章、碎片化的数据中进行信息集中、萃取和提炼，以找出研究对象的内在规律，并加以系统化的活动过程。这一过程如同淘金工人在金矿中寻找黄金一样，要找到"金子"，首先就要去除石头砂砾。数据分析，就是数据清洗，其目的是将"脏数据"或"数据噪声"清洗掉，这些不符合要求的数据包括不完整数据、错误数据、重复数据，这项工作一般由计算机而非人工来完成。清洗后，数据应当在一致性、正确性、完整性和最小性4个指标上达到组织的分析要求。唯有这样的数据，才可能是组织的资源。毋庸置疑，对大多数组织而言，这项工作是数据管理工作中不可缺少的关键性环节，正如有人所说，在大数据时代，人们并不缺乏数据，而是缺乏找到有价值数据的能力和工具。

既然数据分析如此重要，那如何进行数据分析？其主要环节又包括哪些内容呢？具体言之，数据分析是通过统计、在线分析处理、情报检索、机器学习、专家系统和模式识别等诸多方法来实现的，在其生命周期内，大致包括6个阶段：

第一个阶段是业务理解。理解项目目标，从业务角度理解数据分析需求，同时将其转化为数据挖掘的定义，制订数据挖掘目标，并完成初步计划。

第二个阶段是数据理解。从初始的数据搜集开始，一旦对象和工作计划拟订完成，就要考虑其所需要的数据，然后通过一些活动处理，熟悉并识别数据质量，初步发现其内在属性，或者探测引起兴趣的子集以形成隐含信息的假设前提。

第三个阶段是数据准备。正如厨师做饭菜要对食材进行筛选、洗净、切割一样，原始数据中有大量错误、重复、不完整的信息，需要对其删除、整理和转化，从而去除与之无关的干扰信息，为建模做准备。

第四个阶段是建立模型。这一阶段需要描述数据并建立关联，然后运用一定的分析方法并借助数据挖掘工具进行数据基础分析。在这一阶段，需要依据不断增长的数据进行修正，所以要不断地回到数据准备阶段。

第五个阶段是模型评估。这一阶段的关键在于确定是否存在重要的业务问题或因素未被充分地考虑到，从而需要各种可视化分析结果、统计和人工智能工具更深层次地向数据分析员展现数据运行间的关系。这一过程需要缓慢推进。

第六个阶段是实施部署。建模不是项目的结束，模型的作用在于从数据中找到知识，已获得的知识是需要根据方便于用户使用的方式进行重新组织和展现，这一阶段是由用户而非数据分析员来完成。用户需要将结果反馈给数据分析员，然后再对数据模型进行修正。

前述6个阶段的顺序并非完全固定不变，需要经常调整这些阶段以便数据分析员完成数据挖掘工作，且前后顺序取决于每个阶段或者每个阶段中特定任务的结果是否是下一个阶段必需的输入，同时还要考虑并关照前后顺序的逻辑关联度。

数据对于组织而言，是否有用与有效，不仅在于拥有数据结果，更在于如何用清晰且有趣的方式将这些结果呈现出来。只有让数据"说话"，才会避免数据给人以抽象的、枯燥的、无味的、难记忆的印象。正如瑞典统计学家汉斯·罗斯林所说："统计数据一点儿都不枯燥，它是当今世界上最性感的事物。"如何让数据富有生气，让它"动起来"，数据可视化是关键与核心。何谓数据可视化？就其本质而言，数据可视化是对知识的一种压缩，通过对数据透彻的理解来更加简洁地表达海量信息，通过图像形式来表现信息的内在规律及其传递、表达的过程，是人们理解复杂现象、诠释复杂数据的重要手段和途径。它让观看者从海量、动态、不确定甚至相互冲突的数据中整合信息，并获取对复杂情景的更深层次的理解，同时提供快速、可检验、易理解的评估和更有效的交流手段。与传统数据图表单一、静止的特点相比，通过可视化技术呈现的大数据，其表现形式极为丰富多样，仅就其气泡图、树状图、网络图、堆栈图、流程图、坐标图、标签云、热力图等基本图例就足以让人们根据数据形态和审美习惯来加以选择；并且，通过可视化工具可以直接连接基础数据，从而生成动态的、实时的、交互式的图形和图表。为此，有人也将大数据的管理流程理解为数据搜集、数据整理、可视化设计、可视化输出与传达4个阶段。总之，数据可视化技术让大数据处理与分析形成了一个从数据整合、分析、挖掘到展示的完整的闭环，同时它也促进了大数据管理本身的开放性发展。

3）大数据的应用

当然，大数据的完美展示或呈现并不等于大数据本身得到了充分利用，如何让大数据落地、生根、发芽，在哪些领域得到最广泛应用，这才是问题的关键所在。毫无疑问，大数据正在对每个领域都产生影响，人们的决策行为将日益基于数据分析作出，而不是以往凭借个人的经验和直觉。不过，鉴于本章节的特殊性，下面仅就智慧政务管理中所涉及的大数据应用作部分介绍，即主要从公共安全管理、公共交通管理、公共卫生与医疗管理、环境保护和社会管理等方面来探讨。

第一，要建设快速反应的公共安全管理，首要的任务就是应当充分利用大数据。当前，恐怖袭击、社会犯罪和食品安全是人们普遍关注的三大社会安全隐患，也是各级政府一直在努力提升管理效果的重点公共领域。由于公共安全危机具有高突发性、强破坏性、波及面广、强传导性等特征，一旦发生安全事故，无辜老百姓将面临巨大的生命财产安全威胁，倘若处理不及时、不到位，社会大众的问责压力将使得当地政府难以应付。因此，如何利用大数据来提前预测危机，进而精准高效地打击犯罪就显得尤为重要。比如，苏州作为国内人口超过1 000万人的特大城市，能够连续十年被江苏省评为“社会治安安全城市”，其打击犯罪处理案件数、刑拘转捕率、技术支撑率位居全省最高，现行命案破案周期缩短至5天，命案破案率高达99.16%，除了与其强大的警力有关外，最为密不可分的是对大数据的利用。据统计，2012年，苏州市公安系统采集到的信息数据总量共计65亿条，平均每日增加700余万条。除了多渠道采集数据外，还包括跨部门联动、数据开放等举措，让老百姓积极参与到社会公共安全治理中来，让市民共同分享大数据带来的便利与效益。

第二，交通堵塞不仅关系到市民的安全出行，而且影响到当地的环境治理，进而制约着当地经济的发展。据统计，对全世界12个大城市的交通状况调查，按照乘车族对拥堵烦恼设定“痛苦指数”，最高为100。其中，北京为99，约翰内斯堡为98，莫斯科为82，新德里为78，由此可见，交通拥堵已成为影响全世界居民生活质量的重要因素。又据英国埃迪·威尔逊博士研究发现，一名司机急刹车或超车可能引发一场“交通海啸”，受影响路段长达80 km。那么，如何治理城市交通堵塞？让交通畅通无阻，降低广大乘车族的“痛苦指数”，增强城市居民的幸福感已成为公共交通管理者亟待解决的重大课题，亦是其工作的根本动力。各地政府对此已采取了一些较为可行的措施，如广州早在2003年就启动了道路交通数字化建设项目，出租车综合管理服务系统就是该项目的子系统。该系统为决策者提供了“三大利器”:一是提供实时路况信息和行车路况信息服务,二是出租车分布和载落客分布数据,三是为出租车司机提供优选路线。

第三,人们对于过去的“非典”“禽流感”等公共卫生事件或许还心有余悸,如何监测并控制疫情和舆情,避免引发全面性公共安全、疾病卫生与信任危机,如何化解看病难、看病贵、医患关系紧张以及防止医疗欺诈等一系列问题,这些都可以通过大数据来解决。比如,通过大数据可以帮助患者提前了解意向治疗医院的床位、主治医生及用药情况(含品类、剂量、时间、方法甚或效果等);通过综合分析患者病情并比较各种治疗方法的效果,找到不同病人最合适的治疗方案;通过临床决策支持系统来减少药物的不良反应和降低索赔事件的发生率;通过医疗过程的数据分析增强其透明度,从而使药品价格更合理;通过自动化系统对付款人的索赔行为进行欺诈检测等。

第四,$PM_{2.5}$这一名词所隐含的无奈与疯狂还没有完结,这是我们这一代人甚或几代人挥之不去的阴影,如何让我们赖以生存的环境回归当初的天蓝地绿河清,这将是我们需要共同面对和努力解决的紧要问题。借助大数据采集技术,将搜集到的有关环境的各项质量指标信息通过中心数据库进行数据分析,以此指导制订环境治理方案、实时监测环境治理效果和动态更新治理方案。与此同时,在环境治理过程中,可以借助大数据本身的开放性,鼓励更多公众和社会力量参与环境保护,这一点也恰好符合更具可持续性、更有效率的智慧城市的本质要求。

实训任务　认知智慧政务

1)实训目的

通过对不同智慧政务项目的调研实训,掌握其管理内容、流程及特色。

2)实训要求

①调查3个不同的智慧政务项目。

②分析不同智慧政务项目的系统组成、管理内容等方面的异同点。

3)实训步骤

①准备调查的3个智慧政务项目。

②分组实地现场调查,并事先通过网络搜集3个智慧政务项目的相关资料。

③结合课堂的讲解和图例,分析并总结不同智慧政务项目的系统组成、管理内容等方面的异同点。

4)实训时间

实训时间为2学时。

5)实训考核

①考核组织:将学生分组,由指导教师进行考核。

②考核内容:指导教师提出3个与实训任务相关的问题,由学生回答,然后给出实训考核成绩。

项目小结

(1)智慧政务是指运用云计算、大数据、物联网等技术,通过监测、整合、分析、智能响应实现政务系统中各种资源的高度融合,为公众、社会提供高效、便捷且可追溯责任的一体化政务管理与服务,从而提高政府的透明度和公信力。

(2)智慧政务的基本特征有4个:数据化、网络化、智能化和精细化。

(3)智慧政务的作用有4个方面:有利于消除"信息孤岛",实现政务信息共享;有利于政务公开,提高政府治理能力;有利于政府提供快捷便民服务,向服务型政府转变;有利于提高工作效率,降低成本。

(4)智慧政务的核心理念:以用户为中心、大数据在手和公众参与。

(5)智慧政务的运行模式分为政府间模式(G2G)、政府与企事业单位间模式(G2B)、政府与公众间模式(G2C)和政府与公务员间模式(G2E)4种。

(6)智慧政务系统涉及的硬件技术主要有网络、服务器、数据库、云计算和云平台。

(7)智慧政务系统的基本架构由物理层、数据层、支撑层、应用层、接入层(或展现层)5个部分组成,它们相互衔接,相互融贯,形成一个自下而上的开放体系。

(8)智慧政务的关键技术在于资讯回溯与数据可视化。

(9)智慧政务的主要业务包括电子证照系统、基于多规合一的审批系统和公共资源统一交易平台系统。

(10)智慧政务的运行包括智慧政务决策系统、智慧政务监控系统和智慧政务系统的建设与运营。

(11)大数据是一种资源或资产,是新技术、新理念的集合,它需要通过搜集、存储、分析和呈现才能实现其潜在价值。

(12)大数据的4个基本特征:大容量、高速度、多样性和真实性。

(13)大数据管理的3个关键问题:存、管和用。

(14)大数据分析的6个阶段:业务理解、数据理解、数据准备、建立模型、模型评估和实施部署。

(15)大数据4个有效的基本指标:一致性、正确性、完整性和最小性。

复习思考题

1. 简述智慧政务的基本特征。
2. 简述智慧政务的核心理念。
3. 简述智慧政务的运行模式。
4. 简述智慧政务的3种监控模式。
5. 简述大数据的基本特征。
6. 简述大数据分析的6个阶段。
7. 试述智慧政务的决策过程。
8. 试举例说明大数据的利与弊。

项目 6

智能家居与电子商务管理

任务 1　智能家居管理

任务导读

- **基本要求**　通过本任务的学习，了解智能家居的历史和发展趋势，熟悉智能家居的含义及设计原则，智能家居的种类及主要功能，掌握智能家居服务平台的特点及主要功能，智能家居的使用与管理。
- **重点**　智能家居的种类及功能、智能家居服务平台的特点及主要功能。
- **难点**　智能家居的使用与管理。

6.1.1　智能家居的含义及设计原则

1) 智能家居的含义

智能家居是一个以住宅为平台，兼备建筑、网络通信、信息家电、设备自动化，集系统、结构、服务、管理为一体的高效、舒适、安全、便利、环保的居住环境。与普通家居相比，智能家居不仅具有传统的居住功能，还能提供舒适安全、高效节能、高度人性化的生活空间；将静止的家居设备转变为具有“智慧”的工具，提供全方位的信息交换功能；帮助家庭与外部保持信息交流畅通，优化人们的生活方式；帮助人们有效地安排时间，增强家庭生活的安全性，并为家庭节省开支等。

国际管理咨询公司科尔尼最新发布的报告显示，到 2020 年，全球智能家居的整体规模将由目前的 100 亿美元增长至 500 亿美元，并有望在 2030 年激增至 4 000 亿美元。白色家电、生活电器、厨房电器的智能化率将分别达到 45%、28% 和 25%。智能家电未来 5 年将累计带来 1.5 万亿元的市场需求。业界研究显示,以移动入口为代表的新服务模式是智能家居的发展趋势。

2)智能家居的设计原则

衡量一个住宅小区智能化系统建设的成功与否,不仅取决于智能化系统的多少、系统的先进性或集成度,而且取决于系统的设计和配置是否经济合理,系统能否成功运行,系统的使用、管理和维护是否方便,系统或产品的技术是否成熟适用。如何以最少的投入、最简便的实现途径来换取最大的功效,实现便捷、高质量的生活。为了实现上述目标,智能家居系统设计的原则主要包括实用性、便利性、可靠性、标准性、方便性、安全性、扩展兼容性等方面。

(1)实用性

智能家居最基本的目标是为人们提供一个高效、舒适、安全、便利和环保的生活环境。对智能家居产品来说,最重要的是以实用性、易用性和人性化为主。根据用户对智能家居功能的需求,整合包括智能家电控制、智能灯光控制、电动窗帘控制、防盗报警、门禁对讲、煤气泄漏报警等最实用、最基本的家居控制功能。

(2)便利性

智能家居的控制方式丰富多样,如本地控制、遥控控制、集中控制、手机远程控制、感应控制、定时控制等。在对智能家居设计时一定要充分考虑用户体验,注重操作的便利性和直观性,最好能采用图形图像化的控制界面,让操作所见即所得。

(3)可靠性

整个建筑的各个智能化子系统应能 24 小时运转,对系统的安全性、可靠性和容错能力必须予以高度重视。对各个子系统而言,在电源、系统备份等方面采取相应的容错措施,保证系统正常安全使用,质量、性能良好,具备应付各种复杂环境变化的能力。

(4)标准性

智能家居系统方案的设计应依照国家和地区的有关标准进行,确保系统的扩充性和扩展性,在系统传输上采用标准的 TCP/IP 协议网络技术和 ZigBee 技术,保证系统的前端设备是多功能的、开放的、可扩展的。如系统主机、终端与模块采用标准化接口设计,为智能家居系统外部厂商提供集成的平台,而且其功能可以扩展,当需要增加功能时,不必再开挖管网,简单可靠、方便节约。设计选用的系统和产品能够使本系统与未来不断发展的第三方受控设备进行互通互连。

(5)方便性

布线安装是否简单直接关系到成本、可扩展性、可维护性的问题,一定要选择布线简单的系统,施工时简单、容易;设备容易学习掌握、操作和维护简便。系统在安装调试中的方便设计也非常重要。

(6)安全性

在智能家居的逐步扩展中,会有越来越多的设备连入系统,不可避免地会产生更多的运行数据,如空调的温度和时钟数据、窗户的开关状态数据、煤气电表数据等。这些数据与个人家庭的隐私形成前所未有的关联程度,如果数据保护不慎,不但会导致个人习惯等极其隐私的数据泄露,关于家庭安全的数据,如窗户状态等数据泄露会直接危害家庭安全。同时,智能家居系统并不是孤立的，还要对进入系统的数据进行审查，防止恶意破坏家庭智能系统，甚至破坏联网的家电和设备。尤其在当今大数据时代，一定要维护家庭大数据的安全性。

(7)扩展兼容性

在家电控制的设计过程中，红外转发或红外学习的设备控制点必须考虑其位置上所实现功能的扩展性，甚至是设备的可替换性。当某种设备无法满足扩展功能时，能有其他设备替换实现，或在设计过程中，控制点的位置能够比较方便地改变。

每个智能家居的厂家都有自己设计的控制协议，并且大多数互相之间不直接兼容。此时，智能家居设计中的产品遴选原则是首先选择对市场上电器兼容性强的厂家，其次选择开放协议的产品。

6.1.2 智能家居的历史和发展趋势

1)智能家居的历史

智能家居的起源可追溯到20世纪80年代初，随着电子技术的发展，大量的电子技术被运用到家用电器上，最初被称为住宅电子化(Home Electronics，HE)；20世纪80年代中期，将原本各自独立的通信设备、家用电器以及安保、防灾设备的功能综合为一体之后，形成了住宅自动化的概念(Home Automation，HA)；而在20世纪80年代末，由于通信与信息技术的发展，出现了对住宅中各种家电、通信、安保设备通过总线技术进行监视、控制与管理的商用系统，在美国被称为smart home，这也是现代智能家居的原型。

1978年，最高智能家居技术X-10出现，它是由Pico Electronics Lt研发的全球第一个利用电线来控制灯饰及电子电器的产品，其作为智能家居主流产品走向了商业化。

1984年，世界上第一幢智能大厦出现在美国康涅狄格州首府哈特福德市。这是人类首次将设备信息化、整合化概念应用于建筑以实现消防、安保的自动监控，从此也揭开了争相建造智能家居的序幕。

1998年，新加坡推出了新加坡模式智能家庭系统，并在后来几年近30个社区约5 000个家庭采用了“家庭智能化系统”，实现了家庭智能化控制，包括家电、安防、计量等。

20世纪90年代末到21世纪初，比尔·盖茨在中国推广“维纳斯计划”，随之“数字家庭”理念正式推出，国内出现了第一家智能家居企业。

随后，国内IT企业迅速跟进，各种智能家居体验及专卖店开始在各大城市出现。从2006年至今，智能家居进入发展初期，众多安防企业纷纷加入，集合多种功能控制的智能终端越发成熟，多样化的智能家居控制初步完成，市场还在进一步的成长之中，未来潜力巨大(表6.1)。

2)智能家居的发展趋势

移动互联网、大数据平台、云端等新兴概念也逐步融入智能家居领域，成为当下智能家居系统生态圈的主流，智能家居产品也越来越被消费者市场所接受。智能家居的发展趋势有以下几点：

(1)概念普及，关注度增加

无论是行业媒体，还是大众媒体、网媒、纸媒，都在报道智能家居的相关信息，这无疑对智

表 6.1 智能家居的发展(1999—2017)

序号	发展时间	发展阶段	主要特点
1	1999—2004	新概念研发	①电力线载波 PLC 技术智能家居控制系统出现(以天津瑞朗为代表,索博、金田); ②AP-BUS 总线智能家居控制系统出现(以深圳汇创为代表,普利特、科瑞); ③基于无线 RF433 MHz 频段的智能家居控制系统出现(以广州 GKB 为代表,松本、百通、普创、鼎固)
2	2005—2009	稳步推广	①电力线载波 PLC 技术稳步发展(普美、索博、瑞朗、力合); ②总线技术稳步发展(普利特、麦驰、安明斯、光速达、河东); ③采用无线 RF433 MHz 技术的企业呈爆发式增长(波创、松本、聚辉、GKB、飞扬无限、鼎固、星航、创胜、开创)
3	2010—2013	成长分化	①以电力线载波技术为代表的智能家居产品逐步退出市场; ②以总线技术为代表的产品增多,但遇瓶颈; ③以无线 RF 433 MHz 技术为代表的产品增加,但遇瓶颈; ④以无线 ZigBee、Z-Wave 技术为代表的产品出现; ⑤以 Wi-Fi/Bluetooth 技术为代表的微智能产品出现(Wi-Fi 插座、Wi-Fi 红外转发控制器、蓝牙灯)
4	2014—2017	成长考验	①微智能产品种类提升,适应市场发展; ②总线产品定位高端,产品向工建、酒店应用方向发展; ③以无线 ZigBee 技术为代表的智能家居产品逐渐成为市场主流

能家居深入人心起到了非常关键的作用,智能家居对人们来说已经不再陌生。

(2)厂商更迭,行业洗牌

智能电器、智能家居的兴起,无疑带动了一部分抓住机遇的企业迅速发展,而这个新兴行业的不断推进也会使一批资本大量涌入,整个行业将面临重新洗牌的局面。对有心打入智能家居市场的各大企业来说,是否具有创新精神,能否推出满足用户自动化、个性化追求的产品,将是企业能否在这个既是挑战又是机会的旋涡中存留下来的关键所在。同时,以终端厂商、互联网公司、电信运营商、视频网站为代表的软件制作商将会进行合作,在不断推出创新产品的同时,也会共同促进行业的健康发展。

(3)房地产商助推,消费者青睐

现在,越来越多的房地产商在推出自己新楼盘时,会将智能家居作为一个卖点,让买房者可以先一步体验到智能家居带来的便利生活。房地产商对于智能家居的推广及发展无疑具有重要的作用。

(4)技术更加融合

交互技术、混合云技术、大数据技术、无线通信技术、移动互联网、智能生态圈成为将来智能家居的融合趋势,智能控制需要融入各相关服务平台,例如,家庭网络需要融入小区网络,小区网络需要融入区域生态圈等。

(5)智能产品普及,维护体系完善

随着技术和市场理念的成熟,智能家居系统已经回归理性,进入实用化阶段,简单、实用、人性化的产品日益增加,智能产品的普及面越来越大。同时,市场对智能产品的需求一定会推动智能家居系统维护体系的建立和发展,安全系统技术的改良与进步也同样会促进智能系统的完善。

6.1.3 智能家居系统的种类及主要功能

智能家居是一个集成性的系统体系环境,不是单独一个或一类智能设备的简单组合。以可扩展数字对讲系统和中央控制主机为核心搭建的全功能一体化智能控制平台,实现了灯光的集中控制、窗帘的开关控制、场景集成控制、环境设备控制等所有智能化系统控制,达到统一控制管理、环保节能的综合效果。也可通过社区互动平台,实现智能家居的扩容服务,智能系统提供物业管理服务、生活服务、医疗教育服务、点餐服务等可扩展订制服务。一般智能家居由相关控制系统设备组成,主要有七大控制系统:灯光控制系统、环境控制系统、空调控制系统、家电控制系统、安防控制系统、影音控制系统和远程控制系统等。有效提高产品的使用率、尽量减少成本,让功能最大化,从实用的角度让很多功能实现尽量简洁有效的控制(图6.1)。

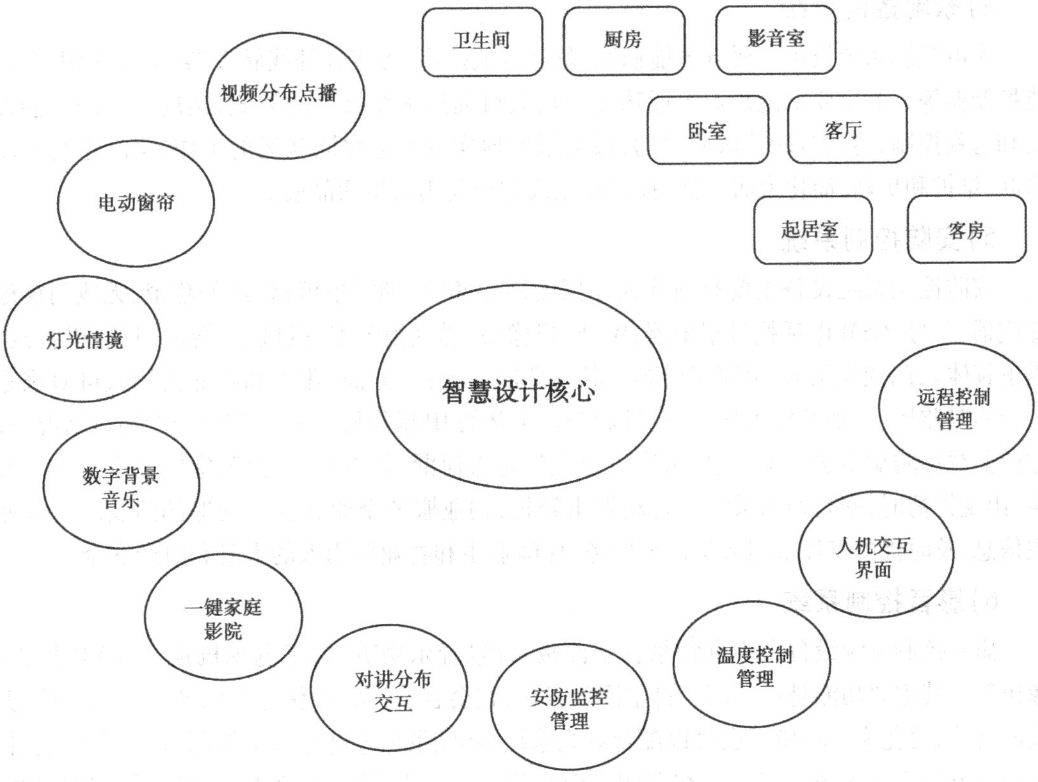

图6.1 智能家居系统架构示意图

1)灯光控制系统

灯光控制系统设备主要有智能手势开关、零火二键开关、零火三键开关、零火单键调光开关、四键情景面板等。其主要功能是实现对住宅灯光的智能管理，可以用多种智能控制方式实现对住宅灯光的遥控开关、调光、全开、全关。全关即对“在家、会客、离家”等多种模式一键式灯光场景效果的实现，可利用亮度自动感应控制、定时控制、电话远程控制、计算机本地及互联网远程控制等多种控制方式，达到智能灯光节能、环保、舒适、方便的功能。

2）环境控制系统

环境控制系统设备主要有链条开窗器、风雨感应器、强电窗帘电机遥控器、强电窗帘开关（双路）、窗帘轨道、干接点窗帘控制器、温湿度感应器等。其主要功能是对卧室、客厅等房间实现窗帘自动化控制，可根据光线亮度变化、早上起床、晚上入睡等模式实现窗帘自动控制。当有雨时，窗户自动关闭，避免雨水浸湿室内。

3）空调控制系统

空调控制系统设备主要有空调控制面板，空调、智能家居系统的接口等。其主要功能是利用智能家居系统的接口，实现对变制冷剂流量（Variable Refrigerant Volume，VRV）空调系统协议联动控制，可以对空调的开关、冷热模式、风速大小、温度设定进行控制。业主可以方便地在智能手机、iPad 触摸屏上对全宅的空调系统进行集中控制。根据业主设定程序自动控制开启 VRV 空调系统，按照预先设定好的模式、温度进行工作。

4）家电控制系统

家电控制系统设备主要有智能插座、移动智能插座、无线红外线转发器、语音识别、多功能控制器等。其主要功能是业主或物业使用人可通过无线操作的方式，实现家电的智能控制和远程控制，达到节能环保的目的，最大限度地实现家电协同联运的工作，实时进行自动诊断、维护和更新，简化家居生活，提升业主或物业使用人生活品质。

5）安防控制系统

安防控制系统设备主要有新式人体探测器（360°）、烟雾报警器、红外幕帘、无线门窗磁感应器、警号、GSM 电话拨号报警器、Wi-Fi 摄像头、燃气报警器、机械手、智能门锁（带指纹、霸王锁体）、门锁控制器、可视对讲等。其主要功能是：一方面，业主和物业使用人可对家庭进行实时监控（一般智能家居终端可以监看 24 路的 IP 摄像机信号），随时查看周边情况，多方位监视和防御不法分子入侵，厨房监控燃气是否泄漏，是否着火，保障家庭安全。另一方面，出现警情时，安防控制系统会自动发出警报，物业服务企业和社区安保部门及时定位业主信息，及时提醒安保部门人员出警服务，保障业主和物业使用人的人身和财产安全。

6）影音控制系统

影音控制系统设备主要有背景音乐面板、背景音乐喇叭、数字电视机顶盒、DVD 机、录像机等。其主要功能是：一方面，自主播放音乐，在会客、居家、就餐等不同场景，播放不同类型的音乐，美化家居环境。也可以配合灯光系统、环境系统等进行联动控制，营造影院氛围，实现全方位家庭娱乐功能。如在花园、客厅、卧室、酒吧、厨房或卫生间，可以将 MP3、FM、DVD、计算机等多种音源进行系统组合，让每个房间都能听到美妙的背景音乐，音乐系统既可美化空间，又起到很好的装饰作用。另一方面，做到让客厅、餐厅、卧室等多个房间的电视机共享家庭影音库，并可以通过遥控器选择自己喜欢的影音进行欣赏。采用这样的方式既可以让电视机共享音视频设备,又不需要重复购买设备和布线,既节省资金又节约空间。

7)远程控制系统

远程控制一般采用无线 ZigBee 智能家居系统,智能设备厂家负责控制系统及主机的供应、安装及调试。智能家居系统可实现局域网本地智能控制、远程云平台智能控制。远程遥控可对室内的电灯(RF 控制信令)和空调(IR 控制信令)进行开关控制;远程设置可进行电灯或者空调控制信息的学习、权限密码设置、铃声次数设置。也可通过计算机、手机等远程控制智能家居系统,实现空调、灯光、窗帘、家居安防等系统的远程控制。同时,结合集中触摸屏上预设的场景功能,可根据用户日常使用习惯预设场景功能。例如,业主在回家途中,通过智能手机远程开启预设的场景控制模式,一键自动关闭卧室的电动窗帘,并将卧室的灯光打开温馨模式;也可以在异地远程提前对家里的温度进行调节和设定既方便又节能。

6.1.4 智能家居服务平台的特点和主要功能

智能家居服务平台是智能家居的心脏,能实现系统信息的采集、信息输入、信息输出、集中控制、远程控制、联动控制等功能。通过数字智能管理等软件平台高度集成多种管理软件,将家庭中各种与信息相关的通信设备、家用电器和家庭安保装置通过有线或无线的方式连接到一个家庭智能化系统上进行集中或者异地监视、控制和家庭事务性管理,保持家庭设施与住宅环境的和谐与协调。智能家居服务平台是开放性的数据结构,便于和其他系统集成,能根据项目的具体需求对所需功能进行二次开发。

1)智能家居服务平台的特点

智能家居网络随着集成技术、通信技术、互操作能力和布线标准化的实现而不断改进。它涉及对家庭网络内所有的智能家具、设备和系统的操作、管理以及集成技术的应用。其技术特点表现如下:

(1)通过家庭网关及其系统软件建立智能家居服务平台系统

家庭网关是智能家居局域网的核心部分,主要完成家庭内部网络各种不同通信协议之间的转换和信息共享,以及与外部通信网络之间的数据交换功能,同时网关还负责家庭智能设备的管理和控制。

(2)统一的平台

用计算机技术、微电子技术、通信技术,家庭智能终端将家庭智能化的所有功能集成起来,使智能家居建立在一个统一的平台之上。不仅要实现家庭内部网络与外部网络之间的数据交互,还要保证能够识别通过网络传输的指令是合法的指令。因此,家庭智能终端既是家庭信息的交通枢纽,又是信息化家庭的保护神。

(3)通过外部扩展模块实现与家电的互联

为实现家用电器的集中控制和远程控制功能,家庭智能网关通过有线或无线的方式,按照特定的通信协议,借助外部扩展模块控制家电或照明设备。

(4)嵌入式系统的应用

原来的家庭智能终端绝大多数是由单片机控制的。随着新功能的增加和性能的提升,将处理能力大大增强的具有网络功能的嵌入式操作系统和单片机的控制软件程序做了相应的调整,使之有机地结合成完整的嵌入式系统。

2)智能家居服务平台的主要功能

智能家居服务平台的主要功能一般包括家庭安防、可视对讲、远程抄表、家电控制、家庭信息服务、增值服务6个方面。

(1)家庭安防

安全是居民对智能家居的首要要求,家庭安防由此成为智能家居的首要组成部分,可分为家庭安防报警、门窗磁报警、紧急求助报警、燃气泄漏报警、火灾报警等。当家庭智能终端处于布防状态时,红外探头探测到家中有人走动,就会自动报警,通过蜂鸣器和语音实现本地报警;同时,报警信息传到物业管理中心,可以自动拨号到主人的电话上。

(2)可视对讲

通过集成与显示技术,家庭智能终端上集成了可视对讲功能,无须另外安装室内分机即可实现可视对讲的功能。

(3)远程抄表

水、电、气表的远程自动抄收计费是物业管理的一个重要部分,它的实现解决了入户抄表的低效率、干扰性和不安全因素。

(4)家电控制

家电控制是智能家居集成系统的重要组成和支持部分,代表着家庭智能化的发展方向。通过有线或无线的联网接口,将家电、灯光与家庭智能终端相连,组成网络家电系统,实现家用电器的远程控制。

(5)家庭信息服务

物业管理中心与家庭智能终端联网,对住户发布信息,住户可通过家庭智能终端的交互界面选择物业管理公司提供的各种服务。

(6)增值服务

通过家庭智能终端可以实现网上购物、视频点播等增值服务。

6.1.5 智能家居的使用与管理

1)智能家居的使用者和服务对象

智能家居的智能化设计应该始终站在使用者的角度进行,智能家居的实际使用者和服务对象可分成业主或物业使用人、物业服务企业管理人员、社区资源部门3个类型。

①业主或物业使用人——智能家居最终服务对象,他们的服务费用支出是智能家居服务者的主要收入来源,同时也是智能家居系统的直接用户。

②物业服务企业管理人员——以物业服务企业的物业管理者为主,包括保安管理人员和信息服务管理人员,是智能家居的管理者和服务提供者,他们的素质高低和对智能家居系统的熟悉掌握程度直接影响智能家居系统的实际使用效果。

③社区资源部门——包括社区周边商户、社区网络提供运营商、公安消防和医疗部门以及其他与社区生活密切相关的可以通过数字城市网络与智能家居系统相连的部门。该类用户可能牵涉所有与住户生活相关的部门,在未来数字城市中,他们对智能家居的贡献在很大

程度上依靠整个社会环境的建设，包括相关的管理服务体系和发达完善的社会网络。

2）智能家居的使用

智能家居的使用是通过使用者的终端与智能家居服务平台连接来实现的。使用者的终端有手机、PAD 等，要与智能家居服务平台连接后，才能正常使用，其主要步骤有：

①打开 Wi-Fi 自动连接，扫描发现设备，通过设备序列号添加设备后确定验证码是否正确，注册到对应的操作平台，进行无线配置，为无线设备配置连接用户名和密码，通过验证连接网络。

②安装客户端，填写控制平台内网地址，与客户端连接，提供用户名和密码，填写初始化用户名及密码，验证通过后连接成功。

③登录网站，填写注册信息，提交邮箱和手机号码，之后发送邮箱验证或手机验证码，提供正确的邮箱验证或手机验证码，验证通过后注册成功。

④使用相同账号提交云服务端，确认验证，关联账号与设备，协商底层加密信息，确认相关底层加密信息，建立 VPN 连接。

⑤发送连接申请，提交用户名和密码，确认用户名和密码，对账户关联设备发送连接信息，回复设备信息就绪，之后发送本地客户端地址等信息，发送连接申请，协商加密传输参数，回复确认信息，使用加密传输，加密连接通道建立。

3）智能家居的管理

(1)智能家居设备档案的管理

由于一个家庭中智能家居的种类多，厂家和型号不同，如果发生某设备故障，不知从什么地方入手。因此，需要统计家庭中所涉及的设备名称、型号、价格、大致方位等，建立智能家居设备相关资料进行存档，进行统一的管理。

(2)定期进行服务平台版本更新

由于服务平台版本的升级容易造成设备与平台的失联，给生活带来不便。因此，业主或物业使用人需要定期进行服务平台版本的更新，保证智能家居的正常使用。

(3)及时更新设备信息

更新设备信息就是对已添加的设备在平台中进行及时的信息修改，修改设备的各参数，使信息与新设备一致。如果不及时更新设备信息，很容易造成设备档案资料的混乱，在进行设备升级时易产生问题。

(4)及时排除常见问题

如果智能家居不能正常操作，需要及时找到问题所在，常见问题一般是因路由、终端设备掉线引起的，可分为以下几种情况：

①检查发现是信号干扰，解决的方法是拉开路由和终端设备的距离，减少无线设备的相互干扰。

②检查发现信号和设备本身无问题，解决的方法是更换新设备进行改善，或不要将网管放在地面转角处，转移到宽阔的地方，或考虑是否为天气或人流量的影响。

③检查发现是网络配置问题，则在边沿位置适当增加路由节点，使用多网关分开管理不同区域设备即可解决。

④网络路由问题,则可以升级路由固件,恢复出厂设置,或更换路由器。

任务2 智慧电子商务管理

任务导读

- **基本要求** 通过本任务的学习,了解发展智慧电子商务管理的意义,熟悉智慧电子商务管理的含义和特点,掌握其功能与定位,以及对于智慧社区建设的促进和增值意义。
- **重点** 智慧电子商务管理与智慧社区建设的关联。
- **难点** 智慧社区功能平台对智慧电子商务管理的作用。

6.2.1 智慧电子商务管理

1)电子商务的概述

(1)电子商务的概念

电子商务(Electronic Commerce,EC)是以信息网络技术为手段,以商品交换为中心的商务活动;也可理解为在互联网、企业内部网和增值网上以电子交易方式进行交易活动和相关服务的活动,是传统商业活动各环节的电子化、网络化、信息化。

电子商务通常是指在全球各地广泛的商业贸易活动中,在因特网开放的网络环境下,基于浏览器/服务器应用方式,买卖双方不谋面地进行各种商贸活动,实现消费者的网上购物、商户之间的网上交易和在线电子支付以及各种商务活动、交易活动、金融活动和相关的综合服务活动的一种新型的商业运营模式。各国政府、学者、企业界人士根据自己所处的地位和对电子商务参与的角度和程度的不同,给出了许多不同的定义:一般可分为代理商、商家和消费者(Agent-Business-Consumer,ABC)、企业对企业(Business-to-Business,B2B)、企业对消费者(Business-to-Consumer,B2C)、个人对消费者(Consumer-to-Consumer,C2C)、企业对政府(Business-to-Government)、线上对线下(Online to Offline,O2O)、商业机构对家庭(Business to Family)、供给方对需求方(Provide to Demand)、门店在线(Online to Partner,O2P)9种模式,其中主要的有企业对企业、企业对消费者2种模式。消费者对企业(Consumer-to-Business,C2B)也开始兴起,并被认为是电子商务的未来。

电子商务即使在各国或不同的领域有不同的定义,但其关键依然是依靠电子设备和网络技术进行的商业模式。随着电子商务的高速发展,它已不仅包括其购物的主要内涵,还包括物流配送等附带服务。电子商务包括电子货币交换、供应链管理、电子交易市场、网络营销、在线事务处理、电子数据交换(EDI)、存货管理和自动数据收集系统。在此过程中,利用的信息技术包括互联网、外联网、电子邮件、数据库、电子目录和移动电话。

(2)广义和狭义的电子商务

广义的电子商务,定义为使用各种电子工具从事商务活动;狭义的电子商务,定义为主要利用因特网从事商务或活动。无论是广义的还是狭义的电子商务概念,都涵盖了两个方面的内容：一是离不开互联网这个平台，没有了网络，就称不上电子商务；二是通过互联网完成的一种商务活动。

狭义上讲，电子商务是指通过使用互联网等电子工具（这些工具包括电报、电话、广播、电视、传真、计算机、计算机网络、移动通信等）在全球范围内进行的商务贸易活动，是以计算机网络为基础进行的各种商务活动，包括商品和服务的提供者、广告商、消费者、中介商等有关各方行为的总和。人们一般理解的电子商务指的是狭义上的电子商务。

2）电子商务的发展阶段

①第一阶段：电子邮件阶段。这个阶段可以认为是从20世纪70年代开始的，平均的通信量以每年几倍的速度增长。

②第二阶段：信息发布阶段。从1995年起，以Web技术为代表的信息发布系统爆炸式地成长起来，成为Internet的主要应用。该阶段是中小企业如何把握好从“粗放型”到“精准型”营销时代的电子商务。

③第三阶段：电子商务阶段。之所以把EC列为一个划时代的东西，是因为Internet最终的主要商业用途就是电子商务。若干年后的商业信息，主要是通过Internet传递。Internet即将成为我们这个商业信息社会的神经系统。1997年底在加拿大温哥华举行的第五次亚太经合组织领导人非正式会议上，美国总统克林顿提出敦促各国共同促进电子商务发展的议案，引起了全球首脑的关注，IBM、HP和Sun等国际著名的信息技术厂商宣布1998年为电子商务年。

④第四阶段：全程电子商务阶段。随着软件服务模式的出现，软件纷纷登录互联网，延长了电子商务链条，形成了当下最新的“全程电子商务”概念模式。

⑤第五阶段：智慧阶段。2011年，互联网信息碎片化以及云计算技术日趋成熟，主动互联网营销模式出现，i-Commerce（individual Commerce）顺势而出，电子商务摆脱传统销售模式生搬上互联网的现状，以主动、互动、用户关怀等多角度与用户进行深层次沟通。其中，以IZP科技集团提出的ICE最具有代表性。

3）电子商务在我国的具体表现

（1）交易规模

2016年，中国电子商务交易额为22.97万亿元，同比增长25.5%。其中，B2B市场交易额为16.7万亿元，同比增长20.14%；网络零售市场交易额为5.3万亿元，同比增长39.1%；生活服务电商交易额为9 700亿元。

（2）从业人员

截至2016年12月，中国电子商务服务企业直接从业人员超过305万人，由电子商务间接带动就业人数已超过2 240万人。

（3）电商物流

2016年，中国规模以上快递企业营业收入为4 005亿元，与2015年的2 769.6亿元相比，同比增长44.6%，受电商网购包裹持续刺激，近年来全国规模以上快递企业营业收入持续增长。

4）电子商务在我国的发展前景

①电子商务已成为中国经济的支柱之一，2016年中国持续加大政策扶持力度，通过“互

联网 +”来促进传统企业转型升级。从中央到地方,电商已成为发展的重点。

②B2B 行业前景开阔,行业基础条件完善不够。随着商业诚信体系的发展成熟,B2B 模式会在诚信的土壤中迅速成长。产业互联网将迎来更多需求,B2B 成为传统行业转型升级青睐的方向,也为企业级服务带来了机遇。

③2016 年,B2B 领域依旧成为投资圈的兵家必争之地,除行业外风投资金的不断注入外,也吸引了 B2B 各行业内的产业资本不断加码,给整个行业的发展带来源源不断的动力。

④网络零售额仍将维持中高增速,“一超多强”竞争格局基本稳定,虚实融合,线上线下协同成为产业发展的主基调。在传统零售业绩持续下滑的背景下,互联网零售转型成为所有零售企业未来最重要的增长点之一。

⑤从政策、资本进入以及市场增速视角判断,当前正处于出口跨境电商发展的黄金期,出口跨境电商异于国内电商,其供应链较长的特征致使中后端服务痛点多,物流、支付等环节改善空间较大。

⑥进口跨境电商竞争日益激烈,行业高速发展带来资本竞相追捧,具备国内电商运营经验的传统电商巨头和具有资本、渠道和供应链优势的公司纷纷布局。平台型进口电商日趋成熟,自主型 B2C 进口电商也已具雏形。

5)智慧社区与智慧电子商务管理的关系

作为消费渠道的终端,社区消费市场将成为电商行业争夺的焦点,而依托智慧信息平台、社区终端销售平台、终端智慧物流以及智慧支付服务,智慧社区在助力电商发展的同时,也将极大地改变人们的生活方式。

6.2.2 智慧信息平台

1)智慧信息平台的概念

智慧信息平台是电子信息系统,是指由计算机、有/无线通信设备、处理设备、控制设备及相关的配套设备、设施(含网络)等的电子设备构成的,按一定应用目的和规则对信息进行采集、加工、存储、传输、检索等处理的人机平台系统。

智慧信息平台目标是实现城市不同部门异构系统间的资源共享和业务协同,可有效避免城市多头投资、重复建设、资源浪费等问题,从而有效支撑城市正常、健康的运行和管理。

2)智慧信息平台的作用

智慧信息平台是智慧社区的基础设施,其作用主要体现在以下 3 点:

①智慧信息平台是城市公共数据的进出通道,可实现城市公共数据的交换、清洗、整合和加工。

②智慧信息平台可实现城市公共数据的组织、编目、管理以及应用绩效评估。

③智慧信息平台可实现城市公共数据的共享服务,为城市政府专网和公共网络上的各类智慧应用提供基于城市公共数据库的数据服务、时空信息承载服务、基于数据挖掘的决策知识服务等。

3)智慧信息平台能力要求

(1)数据汇聚与整合加工

智慧信息平台通过交换系统从各个离散的信息源获取人口、法人、地理空间、宏观经济及建筑物数据,经过数据比对、清洗等技术手段,存入公共基础数据库。

智慧信息平台通过数据交换、清洗、整合、加工、时空化等技术手段对来自各应用单位的业务数据进行处理,存入公共业务数据库。

(2)数据管理与服务

智慧信息平台依托元数据、目录数据、交换数据、安全数据和管理数据等支撑数据,实现对公共数据库的有效管理。同时,通过对公共数据库的服务封装,发布接口规范,以统一接口服务方式实现智慧应用对公共数据库资源的访问。

(3)服务与接口

智慧信息平台一方面通过集成第三方提供的时空信息承载、专题数据分析及挖掘等服务组件,以统一接口方式提供给各类智慧应用。服务组件可根据业务发展需要而进行动态调整。

智慧信息平台同时也提供开发接口服务,支持开发者或应用开发商调用平台提供的服务和自己的业务应用进行集成,或是开发基于公共信息平台的应用系统。

(4)运营维护

智慧信息平台提供用户管理、厂商管理、应用管理及日志管理,并以接口服务方式对外提供,满足其他模块开发运营。

(5)平台互联

智慧信息平台按照统一规范发布平台的接口与服务,为实现不同城市平台、上下级城市平台之间的互联互通奠定基础。

6.2.3 社区终端销售平台

1)社区的概念

社区是若干社会群体或社会组织聚集在某一个领域里所形成的一个生活上相互关联的大集体,是社会有机体最基本的内容,是宏观社会的缩影。尽管社会学家对社区下的定义各不相同,但对构成社区的基本要素上的认识还是基本一致的,普遍认为一个社区应该包括一定数量的人口、一定范围的地域、一定规模的设施、一定特征的文化、一定类型的组织。社区就是这样一个“聚居在一定地域范围内的人们所组成的社会生活共同体”。

社区的特点如下:有一定的地理区域,有一定数量的人口,居民之间有共同的意识和利益,有着较密切的社会交往。

2)社区终端的作用

随着中国社会经济与房地产业的蓬勃发展,目前城市中绝大多数人口已经按照自身居住的业态形成了一种社区化的生活方式,而“社区终端销售”恰恰是在这样的大环境与背景下诞生的事物。由于传统分销渠道竞争的日益加剧,进行渠道创新往往成为一些企业出奇制胜的法宝。在城市中,星罗棋布的社区蕴藏着巨大无比的潜力。因此,“在社区中销售”已经逐渐被一些企业视为一种全新的分销方式，并被越来越多的企业所关注。

社区是在某些方面具有同质性的消费者的集合，角色或兴趣的共通使信息在社区中的传播非常有效，因此，合理利用舆论导向对影响消费者的品牌舆论非常重要。

社区不仅成为公司和产品的品牌营销平台，而且成为顾客对产品或品牌发表看法的信息集散地，成为建立数据库继而研究消费者行为的信息来源。

社区基本上表现为关系型社区，也就是说，网络用户在某些方面具有一定的天然关联，于是基于地域、职业、爱好等建立共同的社区。在关系型社区中，由于人与人之间具有相对稳定的同学、邻里和爱好等关系，能够使品牌顺利地在同质人群中广泛传播。

社区终端销售平台的优势：

①直接面对消费人群，目标人群集中，宣传比较直接，可信度高，更有利于口碑宣传。

②氛围制造销售，投入少，见效快，利于资金迅速回笼。

③可以作为普遍宣传手段使用，也可以针对特定目标，组织特殊人群进行重点宣传。

④直接掌握消费者反馈信息，针对消费者需求及时对宣传战术和宣传方向进行调查与调整。

3)社区终端销售平台的实际运行效果

(1)微小区服务平台

微小区服务平台主要为小区业主提供小区商家服务，是通过 O2O 推广、实体门店相配合的销售模式来实现。小区商家可方便快速地展示自己的店铺和各类促销信息，既方便业主生活，又可以给物业带来新的盈利模式。

建立微小区服务平台的目的是通过 APP 平台，将小区物业、小区业主、商户、广告投放者同时覆盖，通过商业运营满足业主日常所需，提供移动社区服务，走分众传媒的道路。

(2)微小区提供的服务

微小区为物业打造专属功能，可以轻松发布小区公告、办事指南等，同时还支持工单无线打印。业主还可在微信端进行自助报修、意见反馈，利用微信支付缴纳物业费用，大大降低了物业管理成本，从而提高物业服务水平，轻松实现“微信物业”，帮助物业企业全面进入“微物业”时代。

微小区为小区业主提供多种互动功能，物业可以方便地组织小区活动，业主也可以快速查找小区周边服务信息，还可以轻松进行二手交易、拼车等交流互动。微小区还为小区业主提供了专门的社区模块，可快速建立小区业主的网上家园。

6.2.4 终端智慧物流

1)物流的概念

物流是在物品从供应地向接收地的实体流动过程中，根据实际需要，将运输、储存、装卸搬运、包装、流通加工、配送、信息处理等功能有机结合起来实现用户要求的过程。

2)终端物流

终端物流是相对于目前的物流而就 B2B 形式的物流而言的，即个人委托的物流线，它是由一个普通人发起，由终端物流公司作为中介，联系个人与商家之间的一种全新物流方式。

针对智慧社区的服务目标和顾客需求,做好终端物流显得尤为重要。

当终端物流系统建立起来以后,人们不需要知道自己所需的商品要到哪个地方去买,或者要到某个特定的自己不能到的地方去取,而是由终端物流公司代理,这有点类似于之前的邮政服务,但远远大于邮政服务。

随着快递业务需求量的不断增加,物流业"最后一公里"配送逐渐成为制约物流业发展的一大难题。所谓"最后一公里"主要是指物流投递环节,快递业务员和顾客之间沟通困难,使得大量物流资源被耗费在等待和二次投递上。探索终端智慧物流模式将有望解决"最后一公里"配送难题,进一步促进我国电子商务和物流行业的发展。

3)现有的终端物流运行方式

(1)送货入户服务模式

送货入户服务模式是当前我国物流行业最普遍的终端配送模式。该模式下第一阶段是由物流站点揽收商品制造商或是卖方所要寄出的物品;第二阶段则是运输干线至支线阶段,该阶段可能会经历多次中转,最终从揽收城市的分拨中心到达城市分拨中心;最后一阶段则是由城市分拨中心将货物转运至最终地址所在站点,由快递员负责进行区域配送。

(2)委托点代收服务模式

当前社区物流代收服务模式主要有以下几种:

- 菜鸟驿站:菜鸟驿站是由阿里巴巴与各大物流企业共同组建的、用于面向社区和校园的物流服务平台,主要功能是为在天猫、淘宝购物的用户提供包裹代收服务,可以代收体积小、非生鲜、金额不超过 3 000 元的货品,包裹到站后系统发短信和密码通知消费者,包裹到站 5 天内免费保管,消费者可在此期间凭证件及密码上门自提。
- 顺丰嘿客:从 2014 年起,作为"快递收发站 + 社区便利店 + 线下体验店"三位一体的顺丰嘿客诞生。除了传统的便利店功能外,顺丰嘿客还充分发挥了快递企业的功能,为消费者体验 O2O 提供了平台,同时也作为顺丰速运的社区服务点提供商品代收、发货等服务。
- 便利店、书报亭:当前许多快递企业与社区周边的便利店、书报亭等进行合作,实现快递业务的收发。
- 传达室:在一些没有普及合作代收快递网点的社区,往往会使用传达室代收快递。
- 储物柜自提:储物柜服务模式是由快递企业在社区内安装一定数量的智能储物柜,派件人员将小区内不便收货的货物放置在储物柜中,用户可凭手机、自提码等认证方式打开储物柜取货。

4)终端智慧物流模式发展展望

当前已经出现的多种终端,在配送模式上各自存在优缺点,但从整体上看,各种方式之间存在相互补充、相互促进的可能。未来终端智慧物流模式朝着多模式方向发展,因此需要在破解现有难题的基础上新增更符合用户需求和社区实际情况的智慧型配送模式。

(1)加大与社区物业合作力度

在当前代收模式中,电商平台和快递企业与便利店合作的数量远远高于与物业合作的数量,但是从便利性来看,实施物业代收将更便于社区居民的快递收取,且时间上更宽裕;从安全性上看,与物业合作又可避免无协议地放在门卫、传达室等带来的包裹安全隐患。因此,社区终端物流配送应当加大与社区物业的合作力度,将快递包裹代收逐渐发展成为物业服务项目之一。当前,万科物业与韵达快递达成的协议为社区物流终端配送提供了良好的借鉴。

(2)推广智能快递柜的使用

智能快递柜是当前唯一采用非面对面交付的终端物流模式,具有隐私性高、工作时间长等特点,作为送货入户和代收模式的补充能够较好地填补人力代收方式的派送范围空缺。而推广智能快递柜的使用需要解决两大问题:一是安装问题,包括安装的地点、安装的数量、快递柜安装技术要求。二是责任界定问题。针对第一个问题,需要快递企业与物业和生产厂家共同合作。

(3)参考并优化顺丰嘿客模式,建立社区连锁超市

当前顺丰嘿客作为顺丰速运的跨界尝试虽然极具创新意识,但是在实际营运中却与用户的消费习惯、用户体验等相违背。顺丰嘿客一味强调 O2O,利用店面进行商品展示,但是实质上需要消费者网上下单,对于社区居民来说不如直接在网上下单更便捷。因此,即使兼带营运顺丰速运包裹代收点,也无法达到冲抵开店成本的需要,难以维持。社区终端物流模式最终是要回归生活、回归用户需求的,因此,各大物流企业可参考顺丰嘿客模式的优点,同时自建社区连锁超市实现包裹代收服务。

(4)建立自营社区智慧服务站

建立自营社区服务站可以作为送货入户的替代模式应用到社区当中。第一,自营社区智慧服务站可以在一定程度上弥补代收模式的不足,作为物流企业自主建立的社区服务站可以提供更优质、专业的信息化服务。第二,自营社区服务站能够极大地减少二次配送造成的资源浪费,在送货前确认收货人是否可以收货,如可以则统一进行投递,如不可以则让用户上门自取。第三,对于从网点携带包裹到社区内进行配送,无法将所有包裹携带上楼而导致包裹被盗、被破坏的现象,自营社区服务站可以实现包裹保管的功能。

上述几种终端物流配送模式均是依托不同类型的实体实现的,而终端智慧物流配送模式应当配合物流企业、配送区域、社区的实际情况进行选择和配合,单一的终端物流配送模式是无法满足当前潜力巨大的消费者市场的,也无法满足社区用户的需求。

6.2.5 电子支付服务

1)电子支付的概念

电子支付是指消费者、商家和金融机构之间使用安全电子手段,把支付信息通过信息网络安全地传送到银行或相应的处理机构,用来实现货币支付或资金流转的行为。

2005 年 10 月,中国人民银行公布《电子支付指引(第一号)》第二条规定:“电子支付是指单位、个人(以下简称客户)直接或授权他人通过电子终端发出支付指令,实现货币支付与资金转移的行为。电子支付的类型按电子支付指令发起方式分为网上支付、电话支付、移动支付、销售点终端交易、自动柜员机交易和其他电子支付。”简单来说,电子支付是指电子交易的当事人,包括消费者、厂商和金融机构,使用安全电子支付手段,通过网络进行的货币支付或资金流转。电子支付是电子商务系统的重要组成部分。

2)电子支付的业务类型

电子支付按指令发起方式可分为网上支付、电话支付、移动支付、销售点终端交易、自动柜员机交易和其他电子支付。以下介绍其中的网上支付、电话支付和移动支付三方面内容。

(1)网上支付

网上支付是电子支付的一种形式。广义上讲,网上支付是以互联网为基础,利用银行所支持的某种数字金融工具,发生在购买者和销售者之间的金融交换,而实现从购买者到金融机构、商家之间的在线货币支付、现金流转、资金清算、查询统计等过程,为电子商务服务和其他服务提供金融支持。

(2)电话支付

电话支付是电子支付的一种线下实现形式,是指消费者使用电话(固定电话、手机)或其他类似电话的终端设备,通过银行系统就能从个人银行账户里直接完成付款的方式。

(3)移动支付

移动支付是使用移动设备通过无线方式完成支付行为的一种新型的支付方式。移动支付所使用的移动终端可以是手机、PDA、移动 PC 等。

3)电子支付工具的种类

随着计算机技术的发展,电子支付的工具越来越多。这些支付工具可以分为三大类:

①电子货币类,如电子现金、电子钱包等;

②电子信用卡类,包括智能卡、借记卡、电话卡等;

③电子支票类,如电子支票、电子汇款(EFT)、电子划款等。

这些方式各有自己的特点和运作模式,适用于不同的交易过程。以下简单介绍电子现金、电子钱包和电子支票。

(1)电子现金

电子现金是一种以数据形式流通的货币。它把现金数值转换成一系列的加密序列数,通过这些序列数来表示现实中各种金额的市值,用户在开展电子现金业务的银行开设账户并在账户内存钱后,就可以在接受电子现金的商店购物了。

(2)电子钱包

电子钱包是电子商务活动中网上购物顾客常用的一种支付工具,是在小额购物或购买小商品时常用的新式钱包。

(3)电子支票

电子支票是一种借鉴纸张支票转移支付的优点,利用数字传递将钱款从一个账户转移到另一个账户的电子付款形式。这种电子支票的支付是在与商户及银行相连的网络上以密码方式传递的,多数使用公用关键字加密签名或个人身份证号码代替手写签名。

实训任务 1　认知及操作智能家居系统

1)实训目的

通过智慧社区中智能家居系统的现场实训认知和操作学习,掌握智能家居中不同的设备使用和功能,相关软件服务平台的操作,提高智能家居的管理。

2)实训要求

①熟悉两室一厅房间中所需智能家居的具体设备的种类和数量。

②掌握每种智能家居的实际操作方法和功能。

③掌握智能家居软件服务平台的界面与使用。

④能分析不同智能家居项目的管理内容及标准。

3)实训步骤

①调查两室一厅房间中所需智能家居的具体设备的种类和数量。

②分组实地现场调查,在实训室中实际操作相关的智能家居并了解其功能。

③分组实地现场了解相关智能家居的软件服务平台界面和实际操作其相关功能。

④分析两室一厅的智能家居项目的管理内容及制订的标准。

4)实训时间

实训时间为2学时。

5)实训考核

①考核组织。将学生分组,由指导教师进行考核。

②考核内容。教师根据两室一厅的智能家居内容,提出智能家居管理方面的3个问题,由学生回答,然后给出实训考核成绩。

实训任务2　认知智慧电子商务管理

1)实训目的

通过对智慧电子商务管理项目的调研实训学习,掌握智慧电子商务的管理内容。

2)实训要求

①调查3个不同的智慧电子商务管理项目。

②能分析不同智慧电子商务管理项目的组织目标、功能定位、管理内容等方面的异同点。

3)实训步骤

①准备需要调查的3个智慧电子商务管理项目。

②分组实地现场调查,在网络上收集3个智慧电子商务管理项目的相关资料。

③结合课堂的讲解和图例,分析不同智慧电子商务管理项目的组织目标、功能定位、管理内容等,总结出智慧电子商务管理项目之间的3个相同点及不同点。

4)实训时间

实训时间为2学时。

5)实训考核

①考核组织。将学生分组,由指导教师进行考核。

②考核内容。学生根据智慧电子商务管理项目调查,提出智慧电子商务管理项目的运营方式、针对对象,教师根据学生调研内容提出其存在的3个问题,由学生回答,然后给出实

训考核成绩。

项目小结

(1)智能家居是一个以住宅为平台,兼备建筑、网络通信、信息家电、设备自动化,集系统、结构、服务、管理为一体的高效、舒适、安全、便利、环保的居住环境。

(2)智能家居系统设计的原则主要包括实用性、便利性、可靠性、标准性、方便性、安全性、扩展兼容性等。

(3)智能家居的发展趋势:①概念普及,关注度增加;②厂商更迭,行业洗牌;③房地产商助推,消费者青睐;④技术更加融合;⑤智能产品普及,维护体系完善。

(4)智能家居由相关控制系统设备组成,主要有六大控制系统:灯光控制系统、环境控制系统、空调控制系统、家电控制系统、安防控制系统、影音控制系统等。

(5)智能家居服务平台是智能家居的心脏,能实现系统信息的采集、信息输入、信息输出、集中控制、远程控制、联动控制等功能。其技术特点如下:①通过家庭网关及其系统软件建立智能家居服务平台系统;②统一的平台;③通过外部扩展模块实现与家电的互联;④嵌入式系统的应用。

(6)智能家居服务平台的主要功能一般包括家庭安防、可视对讲、远程抄表、家电控制、家庭信息服务、增值服务 6 个方面。

(7)智能家居的智能化设计应该始终站在使用者的角度进行,智能家居的实际使用者和服务对象可分成业主或物业使用人、物业服务企业管理人员、社区资源部门 3 个类型。

(8)智能家居的使用是通过使用者的终端与智能网络服务平台连接来实现的。智能家居的管理主要从智能家居设备档案的管理、定期进行服务平台版本更新、及时更新设备信息、及时排除常见问题等方面进行管理。

(9)电子商务管理经历了从无到有、从简单到复杂、从人工到智慧的发展过程。

(10)以智慧社区为基础的终端市场将是电子商务发展的重点和争夺的焦点。

(11)智慧社区涵盖的智慧信息平台、社区终端销售平台、终端智慧物流及电子支付服务,在助力智慧电子商务发展的同时,还能完善社区服务功能,提高居民生活质量,提高物管服务水平,提高经济效率。

(12)智慧社区与智慧电子商务相互依托、相互促进。

复习思考题

1. 目前我国智能家居企业有哪些?
2. 试述智能家居的分类。
3. 试述智能家居服务平台的概念。
4. 通过收集阅读有关智能家居发展方面的资料,谈谈你对智能家居管理的看法。

项目 7

智慧养老与医疗管理

任务 1　智慧养老居家平台知识准备

任务导读

- **基本要求**　通过本任务的学习，了解智慧养老及智慧养老居家平台的含义和特点，掌握智慧养老平台的整体构架，掌握智慧养老居家平台的子平台，即养老居家购物服务平台、养老居家餐饮服务平台、养老居家娱乐服务平台。
- **重点**　养老居家购物服务平台、养老居家餐饮服务平台、养老居家娱乐服务平台。
- **难点**　掌握智慧养老平台的整体构架。

7.1.1　智慧养老的含义和特点

最早提出大数据时代的是全球知名咨询公司麦肯锡。麦肯锡公司称，数据已经渗透到当今每一个行业和业务职能领域，成为重要的生产因素，智慧养老就是在这一背景下提出的。随着老龄化问题逐渐呈现，社会面临的诸多不确定性，全新的解决方案不断诞生，智慧养老成为新的养老方式的突破口。

1) 智慧养老的含义

在社会化现代化背景下，“养儿防老，多子多福”的家庭养老模式已经难以实现，加之我国从 20 世纪七八十年代开始实行计划生育政策，家庭规模日趋小型化，普遍呈现“4-2-1”的家庭结构，这意味着一个家庭需要赡养和照顾的老年人相对增多，幸福养老成为一个沉重的话题。智慧养老为此提供了替代性解决方案。

智慧养老即借助云计算、物联网技术、移动互联网技术、现代通信网络技术、移动定位技术、流媒体(视频)传输等科技手段,满足老年人日常生活中最迫切的需求,解决老年人的基本生活、健康、服务等问题,使养老服务更快捷、更有效。

2)智慧养老的特点

智慧养老是通过科技手段满足老年人的需求,解决其子女养老难的问题,让老年人在家中能够得到良好照护,从而安享晚年。智慧养老主要有规范化、快捷性、全面化3个特点。

(1)规范化

规范化是指"在经济、技术和科学及管理等社会实践中,对重复性事物和概念,通过制定、发布和实施标准(规范、规程和制度等)达到统一"。国务院发布的《国务院关于加快发展养老服务业的若干意见》(国发〔2013〕35号)指出,到2020年,我国将全面建成以居家为基础、社区为依托、机构为支撑,功能完善、规模适度、覆盖城乡的养老服务体系。全国老龄工作委员会办公室《全国智慧化养老实验基地建设规范》(2013年8月26日)、《国务院关于促进健康服务业发展的若干意见》(国发〔2013〕40号)等政策表明智慧养老将趋于规范化。

(2)快捷性

智慧养老要解决子女时时赡养照顾老人的问题,为使老年人生活不受影响,需要智慧养老做到快速反应,线上线下互动,为他们提供即时有效的服务,做到"呼得通、看得见、找得到,服务快、服务好"。

(3)全面化

智慧养老即通过大数据对中国老年人的生活习惯进行全面挖掘,突破时空限制,总结老年人的一般生活需求及各个群体的需求特点,创新服务模式,全力全面地提升老年人的生活品质。

7.1.2 智慧养老平台的整体构成

智慧养老平台以提高养老服务的管理水平为初级目标,老年人利用智慧系统可以随时满足其居家、娱乐、餐饮、购物等一系列生活娱乐需求,实现养老服务智能化、可视化,大大提高工作效率、提高服务响应能力,使服务更趋科学规范。智慧养老平台包括智慧养老居家平台及智慧养老医疗平台,其中智慧养老居家平台包括养老居家日常服务平台、养老居家购物服务平台、养老居家餐饮服务平台、养老居家娱乐服务平台四大子系统(图7.1)。

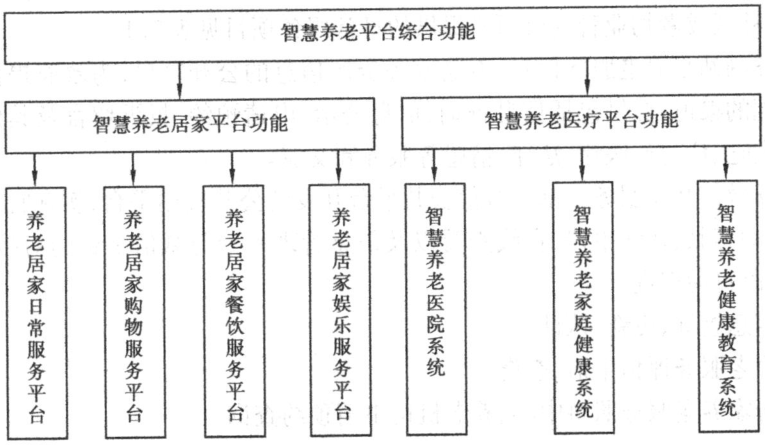

图7.1 智慧养老平台整体构成图

7.1.3　智慧养老居家平台的含义和特点

1)智慧养老居家平台的含义

智慧养老平台是指以现代科技为支撑,集互动服务需求评估、费用结算、健康管理、远程医疗、远程监控移动定位、紧急救援、智能看护、绩效追踪、监督监管等多种功能的智能化综合服务平台。

2)智慧养老居家平台的特点

智慧养老居家平台主要有智能化、多功能、综合性3个特点。

(1)智能化

智慧养老将最大限度满足老年人对生产、生活的需求,让老年人生活更加便捷、舒适、健康。智慧的本质是通过系列新技术的应用,使老年人的日常生活不受时间和地理环境的束缚,过上高品质的生活,最终实现"一呼百应"的智慧养老目标。

(2)多功能

智慧养老平台涉及老年人衣、食、住、行、医以及安全等方面;在服务管理上,智慧养老平台涉及老年人服务的购买、提供、评估、监管等方面。

(3)综合性

智慧养老平台能够实现养老服务的政府管理应用、老年人互动服务应用、养老服务监控应用等,同时对接政府相关系统及信息数据,配套具备物联网技术应用的老年人智能终端,实现一套数据多平台发布、一条信息多渠道推送的模式,实现医疗资源、养老服务资源等多种资源的集中、整合及共享,为老年人提供标准化服务。

7.1.4　智慧养老居家平台的功能

1)养老居家日常服务平台

养老居家日常服务平台主要负责社区老人日常衣、食、住、行信息的搜集和掌握,及时为需要服务的老人提供咨询和帮助。具体来说,养老居家日常服务平台通过养老服务网站、养老服务微信等互动渠道发布有关信息,展示街道社区基本信息、居家养老服务照料中心基本信息、养老机构基本信息及养老服务热线信息等,同时针对老人日常生活服务要求提供相应服务。目前,社区或者物业管理公司所提供的日常服务项目见表7.1。

养老服务网站是养老服务信息、养老服务资源信息的公开窗口,为政府提供信息发布、资源公开分配的渠道,提供包括信息查询、信息公示、申请预约、投诉留言及其他服务内容,为老年人提供吃、住、行、医疗、法律、情感等服务和交流。

养老服务微信互动服务是基于微信公共平台开发的公共应用平台,实现官方微信报道、信息推送、自动客服、在线申请、在线查看以及信息管理平台与微信平台的对接。通过微信平台,市民可以自助实现:

①个人信息查询、更新、认证。

②政府养老服务评估申请、查询。

③社区居家养老服务照料中心、养老机构申请预约查询。

表 7.1 日常服务项目

日常服务类型	日常服务项目
1. 家务服务	①居室清洁:保持卧室、起居室、厨房、卫生间等居室内部整洁、物具清洁;保洁用具应及时清洗,保持清洁。 ②更换洗涤:视衣物及床单、被套等清洁程度,及时更换、洗涤、晾晒,保持衣物及床上用品洁净、干爽、整齐
2. 生活照料服务	①个人清洁:帮助老人漱口、洗脸、洗手、洗头、洗脚,沐浴、擦身,修剪指(趾)甲、剃须,整理仪表仪容,清洁辅助器具,整理衣物、被服和鞋等;应协助到位,老人容貌整洁、衣着适度、指(趾)甲整洁、无异味。 ②卧床照料:协助老人翻身、肢体关节活动等,防止产生压疮。 ③进食照料:协助老人完成进食、饮水、服药。 ④排泄照料:协助老人如厕或更换尿片,对呕吐老人进行护理
3. 助医服务	①提供医疗门诊的代办服务、陪同就医,指导老人正确执行医嘱,包括老年人常见病和慢性病的复诊、辅助性检查、门诊注射换药等。 ②及时向老人家属或其他监护人反馈就诊情况
4. 探访服务	①通过上门探访,与服务对象进行谈心、交流,读书读报,耐心倾听,了解其精神需求。 ②定期上门探望或电话问候独居等有需求的老年人
5. 助行服务	①为有需要的老年人提供陪同户外散步以及陪同外出服务。 ②协助出行服务区域一般在老年人住宅小区及周边,应注意途中安全。 ③使用助行器具时应按助行器具的使用说明进行操作,经常为老年人检查助行器具的使用安全
6. 代办服务	①为有需要的老年人提供代购物品、代领物品、代缴费用等服务。 ②代办服务范围一般为日常生活事务,在提供服务时应当面清点钱物、证件、单据等
7. 其他服务	①利用社会资源,依托现代科技手段,建立信息服务平台,为老年人提供转介服务,如转介餐饮、接送、咨询、无障碍设施改造、辅具配置、入住养老机构等服务。 ②服务机构可根据服务对象需求及自身能力、条件,提供协议约定的其他服务

④个人电子账户、虚拟账户、时间银行等账户管理。

2)养老居家购物服务平台

智慧养老购物子系统设计将 O2O 技术和传统的家居设备系统相结合,运用到智慧养老购物系统中,可以感知老人在生活中对生活用品的需求情况,将老人的需求通过物联网养老系统传到购物系统中,并发送至超市平台,超市的工作人员在了解老人的需求后,主动联系老人,并将老人需要的生活送到家中。在该购物系统中,老人还可以通过手机运用语音功能进行实时购物，超市工作人员通过老人的语音，给老人配送所需的物品，为不方便出门购物的老人解决了购物难的问题。

3）养老居家餐饮服务平台

在智慧养老餐厅系统中，可以查看老人的病历以及生活习惯，还能查到医生的一些建议及家属的意愿，餐厅人员可以根据这些信息，为老人搭配合理的营养餐，并将营养餐在规定的时间内送至老人的家中。餐厅也可以和老人的护理师进行在线沟通与交流，可以通过护理师给出的建议和意见，对老人的食品进行调整，重新搭配，还可以根据老人所用的药品和饮食相结合，使药效发挥得更好。食用的药品一旦更换，餐厅会及时地更改饮食。

4）养老居家娱乐服务平台

在养老社区，将传感器节点放置在所有的娱乐设备上，所有的节点可以就近组成很多无线传感器网络，运用有线的方式接入娱乐系统管理平台，对娱乐设备进行预约和管理。在手机上开发一款方便、适合老人使用的娱乐系统，可以快速地连接到娱乐管理平台，方便老年人预约。该系统必须便于老年人操作，步骤简单，可以运用语音输入口令。目前，较有特色的娱乐服务包括即时亲情服务、定制文化生活。

①即时亲情服务通过播控一体机解决了我国的老年人特别是高龄老年人渴望了解子女的生活点滴，随时分享他们的生活内容，却因视力不好或文化水平限制，或接受新知识、新技能较慢等客观条件的限制，不善于使用手机而无法实现的困扰。播控一体机是基于微信和电视之间的照片、语音、视频分享，子女的手机可以直达父母客厅的电视机，他们只需要用手机拍摄一段生活视频，或者一组孙辈的生活照片，通过微信单击传送，老年人在几秒钟内就能在家里的电视中看到，极大地提高了老年人的幸福指数。播控一体机构建了基于微信和播控后台的一整套远程辅助机制。无论子女身处何地，都能远程播控父母喜欢看的电视和电影内容，甚至可以帮助他们设定这些内容开始播放的时间。

②定制文化生活是指针对不同地区居家养老服务照料中心里的老年朋友差异化的课程学习特点，通过老年电视大学定制不同的课程内容给他们。这样，自主支配时间多却没有学习渠道的老年人就可以通过这种灵活的课程分配和安排机制规划自己的闲暇时间。例如，时下流行的广场舞、太极拳、太极球都可以在播控一体机上学习。

7.1.5 智慧养老居家平台的技术构架

智慧养老居家平台技术架构图以强大的数据处理中心为支撑，为社区的老年人建立统一的养老日常服务和娱乐附加服务系统，实现社区养老居家日常服务平台、养老居家购物服务平台、养老居家餐饮服务平台、养老居家娱乐服务平台的综合服务，以及养老机构、养老服务组织等的信息共享，为老年人提供生活照料、政策咨询、心理咨询、购物娱乐、法律援助等个性化、定制化的服务，提升服务效率和服务质量（图7.2）。

1）互动平台

互动平台和机构养老管理平台向社会公布养老机构基本情况，展示街道社区基本信息、居家养老服务照料中心基本信息、养老机构基本信息及养老服务热线信息等，同时提供老年人在线申请，实时接收老年人的服务需求和评估机构上门服务。

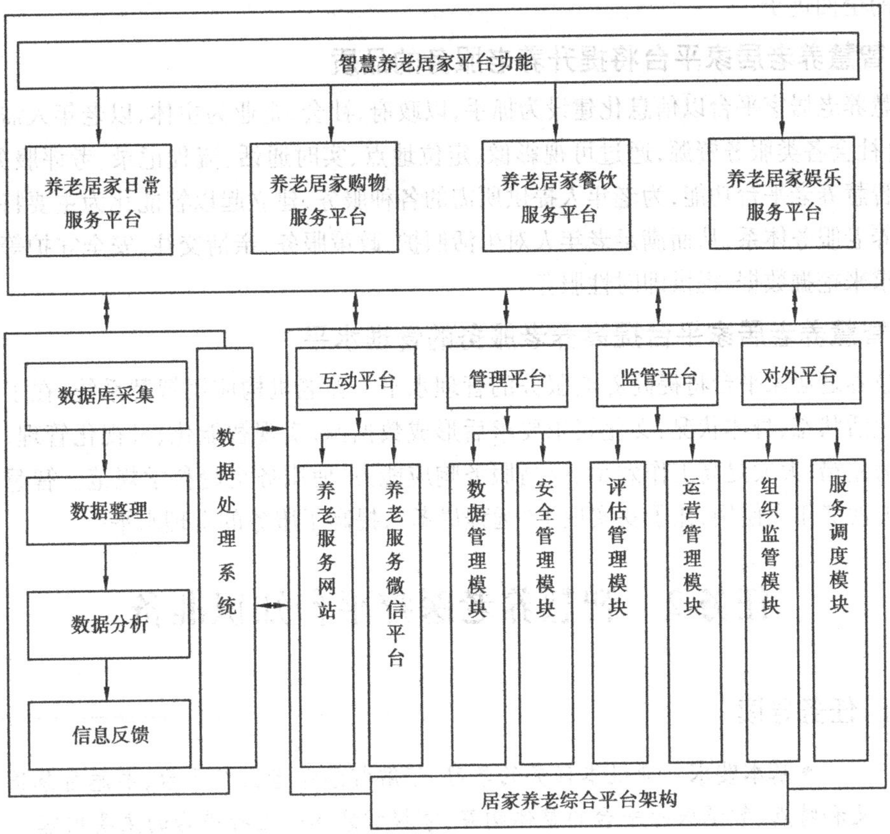

图7.2 智慧养老居家平台的技术构架

2)管理平台

管理平台负责数据的收集与处理，实现老年人养老服务需求一键化、订单响应快速化、派单服务标准化、服务过程公开化、服务质量考评化、服务监管可视化、政府补助透明化，及时高效地为老年人提供全方位、多层次、多元化的社区居家养老服务。

3)监管平台

监管平台负责监测监管养老服务，及时公开养老信息资源，实时监管已开展的智慧养老项目运行情况和养老机构床位使用情况；同时充分挖掘并利用闲置的养老服务资源推动政府部门间横向数据交换共享，将已有服务对象数据、服务实体数据、家庭亲属数据等信息，通过政务信息综合交换和空间数据共享服务平台，实现与政府各部门(包括与公安、卫生、社保、社会救助)的自动化数据共享。

7.1.6 智慧养老居家平台的建设意义

大数据时代的智慧养老从某种程度上来说，是老年服务领域的一场革命。用技术的方法替代人力，拓展人的器官，改变服务的方式，智慧养老在人类历史上是全新的。当它真正全方位投入使用后，养老服务的供给和需求都会产生质的变化，供给质量将大幅提升，需求将大量释放，促使养老服务产业在未来不长的时间内呈现出指数级增长，从而推动经济发展和社会的全面进步。

1)智慧养老居家平台将提升养老服务的品质

智慧养老居家平台以信息化建设为抓手,以政府、社会、企业为主体,以老年人需求为导向,整合社会各类服务资源,通过可视影像、定位地点、实时通话、流程记录、考评服务、虚拟支付等智慧养老平台功能,为老年人提供所需的各种服务,建立起以智能化为主要特征的多层次的养老服务体系,从而满足老年人对生活照护、政策服务、亲情交往、安全守护等优质服务的需求来挖掘数据,提供即时性服务。

2)智慧养老居家平台提高养老服务的管理水平

智慧养老居家平台将提高养老服务的管理水平。养老机构应用智慧系统,在了解老年人日常生活状态、身体状况、文化娱乐要求后形成数据源,实现智能化、可视化管理,能有效规避人为差错,大大提高工作效率、提高服务响应能力,使服务更趋科学规范。智慧养老居家平台方便老年人使用,让子女实现了"远程尽孝",提高了服务的管理水平。

任务2　智慧养老医疗平台知识准备

任务导读

• **基本要求**　通过本任务的学习,了解智慧养老医疗平台,熟悉智慧医疗含义和特点、智慧医疗平台的整体构架,掌握智慧养老医疗平台的主要内容。

• **重点**　智慧医疗平台及子系统的整体构架。

• **难点**　智慧养老医院系统、智慧养老家庭健康系统、智慧养老健康教育系统。

目前,我国的养老是社会关注的热点问题。运用智慧医疗为照顾老年人力不从心的子女提供了良好的方案和工具。中国人民大学数据与调查中心完成的《中国老年社会追踪调查》显示,75.23%的老年人自报患有慢性疾病,老年人的医疗需求十分旺盛。因此,推动养老与医疗的结合成为养老服务发展的必然趋势。

智慧养老医疗平台是以互联网为载体和技术手段,通过信息的收集和处理提供健康管理、医疗信息查询、电子健康档案、疾病风险评估、在线疾病咨询、电子处方、医药电商、远程会诊、远程医疗及康复等多种形式的医疗健康服务。

智慧养老医疗平台主要包括智慧养老医院系统、智慧养老家庭健康系统、智慧养老健康教育系统。具体来说,即利用智能检测设备,通过传感器采集老年人每天的生理健康数据,如血压、心率、体温等,再传递给智能平台中心,中心通过大数据分析统计,建立每个老年人的基础健康档案,并对社区内的老年人进行病理特征的分类,为其配备相应的社区卫生中心的家庭医生。老年人若是身体有所不适,可通过智能平台预约家庭医生为其提供健康保健、康复指导、医疗护理、送药上门等服务,家庭医生也可随时为老年人提供远程医疗咨询等在线服务(图7.3)。

图 7.3　智慧养老医疗平台

“医养护一体”的健康管理模式最近较为流行。它以社区为中心，物业管理企业为纽带，将医疗、养老、护理结合起来，利用信息技术，整合部门资源，建立智慧养老医疗平台，以医疗护理康复为基本内容，以老年人居家—社区照料中心—康复医院为主链，拓展日托及机构养老健康服务内涵，根据居民不同需求，提供连续综合、有效、个性化的医疗、养老、护理一体化的健康服务。

7.2.1　智慧养老医疗平台的含义和特点

1）智慧养老医疗平台的含义

智慧养老医疗平台是由医用智能化、数字化医疗设备、医院信息系统、家庭健康系统等组成的多方位的现代养老医疗运行体系。智慧养老医疗平台通过整合政府资源、政府公共服务资源、社会便民服务资源以及企业无偿或有偿服务资源，遵循以人为本的原则，向公众提供渠道多样化、内容丰富的综合性智慧养老医疗服务平台。

2）智慧养老医疗平台的特点

智慧养老医疗平台主要有数字化/智能化管理、物联化管理、空间网络化管理三大特点。

（1）数字化/智能化管理

智慧养老医疗平台主要利用计算机、通信、网络等技术，通过统计技术量化管理老年人行为，通过平台遵循以人为本的原则实现服务、创新等职能的管理活动和方法。平台通过智慧社区建设与居民和政府、居委会、医院等各个方面实现智能信息传输和反馈，具有很强的互动性。

（2）物联化管理

物联网融合计算机、通信、网络、智能、传感器、嵌入式系统、微电子等各种信息技术，通过信息感知、传递和处理3个要素实现信息的收集、传输、识别、处理、决策，使管理对象（人或物）的状态能被感知、识别，从而形成局部的应用网络管理，之后智慧社区管理通过互联网和通信网连接在一起，形成居民与社区物、社区物与社区物相联系的一个巨大网络。

(3)空间网络化管理

在智慧养老医疗平台中应用的嵌入式系统技术,能够集传感器技术、计算机软件以及电子应用技术等于一身,该技术已与射频识别技术、传感器技术等通过使用网络、数据库构建一个比互联网更加庞大的物联网。

医药供应链的收集是通过 GIS 技术实现的,在信息收集完毕后,将会对信息进行储存和处理,并且利用 GPS 技术对时间、地点等位置信息进行定位,以此来实现物联网中各供应环节之间数据信息实时传递的目标。

7.2.2 智慧养老医疗平台的技术支持

智慧养老医疗平台应用的关键技术主要包括传感器技术及 RFID 技术、嵌入式系统技术及 GPS 技术。

1)传感器技术及 RFID 技术

首先是传感器技术,该技术属于实现智慧医疗的关键环节,利用传感器技术能够及时采集到患者的生命体征等数据,监控医疗的全过程,从而使医疗效果得到显著提升。同时,该技术的应用能够实现从采购药品到交到患者手中的全过程。其次,RFID 技术即射频识别技术,它属于一种传感技术,能够实现快速书写和长时间的跟踪管理,主要是利用在物料、药品中植入芯片的方式,将产品信息与芯片信号紧密相连,医院则可以通过计算机以及识别系统对药品进行全过程的监管。

传感器网络中所包含的关键内容和关键技术主要有数据采集、信号处理、协议、安全、网络接入、设计验证、智能信息处理和信息交互以及协同感知和支撑应用等方面。

2)嵌入式系统技术及 GPS 技术

在智慧养老医疗平台中应用的嵌入式系统技术,能够集传感器技术、计算机软件以及电子应用技术等于一身,该技术已与 RFID 技术、传感器技术等通过使用网络、数据库构建了一个比互联网更加庞大的物联网。此外,医药供应链的收集是通过 GIS 技术来实现的,在信息收集完毕后,将会对信息进行储存和处理,并且利用 GPS 技术对时间、地点等位置信息进行定位,以此来实现智慧养老医疗平台中各供应环节之间数据信息实时传递目标。

7.2.3 智慧养老医疗平台的发展趋势

1)智能可穿戴医疗设备应用情况

当前,人们对健康越来越关注,会选择佩戴一些智能手环等可穿戴医疗设备来测量和记录穿戴者运动量、睡眠深度、血糖、血压、心率等健康状况,这些数据能够及时供穿戴者参考。智能手机 QQ、微信等软件也能提供使用者的步数等信息。可穿戴医疗设备将数据传输至医疗机构云端数据库,为使用者提供个性化健康指导服务,实现使用者与医疗人员、医疗机构之间的互动交流。在未来的生活中,智能可穿戴设备会成为人们生活中必不可少的工具之一,它能及时地检测穿戴者的健康状况,对预防疾病的发生有着关键的作用。

2)在线寻医问诊和远程医疗平台应用情况

“好大夫在线”成立于 2006 年,其采用在线寻医问诊的模式,患者可通过平台与医生互动。2016年,“好大夫在线”与银川市政府共建智慧互联网医院,取得了医疗机构执业许可证,业务从疾病咨询领域进阶到诊疗领域。目前,“好大夫在线”提供在线诊疗、电子处方、送药上门、远程会诊、专家手术、预约转诊、家庭医生、在线咨询、电话咨询、好评医生推荐、门诊信息查询、疾病科普知识等栏目。“春雨医生”创建于2011年7月,采用“轻问诊”模式,以“私人医生”服务为基础,由二甲、三甲公立医院主治医师以上资格的医生为用户进行专业解答,提供图文、语音、电话等多种方式的健康咨询。“春雨医生”还采用了流数据管理技术,用户可随时随地了解运动、体重、血压、血糖等自身情况。

3)医疗云的应用情况

在目前医疗领域中,医疗云的应用也非常广泛,其主要功能有服务和管理两项。服务功能主要分为基础设施层、平台层和应用层3个层次。管理功能主要分为信息安全体系和运营管理体系。通过医疗云将患者的电子病历、影像资料以及医生电子医嘱等进行存储,建立电子健康档案系统,通过互联网技术对这些信息进行存储,成为患者的终身信息档案,为以后的就诊以及远程治疗等奠定基础。同时,通过医疗云的应用便于网上的信息查询,帮助医疗机构提高服务质量和工作效率。

4)移动医疗APP的应用情况

当前,智能手机成为人们生活中必不可少的工具之一,手机APP的应用也使大众工作生活更加便利,利用手机APP让智慧医疗为更多的大众服务。很多医院开发了APP,通过该院的APP用手机进行预约挂号,节省了患者的时间。在支付环节,使用网络支付,节省了充值排队等候的时间。在查阅检查报告环节,患者不用到医院直接在手机上查阅检查报告即可。智慧医疗中还有一项非常重要的功能,就是进行远程探视,很多特殊患者不能与外部接触,家人不能探望,这时智慧医疗提供的远程探视能够很好地解决这一问题。例如,杭州市推出了杭州智慧医疗APP,使线上智慧医疗和杭州市所有市属医院、县医院、社区卫生服务机构进行了有效连接。

7.2.4 智慧养老医院系统

智慧养老医院系统是由医用智能化、数字化医疗设备、医院信息系统所组成的三位一体的现代医院运行体系。智慧养老医院系统通过整合政府资源、政府公共服务资源以及社会便民服务资源,遵循以人为本的原则,向公众提供渠道多样化、内容丰富的综合性智慧医疗服务。

1)系统架构设计

系统开发分为移动端开发与服务器端开发。根据设计,系统架构分为3层,从上到下分别为应用层、应用支持层和信息资源层。应用层主要与用户接触,即用户通过应用层提供的功能获得各项服务。应用支持层是应用层与信息资源层交互的中间层,为应用层访问信息资源层提供统一的接口,接口设计是整个系统设计较为关键的部分,良好的接口设计使得数据访问更加简洁、便利。信息资源层主要指底层的数据,这些数据主要来自各个卫生局系统数据,以及各个医院的信息系统和数据接口,这部分内容一般为各系统内私有数据,不公开,但是可以通过开放接口进行限制性访问。

为了让用户在移动设备上能够体验到简单快捷的操作体验，让各系统获得模块上的独立性，互不影响，MVC[Model-View-Controuer 的缩写，是软件工程中一种软件架构模式，软件系统分为三个基本部分：模型(Model)、视图(View)和控制器(Controuer)]设计模式被广泛地用在服务器端，它可以将数据的显示和处理独立开来，使得开发更加便捷、更具扩展性。无论是服务器端开发还是移动端开发，系统都采用了 MVC 设计模式理念。

2)主要功能

智慧养老医院系统的主要功能是使老年人能够更好、更快捷地使用现有的医疗资源，从而提高老年人的幸福生活指数，老年人只要通过系统提供的移动端应用程序，就可以进行在线挂号、付费、咨询、信息查询等。系统为用户提供基于 LBS(Location Based Services，位置服务又称为定位服务)的服务，用户可以了解到附近医院的信息和健康资讯(表 7.2)。

表 7.2　智慧养老医院系统的主要功能

功　能	内　容
1. 智能导诊	用户可以通过移动端提供的"智能导诊"服务对自身病情进行了解，方便选择相应的科室。该功能使市民能够有针对性地选择科室就诊
2. 预约挂号	预约挂号旨在缩短看病流程，可以减少市民在医院挂号窗口排队等待之苦，节约患者时间。这一技术实现难度不高，只需要做好医院的对接工作和做好用户接口的安全实现
3. 在线医疗缴费	在线医疗缴费指市民通过支付宝、微信等方式即可完成费用的交纳，与窗口缴费相比，可以极大地减少排队付费时间，改善就医环境
4. 医疗资源	该功能通过 LBS 技术可以确定用户所在省市，并返回对应的医院列表，可以在线完成导航功能，让市民快速地找到想要就诊的医院和医生
5. 医疗报告	通过这个功能，用户可以方便地查询到所有的个人医疗报告，有利于回顾自己这些年的健康情况，对个人健康趋势有更多的了解
6. 私人医生	私人医生属于增值业务，用户可以预约私人医生上门进行诊疗。这项服务满足了用户的个性化需求，使用户可以获得更佳的医疗服务
7. 健康资讯	健康资讯可以让市民了解更多的健康知识，甚至可以发布一些重要的信息，比如重大的卫生安全事件，提醒市民合理安排出行，提前做好预防
8. 用户分享	用户看到感兴趣的文章和内容可以分享到朋友圈和 QQ 群、微博等主流社交媒体。在一定程度上，对本系统具有推广和普及的作用

7.2.5　智慧养老社区健康系统

1)智慧签到

老年人到照料中心接受服务，首先需要签到认证。这主要是记录老年人进出照料中心的时间，确保老年人活动安全；其次也是对老年人日常活动进行流水记录，方便为老年人提供个性化服务，例如体检、用餐及社区大学娱乐等。其中，签到认证的方式有智能刷卡、门禁签到，还有人脸识别、指纹识别方式。智能刷卡、门禁签到通过简单的条形码、二维码等，实现对照护对象的电子化管理。当服务老年人吃饭、理发、体检理疗时，可自动扫描签到，签到数据自动上传信息管理平台，服务完毕后服务内容数据相应上传，形成对老年人服务的系统化记录，方便统计与分析。

2）智慧安全管理

卫生间是老年人突发情况的高发地带，除了地面防滑、安装扶手等基础设施之外，坐便器旁需安装紧急呼叫装置（蓝牙或射频呼叫器），以便老年人在发生危险时呼救。在卫生间的门、地面安装传感器，当老年人如厕后许久不出门或者在厕所摔倒，传感器能自动报警。

3）智慧健康管理

在大多数国家，社区医疗机构是病人的首选，是基础性的医疗服务机构。社区医疗针对的是慢性病病人、老年病人，即需要家庭护理和保守疗法的病人。老年人因行动不便、无人陪护等原因，对社区居家养老服务照料中心提供医疗保健知识、老年康复、身体护理等有很多需求。

4）健康档案信息管理

健康档案是一个连续、综合、个体化的健康信息记录的资料库。给老年人建立健康档案是目前被广泛认同的预防和控制老年人慢性病的手段之一。它通过日常健康检测和每周的健康咨询获得，包括老年人基本信息、老年人健康数据、医疗服务过程数据、身体各部位健康状况、慢性病情况、心理评估、日常生活能力以及日常体检记录等。这些数据的记录、整理，与海量老年人健康和医疗大数据智能配对分析，可以动态掌握老年人的健康状况、危险因素和疾病信息变化情况，方便监测老年人日常健康情况，为健康咨询和就诊提供支持，并以此提供相应个性化的慢性病目标管理干预服务措施，有效控制慢性病的发生，减少其带来的并发症，提高生命质量。

5）日常预警管理

老年人定期进行体检，可以了解健康状况及疾病苗头，做好预防、早期干预和及时治疗定期体检服务。有条件的城乡社区，可邀请专业医生每周定期为老年人提供面对面的康复保健、基本护理等服务。体检内容：一是血尿常规、血糖、血流变和肝肾功能检查、B超、心电图、内科等基本体检；二是常规自助体检服务。老年人每日或每周可以通过穿戴式传感终端或智能体检一体机对身高、体重、五官、血压、血糖、血脂测定等进行自助体检，定时自动提取数据。

7.2.6 智慧养老健康教育系统

1）加强健康教育，做好慢性病健康教育

很多老年人身体不适不去就医，他们认为身体出现症状是正常衰老所致，尤其是听力及泌尿生殖系统出现问题，未能及时就诊从而耽误了疾病诊断和治疗的时间。因此，做好健康教育，使老年人具备有关慢性病的常见症状及影响因素等知识，使其认识到健康的生活方式对疾病预防和康复的重要意义。

2)改变空巢老人的认知观念

目前,我国的家庭结构由"扩大家庭"逐渐过渡到以"核心家庭"为主,家庭赡养功能逐渐弱化,多数老年人希望的"养儿防老"在主观上和客观上实现都很困难。为了避免面对空巢,老年人应改变观念,接受社区和社会所提供的养老机构,如敬老院、老年公寓、托老所等。这些机构在居住环境、娱乐场所、医疗保健等方面设备较完善,可以满足老年人养护的需要。

3)增强社会适应能力

身体健康状况较好的空巢老人,尤其是空巢老年夫妇,其闲暇活动的要求较为强烈,愿意发挥余热,为社会多做点事,因此应为他们提供良好的再学习和再就业的机会,如举办老年大学,组织离退休技术人员和知识分子进行团队学习等。

实训任务　认知智慧医疗

1)实训目的

通过此次实训掌握智能健康监测仪的操作。

2)实训要求

①血压、血氧、血糖、心电等多项关键生命体征信息的检测操作。

②掌握云存储技术,完整保留和存储每个用户的历次体检数据,帮助用户查询个人的健康监测数据。

3)实训步骤

①设备介绍——智能健康监测仪。智能健康监测仪融合了血压、血氧、血糖、心电等多项关键生命体征信息的检测功能,用户只需花费少量时间即可完成体检,省去了去医院排队挂号体检的烦琐步骤和高额的体检费用。强大的云存储技术更是令每个用户的历次体检数据得以完整保留和存储,用户可以在自家的智能终端机上查询个人的健康监测数据。可随时登录个人健康管理中心,查看历次体检数据和体检结果以及专家给出的体检健康建议。

②设备操作。

③结合课堂的讲解和图例,学生展示操作流程。

4)实训时间

实训时间为2学时。

5)实训考核

①考核组织。将学生分组,由指导教师进行考核。

②考核内容。设备操作,填写实训报告。

项目小结

(1)智慧养老即借助云计算、物联网技术、移动互联网技术、现代通信网络技术、移动定位技术、流媒体(视频)传输等科技手段,满足老年人日常生活中最迫切的需求,解决老年人的基本生活、健康、服务等问题,使养老服务更快捷、更有效。

(2)智慧养老平台以提高养老服务的管理水平为初级目标,老年人利用智慧系统可以随时满足其居家、娱乐、餐饮、购物等一系列生活娱乐需求,实现养老服务智能化、可视化,大大提高工作效率、提高服务响应能力,使服务更趋科学规范。智慧养老平台包括智慧养老居家平台及智慧养老医疗平台,其中智慧养老居家平台包括养老居家日常服务平台、养老居家购物服务平台、养老居家餐饮服务平台、养老居家娱乐服务平台四大子系统。

(3)智慧养老医疗平台是由医用智能化、数字化医疗设备、医院信息系统、家庭健康系统等组成的多方位的现代养老医疗运行体系。智慧养老医疗平台通过整合政府资源、政府公共服务资源、社会便民服务资源以及企业无偿或有偿服务资源,遵循以人为本的原则,向公众提供渠道多样化、内容丰富的综合性智慧养老医疗服务平台。

(4)智慧养老医疗平台主要有数字化/智能化管理、物联化管理、空间网络化管理三大特点。

(5)智慧养老医疗平台应用的关键技术主要包括传感器技术及 RFID 技术、嵌入式系统技术及 GPS 技术。

(6)智慧养老社区健康系统包括智慧签到、智慧安全管理、智慧健康管理等。

复习思考题

1. 智慧养老居家平台系统架构设计有哪些?
2. 智慧养老医疗平台系统架构设计有哪些?
3. 智慧养老社区健康系统的智慧签到、智慧安全管理、智慧健康管理的含义是什么?

项目 8
智慧社群管理

任务 1　智慧社群的建立

任务导读

•**基本要求**　通过本任务的学习，应了解智慧社群的作用，熟悉智慧社群的含义和特点，掌握智慧社群的建立方法。

•**重点**　智慧社群的含义和特点。

•**难点**　智慧社群的建立方法。

8.1.1　智慧社群的含义和特点

1) 智慧社群的含义

智慧社群是指基于相似的利益诉求或者兴趣爱好，通过智慧社区中虚拟社交平台（如微信、微博等移动互联网社交工具）聚集在一个群体中，利用共享知识、交流感情等方式进行物质和精神交流的社会群体。在新的互联网环境下，智慧社群成员之间可以突破时间和空间的限制，构成新型的社交和商业关系。智慧社群成员可以在网络社交平台上与其他成员之间就购物信息、购物体验等方面进行深度交流，在互动交流中转变成为某种商品的推荐者，以此来实现口碑效应。在这一系列的动作中，智慧社区运营平台可以在满足社群成员的分享欲和归属感的同时获得商业收益，将社群的商业价值加以开发，实现社群经济。

2) 智慧社群的特点

一般品牌社群有三大基本特征，即共同意识、共同的仪式惯例和基于伦理的责任感。品牌社群具有动态性，主要进行信息质量、交流互动、系统质量和活动回报等方面的实施。随着时代的发展和科技的进步，品牌社群分为普通社群和虚拟社群，存在于互联网中的虚拟联系可以使社群涉及的范围延伸，增加社群成员间的交流和沟通，从而使品牌社群更加活跃。根据所涉及的产品不同，社群又可分为汽车品牌社群、手机品牌社群等。现如今，社群已经延伸到包括日用品、房地产、教育等在内的几乎所有类型产品。

目前，智慧社群一般集中在智能家居和物业服务企业服务的智慧物业项目中进行建立。智慧社群具有3个基本特征：

①以互联网为核心的信息技术和移动通信技术为智慧社群提供技术支持。

②以某一智能家居品牌产品为核心，以智能家居品牌产品社群成员为连接点。

③智慧社群的建立者有企业、用户和第三方。

8.1.2 智慧社群的作用

智慧社群对提升消费体验、加深社群认同、增强社群意识、促进社会资本提升以及提高客户满意度等方面有非常重要的作用。

1）提升消费体验

在智慧社群中消费体验是社群成员通过和其他社群成员的交流、沟通以及在智慧社群中参加活动等而在其内心产生的与该智慧社群相关的情感。在智慧社群中经常组织社群成员举办诸如智慧产品试用、竞赛、培训等极具吸引力的活动，使智慧社群成员获得深刻的体验，推动智能家居等产品的市场销量。

2）加深社群认同

认知和情感是智慧社群认同的两个要素，消费者的智慧社群认同不仅可以带来正面效应即“社群参与”，也会产生负面效应即“社群压力”。物业服务企业要想拥有更多对其物业服务企业品牌十分忠诚的业主，就可以借助微信、QQ等社交软件建立智慧社群，通过微信的其他功能来完成带有主题性的信息发布和特定产品的营销，增加业主的社群认同，促使社群承诺的产生。

3）增强社群意识

企业将顾客忠诚计划分为两大类：非社群意识忠诚计划和社群意识忠诚计划。在社群意识忠诚计划中，企业使顾客忠诚度提高的途径就是培养其社群意识，而且该计划还能将80%的顾客忠诚很好地诠释出来。其中，财务、信息、娱乐和社交能够形成和强化社群成员的社群意识，并提升其忠诚度，社群成员的忠诚度会随其社群意识的增强而增强。社群意识的提高会产生较强的归属感和责任感，社群成员还可以通过向智慧社群管理者提出相应的意见来展现对智慧社群的热爱。

4）促进社会资本提升

源自社会关系网络的社会资本是个人或者组织依靠网络获取的实际的与潜在的资源总和，社会关系网络的重要特征是网络结构的连带强度与关系密度。在智慧社群中强连带关系不但对信息价值的获取有利，而且对社交价值也有一定的促进作用，能够更为全面地考察智慧社群中社会网络的质量水平。

5)提高顾客满意度

顾客满意度是顾客满足情况的反馈,是对产品或服务性能以及产品或服务本身的评价,给出了(或者正在给出)一个与消费的满足感有关的快乐水平,包括低于或者超过满足感的水平,是一种心理体验。通过智慧社群可以收集用户对产品或服务的满意度,对智慧品牌忠诚的培养产生一定程度的影响,同时也为企业界培育品牌忠诚提供了方向。

8.1.3 智慧社群的建立方法

智慧社群主要从以下7个步骤进行建立:定义目标用户群体,确立产品定位;寻找KOL(Key Opinion Leader,在微博上有话语权的人)进行产品封测,打造社群文化凝聚力;策划社群活动,强化身份认同;构建一套文化体系,提升成员专业认知;布局线下体验场景;建章立制,健全社群运营机制;设计"社群+"商业模式。

1)定义目标用户群体,确立产品定位

不论是产品、内容还是工具,智慧社群必须要有载体作为切入口,如产品、服务或解决方案等来设计如何将智慧社区中的群体成员连成一体。如海尔的载体是智能家居电器,苹果公司的载体是智能手机。在移动互联网背景下,整个商业逻辑由先有产品后有用户转变为先有用户后生产产品。因此,对企业而言首要的工作就是重新定义目标用户,根据用户画像(如年龄、性别、收入、婚否、购物类型等)以最快的速度推出最小化的可行产品。产品是凝结群成员关系的媒介和群成员需求的解决方案,社群的调性、价值观标签可以把群成员快速勾画出来。目标用户定位明晰后,接下来就是产品定位。在这个物品过剩、认知盈余的时代,产品功能除了要满足用户诉求,还需要让用户能够展示自我及与外界进行互动。企业可以采用PEST分析法、SWOT分析法结合市场调查法进行项目产品定位分析,运用QSPM分析法确定产品定位等。如彩生活物业基于业主和物业使用人的基本需求(购物、手机充值、邮寄快递、汽车充电、保险等)、精神需求(教育培训、养老、社区健康、社区休闲娱乐等)、消费需求(餐饮美食、旅游、住宿、汽车维修等)进行产品定位。

2)寻找KOL进行产品封测,打造社群文化凝聚力

社群的发展轨迹首先是从万千潜在用户中筛选关键意见领袖KOL。通过KOL的分享,从产品内容核心以及定位等方面进行产品封测。第一批KOL的确定只能靠创始人的人脉资源来定向邀请或从论坛寻找。KOL在细分领域有绝对话语权和影响力,他们有一定的语言表达力,高度认可社群运营方向以及文化和目标。他们可以吸引愿意为社群付出金钱和时间及愿意为社群投入时间的人才,进而打造智慧社群的文化凝聚力,以此吸引更多的人员加入智慧社群中。

3)策划社群活动,强化身份认同

人与人之间的连接,只有在高频互动中才能得到强化,从而增加成员的归属感。社群成员必须要一起做一些事才能加深和固化彼此的感情,有共同的目标和共同的任务。有了共同的任务、持续的活动,社群才有活力,也才可持续。社群将一群志同道合的人连接与聚集后,线下活动是保持社群生命力和活跃度最为重要的保障。社群需要通过一系列的活动对内聚拢成员,强化成员关系,对外宣扬社群核心价值,吸引新成员加入,同时不断地向外界宣

告社群存在。如2016年6月“海尔优家”APP粉丝活动启幕，标志着华中首个智慧社群正式成立。“海尔优家”APP已经在北京、西安两地先后开过两场交流会，希望通过粉丝交流会让“海尔优家”APP的制作团队面向用户，收集用户使用后的反馈意见，促进产品更好地迭代升级，为用户营造更舒适、更便捷的智能生活。与之前的交流会相比，武汉站“海尔优家”APP粉丝活动最大的亮点是在形式上进行创新，成立了华中智慧社群，旨在通过社群更直观、更全面地收集用户需求，挖掘使用场景，获取迭代意见，从而达到一个良性的循环，促使“海尔优家”APP给用户带来更好的使用体验，强化用户的认同感。

4）构建一套文化体系，提升成员专业认知

文化是社群的灵魂，文化体系是构建社群的目的和存在价值的体现。社群文化体系至少包括社群目标、价值观、社群公约等。优秀社群的基础是共同的目标或者共同的任务，保持社群持续的活动，实现社群的活力和持续性。移动互联网时代的智慧社群除了应该遵循“平等、开放、协作、分享”的互联网法则外，还要有利于其文化内容，带给群成员归属感和优越感，并自发传播智慧社群文化。对于产品型社群而言，最重要的是打造一套智慧社群文化体系，塑造智慧社群文化氛围。当社群目标定位为中产阶级后，无论是产品定位还是社群调性，都应宣扬一种相同的价值文化主张。从认知到行为，从文化符号到仪式展演，由内而外全方位提升成员的专业认知，为社群建立品牌“护城河”。

5）布局线下体验场景

依靠社群内的核心成员主动布局线下，为线下成员提供聚会、活动的固定场所。社群场景化极大地增强了社群成员的仪式感和体验感，社群需要通过仪式来宣告其存在，来弘扬社群的价值主张。通过举行仪式可以强化社群成员的共同价值观，从而增强成员间的凝聚力。通过语录体系，外在的衣着、行为，成员统一整齐的行动等塑造统一化和符号化的仪式感。智能家居企业一般在社区中设置专门的家居展示区、体验区、讨论区等，强化社群成员参与活动和讨论交流，提升线下的参与度。

6）建章立制，健全社群运营机制

社群有共同的价值观和责任，同时构建社群规范，通过制度、层级和角色区分用户，并通过权利和权益的不同分配、激励的干预和惩罚措施（如评价机制、激励机制、会员积分体系）等影响和控制社群的集体行动，提升社群的认同感和执行力。智慧社群不能单纯地依靠利益来驱动，还需要智慧社群的人文情怀、使命追求、愿景等来驱动。因此，社群运营除了常规的利益奖惩之外，还需要一套全新的运营机制。如彩生活物业的“彩之云”智慧平台，通过业主进入“彩之云”智慧平台形成社群，可以获得购物消费、报事报修、停车、物业费缴费、物业增值等服务。

7）设计“社群＋”商业模式

智慧社群的商业模式是通过智慧社群成就一个品牌，使社群平台成为一种文化价值的承载物和表达体，然后通过平台延伸来构建社群生态圈，如“产品/内容/工具＋社群＋众筹＋共享”。

在“互联网＋”的背景下，社群不能简单地依靠卖货赚钱，必须跨界找到新的利润来源。目前来看，市面上常见的变现方式有4种：一是卖广告位，二是卖产品（做电商），三是卖服务

（收会费），四是股权众筹或产品众筹。前三种依然是把社群作为一个销售渠道或者平台。社群的商业模式应该是品牌社群的方式，使社群品牌成为一种文化价值的承载物和表达体，然后通过品牌延伸来构建社群生态圈。社群的商业利益来自当社群成为品牌后跨界整合资源，提供其他服务或新产品来赢利，通过输出平台、文化、机制，使得品牌价值最大化，“过程中+众筹+共享”是个不错的组合，应注意行业特性，因为不同行业的经营成本是不同的，对成本进行合理的规划有利于品牌的持久发展。对品牌社群的形成产生影响的因素主要有品牌体验和信息价值两个方面，信息价值主要对消费者行为的改变产生影响，品牌体验则能使消费者的态度发生转变，最终使真正的品牌忠诚得到实现。如彩生活物业以家庭为单元的开放—合作—分享/共生—再生—互生的 B2F（Business to Family）社区生态商业圈和生鲜电商模式 C2B，主要是指消费者根据自身的消费需求从商家处定制相应的产品和价格，并且可以与商家一起参与到产品的前期设计、加工和商品定价的过程中，商家可以根据消费者的多样化、个性化消费需求进行定制生产。从价值主张、核心资源、运作流程和赢利模式这 4 个方面形成新型商业模式（图 8.1、表 8.1）。

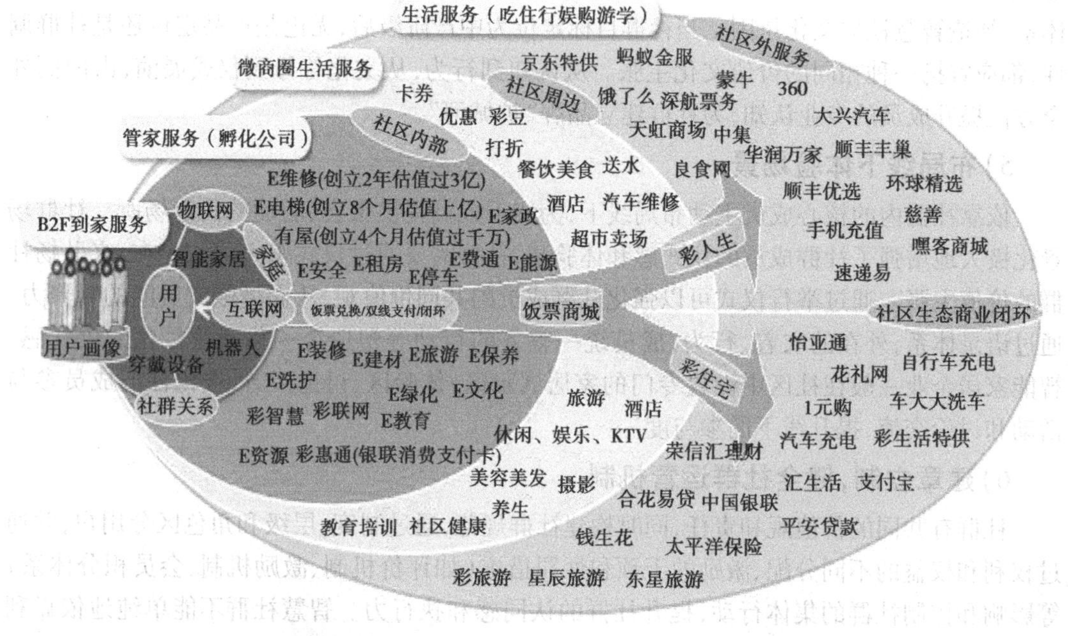

图 8.1　彩生活物业以家庭为单元的开放—合作—分享/共生—再生—互生的社区生态商业圈

表 8.1　社群经济视角下的生鲜农产品电商 C2B 社群商业模式

项　目	知识型社群：下厨房	工具型社群：邻居录	兴趣型社群：青山老农
内容	提供个性化的做菜方法与饮食知识	提供邻居间相互沟通交流的平台	提供满足田园健康生活追求的社群服务
价值主张	根据社群推荐和消费者需求提供生鲜农产品	根据“食物社区”需求提供生鲜农产品	根据消费者需求提供原生态生鲜食材

续表

项　目	知识型社群:下厨房	工具型社群:邻居录	兴趣型社群:青山老农
关键成员	知识型社群运营商	工具型社群运营商	兴趣型社群运营商
	社群“市集买手”	本地化“新农人”生产者	原生态食材提成商
	生鲜农产品商家	3PL 企业	3PL 企业
	3PL 企业		
核心资源	连接美食爱好者的内容和社区	邻居间互动交流的线上平台	线上线下社群活动运营能力
赢利模式	通过定制化生鲜农产品销售以及社群媒体属性的广告收入赢利	通过向本地化生鲜农产品生产商“新农人”服务收费赢利	通过社群产品及服务的会员收费、生鲜产品销售以及社群媒体属性的广告收入赢利
不足之处	生鲜农产品媒体内容输出的持续性得不到保证	本地化“新农人”生产商资源匮乏	非相关性第三方广告投入有损用户体验

任务2　智慧社群管理与维护

任务导读

• **基本要求**　通过本任务的学习，掌握智慧社群的管理内容，熟悉智慧社群的维护方法和内容。

• **重点**　智慧社群的管理内容。

• **难点**　智慧社群的维护和内容。

8.2.1　智慧社群管理内容

在互联网的发展中，企业与顾客的互动越来越便捷，消费者也能更迅速地搜寻、整合并分享有价值的信息，摆脱时空限制随时交互沟通。智慧社群建立在使用某一品牌的消费者社会关系之上，不受地域限制，是连接品牌与顾客的网络沟通平台。智慧社群运营管理在于品牌管理、营销管理、社群承载和辅助工具管理、社群成员管理、社群文化管理、预防和危机管理等方面。

1)品牌管理

①智慧社群的管理者如官方、企业或用户等管理力度需要加大，厘清管理者的管理思路与想法，论坛板块的信息内容有把控，使得社群成员获取的品牌信息和品牌理念定位准确，需及时跟进反馈信息，积极回应消费者的疑问，维护品牌关系。

②要规范社群言行文明，形成好的社群品牌形象，提高客户间的价值交流。智慧社群成员的文化素质参差不齐，社群内某些顾客言辞激烈，用语不文明，甚至发布不雅内容，存在“灌水”行为，提出的问题长时间没有人回应，或者帖子被他人恶意嘲讽和批评等，往往会恶化社群环境。

③形成社群秩序，提高智慧社群存在的价值。社群容易充斥虚假消息和广告，商业竞争的激烈导致有些商家会雇用“水军”到竞争对手阵营大肆破坏。因此，要严格管理智慧社群，防止出现虚假消息或者广告推广消息，解答信息要真实正确、正面回答问题等。

2）营销管理

智慧社群是一个特殊的、不受地域限制的消费群体，它建立在使用某一智慧化品牌的消费者所形成的一整套社会关系之上。在智慧社群的营销管理中，可以从顾客品牌忠诚度、顾客价值、新产品开发、口碑传播等4个方面进行统一的管理。

（1）顾客品牌忠诚度

智慧品牌社群情境下的顾客品牌忠诚度研究，从营销实践出发，对企业而言，关键是凝聚核心消费者、构建智慧品牌社群，努力吸引更多的消费者参与社群活动，使消费者获得非凡消费体验，并努力满足消费者的相关需求，提高社群意识和认同，最终形成顾客品牌忠诚度。

（2）顾客价值

价值是顾客加入品牌社群的动因，智慧品牌社群中的互动给顾客创造了价值。了解社群成员对各项价值所持有的期待，有针对性地设计和组织社群活动，满足他们的需求、提升他们的价值感知，使得他们更加忠诚于企业、品牌，忠诚于顾客与顾客之间的联结关系。明确品牌社群究竟为顾客提供了什么价值，将使得品牌社群的经营更加稳固。

（3）新产品开发

从关系理论、创造性理论和人格特质理论研究视角出发，研究智慧社群成员愿意从事新产品开发的前因及影响因素。技能、创新性、智慧社群认同、智慧社区知识和社群信任是影响成员参与新产品开放创新项目的动机；创新活动中的智慧社群成员的利益和他们的顾客参与企业的新产品开发有着重要的营销战略价值。社群成员的参与，可以提升新智能产品开发的创新价值，并促进各种创新活动。从确定需求、产生想法、修改概念，到原型开发和测试产品，社群成员扮演着不同的角色，并最终成为新产品的共同创造者。因此，智慧社群是企业新产品开发有价值的创新源。

（4）口碑传播

企业营销传播的目的是促使消费者购买意愿和购买行为的发生，并提升企业的整体形象。智慧社群作为一个重要的信息源，其成员的传播行为不仅有助于企业展开社群营销，提高品牌传播的消费者参与度，促进品牌自传播，还能预防负面品牌口碑信息带来的品牌危机。由社群成员的口碑来宣传产品，通过成员主动与其他社群成员分享知识，从而使得品牌文化在社群成员间流传。对企业而言，创建智慧社群后，若消费者主动成为品牌信息的传播者，不但可以减少品牌传播的营销成本，还可以形成有影响力的品牌口碑。

3）社群承载和辅助工具管理

智慧社群一般以微信群、QQ群、服务自己会员的APP等社群承载工具来进行社群的建立，促进会员互相协调、沟通、互动并交流。微信群、QQ群和APP的运营一定要与工具的各大功能和其他板块紧密结合，比如语音对讲、朋友圈互动等。另外，微信群、QQ群、APP在社群运营过程中对消息和数据进行管理和沉淀存在问题，因此需要借助第三方工具进行管理。目前，比较常用的社群数据统计和会员行为管理软件如社群空间、多群直播系统、直播平台都可以作为社群运营的辅助工具，需要统一管理。

4）社群成员管理

智慧社群要注重社群关键人的管理，并充分发挥社群中每位成员的作用。由于时间碎片化和及时互动性，社群的运营不能只靠某个人，最好是有一个相互配合、分工明确的团队。唯有如此，社群才会迅速启动起来，也更容易进入热度状态。发挥社群中每位成员的作用时，社群才会变得更强大。跟任何一个组织一样，社群中也应有多种角色，包括对其他成员开展教育和分享经验的指导者、喜欢学习并寻求自我提升的学习者、鼓励别人尝试新鲜事物并提供安全保障的支持者、对其他员工产生分享和激励的合作者、传播社群故事的说书人、成为社群榜样的英雄等，他们在社群中同样起着创造价值的作用。随着人生观、价值观的日趋成熟，人们持续对归属感展开评估，成功的社群能给予他们扮演新角色的机会，公司应该主动给予消费者会员在不同角色之间选择的机会，确保更大范围角色的可获得性，最终全面提升智慧社群的功能。

一般智慧社群的群氛围的关键角色有思想者、批判者、围观者和沉默者。

（1）思想者

思想者是知识渊博，很有想法，爱发表观点的一类人。在智慧社群内只需要一到两个即可，一般社群群主充当此角色。思想者会经常在群里发表自己对某件事的观点和看法，进而引发大家的讨论。思想者在社群中如果太过权威，那么他的观点就无从反驳，就很难激发批判者参与的信心。因此，思想者只能引起围观者的提问，但这很容易陷入以思想者为中心的问答式讨论，思想者也会因围观者的提问太过低级而拒绝回答，而这种行为往往会打击围观者的积极性和不满情绪。因此，思想者在社群管理中非常关键。

（2）批判者

批判者一般不会主动发表自己的看法，而是当思想者在社群中提出自己的观点后，就思想者的观点漏洞进行批判和反驳。此时将引起激烈的讨论和辩驳，而围观者可以不失时机地冒泡表示赞同或者提问。思想者和批判者的讨论往往会吸引大批成员围观。最明显的就是如果群内出现了激烈讨论时，社群就会立即热闹起来。每到这个时候，群主就要作相应的管控，防止事态扩大，控制激发群内成员情绪。如果出现恶意攻击等行为，最容易引发成员退群。

（3）围观者

一个智慧社群一般有40%的成员是围观者，他们会关注群内动态，但不轻易在群里说话或者发表自己的观点。群管理人员不能将围观者视为流失用户，需要通过各种讨论活动激励他们发声，从而参与社群活动。

（4）沉默者

沉默者一般会占到群成员的50%以上。这部分用户基本不会关注群内动态，很多消息和通知是无法到达他们的。沉默者一般是因为群内的价值感不强，或者群内的信息已经对其产生强烈的骚扰。沉默者在智慧社群中是最容易退群的。社群管理方需要对这部分社群成员进行深入的访谈和了解,探究其真正的需求,进而对群内的服务进行改进,以此重新唤醒和激活社群沉默者。

5)社群文化管理

为了实现统一的目的和目标,智慧社群必须拥有一套计划、控制、组织和协调的流程。一个优质高效的智慧社群需要有一套严格的管理体制,在自由入群的前提下,维持一定的纪律性和约束性。只有社群管理执行到位,才能保证社群的优质高效,才能确保价值观认同,并找到适合的成员。如制订社群的群规、社群发展规划、社群口号、社群成员群语言规范等。

6)预防和危机管理

社群成员与非组织化成员的管理难度很大,因此,万一碰到"成员联合诉求",例如要求降低价格、改良商品、提供更多赠品等情况时,如果处理不当就会成为破坏品牌形象的大事件。因此,对社群成员活动的评估、管理及危机预防尤为重要,需要建立危机预警机制。智慧社区品牌运营商应设立管理品牌社群危机的常设机构,此机构可单独设立,也可并入企业的公关或广告部门。该机构一方面搜集社群活动信息,这既能为品牌发展提供帮助,又能通过信息分析及早发现错误倾向并加以引导和疏通;另一方面主动参与社群活动,在社群活动中引导其向有利于品牌发展的方向进行。比如,在线智慧社群中经常会出现本属于某品牌的讨论区,最后却变成了竞争品牌的讨论区,这种现象最难避免。当然,采取预防措施可以在论坛中加以引导,从讨论的角度、提问题的方式、仪式、传统等各方面引导到对自己品牌有利的地方。

8.2.2 智慧社群的维护

1)管理方加大重视力度

智慧社群的初衷在于拉近社区业主或物业使用人与智慧品牌的关系,因此品牌管理方必须重视智慧社群的创建与维护。当网友自创的智慧社群有一定影响力时,品牌管理方应积极与该社群对接和互动。这是因为智慧社群主要在于获得青睐品牌的信息,展开多元的互动,而当他们得到品牌官方的回应时无疑会对倾心的品牌有更大的忠诚度。另外,品牌管理方要在品牌社群发布最新的品牌信息,主动赞助、组织各种品牌活动,凝聚广大社群成员的力量为品牌发力。

2)建立完善的社群管理制度

虽然智慧社群的氛围代表着归属感和意义,但是虚拟平台存在的很多问题还是需要完善的社群管理制度来规范。社群多属于各个品牌方,品牌管理方需要担负起规范自我社群的管理责任。对多次发布不实言论的会员采取一定惩罚措施;对遵守社群制度的会员则给予一定奖励,赠送品牌小礼品则是趁机拉近与消费者关系的绝好方式。

3)扩大社群领袖人物的权限

重视意见领袖在社群的作用。意见领袖在智慧社区网络中的确扮演着重要的角色,他们传播信息、影响决策,帮助宣传新的思想。智慧社群作为一个业主、物业使用人等,作为消费者群体具有共同的品牌意识、一致的仪式感和惯例,以及道德责任感等特征。而领袖式人物本质上来说是品牌的崇拜者,品牌意识强烈,他们通过个人魅力能起到推广和宣传作用。因此,品牌管理方要善于挖掘社群的领袖式人物,对其赋予更多社群权限和品牌特权,培养亲密关系从而引领广大社群成员对品牌的"追随"。社交媒体时代,智慧社群已成为企业品牌关系建设中的重要优势,企业可按照"打造多平台社群—培育社群领袖人物—促成社群绩效的转化"持续提升品牌关系质量。

4)建立客服(通讯员)机制

在智慧社群管理维护中,需要建立客服(通讯员)机制。社群成员中往往存在一些"舆论领袖",他们对产品的功能非常熟悉,甚至了解相关品牌的深度信息。其他成员在遇到产品使用问题时乐于咨询他们,在线上线下活动中热衷于倾听"领袖"们对品牌故事等深度信息的解读。他们同时还是众多社群活动的组织者和忠实参与者。最为关键的是他们对社群成员的动向、社群信息的了解程度都高于企业方。因此,社群管理方如企业可以将他们发展为社群组织的客服(通讯员),通过建立与这些客服(通讯员)信息互动的有效管道,更迅速、更便捷地了解智慧社群的动向。此外,还可以把某些企业主导的社群活动通过这些客服(通讯员)传达给社群成员,这将比企业方直接出面引导社群活动更具说服力。

实训任务　制订智能家居社群建设方案

1)实训目的

通过对智慧社区中智慧社群相关知识的学习,掌握智慧社群建立的步骤,熟悉智慧社群管理的内容,能制订以智能家居为主要产品的智慧社群建设方案。

2)实训要求

①熟悉现有的智能家居社群情况。

②掌握智慧社群建立的具体步骤和方法。

③掌握智慧社群管理方法。

④能制订以智能家居为主要产品的智慧社群建设方案。

3)实训步骤

①调查现有的智能家居社群的基本概况。

②分组加入现有的智能家居社群,熟悉智慧社群的管理者、成员结构、基本管理内容、社群文化等。

③分析现有智能家居社群的建立和管理的优缺点。

④制订成立以新的智能家居为产品的智慧社群建设方案。

4)实训时间

实训时间为2学时。

5)实训考核

①考核组织。将学生分组,由指导教师进行考核。

②考核内容。教师以智能家居为主要产品,提出智慧社群在管理方面的3个问题,由学生回答,然后给出实训考核成绩。

项目小结

（1）智慧社群是指基于相似的利益诉求或者兴趣爱好，通过智慧社区中虚拟社交平台（如微信、微博等移动互联网社交工具）聚集在一个群体中，利用共享知识、交流感情等方式来进行物质和精神交流的社会群体。

（2）智慧社群具有3个基本特征：以互联网为核心的信息技术和移动通信技术为智慧社群提供技术支持；以某一智能家居品牌产品为核心，以智能家居品牌产品社群成员为连接点；智慧社群的建立者有企业、用户和第三方。

（3）智慧社群建立的7个主要步骤：定义目标用户群体，确立产品定位；寻找KOL进行产品封测，打造社群文化凝聚力；策划社群活动，强化身份认同；构建一套文化体系，提升成员专业认知；布局线下体验场景；建章立制，健全社群运营机制；设计“社群+”商业模式。

（4）智慧社群管理在于品牌管理、营销管理、社群承载和辅助工具管理、社群成员管理、社群文化管理、预防和危机管理等方面。

（5）智慧社群的维护可以从管理方加大重视力度、建立完善的社群管理制度、扩大社群领袖人物的权限、建立客服（通讯员）机制4个方面进行。

复习思考题

1. 目前我国的智慧社群有哪些？
2. 试述智慧社群的用户定位。
3. 试述智慧社群的建立步骤。
4. 通过收集阅读有关智慧社群发展方面的资料，谈谈你对智慧社群管理的看法。

参考文献

[1] 李华仪.利用品牌社群提升品牌关系[J].纳税,2017(21):149.
[2] 卜程.基于智慧消防技术的社会消防安全管理研究[J].中国公共安全:学术版,2017(2):70-72.
[3] 蔡大鹏.智慧社区建设及发展范例[M].北京:军事医学科学出版社,2015.
[4] 陈彩霞.电子支付与网络金融[M].北京:清华大学出版社,2016.
[5] 陈根.互联网+智能家居[M].北京:机械工业出版社,2015.
[6] 陈亚."智慧消防"如何精准助推消防工作的思考[J].消防界:电子版,2017(1):48-49,79.
[7] 陈章斌.全视频智慧停车场研究与设计[J].九江学院学报:自然科学版,2015(4):67-69.
[8] 程国平,陈韦予,侯振华.智慧政务[M].武汉:武汉理工大学出版社,2016.
[9] 戴程.论品牌社群的建立与维护[J].燕山大学学报:哲学社会科学版,2011,12(2):91-94.
[10] 邓泽国.安防视频监控实训教程[M].北京:电子工业出版社,2013.
[11] 丁祥郭."智慧消防"建设与发展的思考[J].计算机安全,2012(10):66-69.
[12] 杜华英,文祝青,余可春.智慧停车场的研究与设计[J].现代计算机:专业版,2015(9):63-66.
[13] 广东宏景科技有限公司,广东省建筑智能工程技术研究开发中心.智慧建筑、智慧社区与智慧城市的创新与设计[M].北京:中国建筑工业出版社,2015.
[14] 郭源生,王树强,吕晶.智慧医疗在养老产业中的创新应用[M].北京:中国工信出版集团,2016.
[15] 韩韬.基于安防大门的智能生物识别门禁系统研究[J].轻工科技,2017(6):84-86.
[16] 杭州晶控电子有限公司.教你搭建自己的智能家居系统[M].北京:机械工业出版

社,2013.
[17] 贺小花. 门禁系统市场发展前景一片大好[J]. 中国公共安全,2014(21):134-139.
[18] 黄民德,胡林芳. 建筑消防与安防技术[M]. 天津:天津大学出版社,2013.
[19] 黄勇. 智慧养老[M]. 北京:中国社会出版社,2016.
[20] 金旭春. 永兴小区高清监控、报警联动联网设计方案[J]. 中国有线电视,2017(7):814-817.
[21] 李静. 关于智慧社区的建设与思考[J]. 管理观察,2015(17):30-33.
[22] 李婷婷,李艳军. 基于品牌社群的营销管理研究述评[J]. 管理现代化,2013(5):59-61.
[23] 李颖,黄粤,杨少龙. 智能社区物联网门禁系统[J]. 广东通信技术,2014(12):66-68,80.
[24] 李征坤. 互联网+政务服务:开启智慧型政府新时代[M]. 北京:中国铁道出版社,2017.
[25] 林开伟. 电梯物联网智能网关设计[D]. 济南:山东大学,2017.
[26] 罗昌智,林际军. 中国智慧社区发展报告(2015)[M]. 厦门:厦门大学出版社,2015.
[27] 罗超. 走进智慧新时代——2015 年我国停车场市场调查[J]. 中国公共安全:综合版,2015(20):136-138.
[28] 罗汉江,束遵国. 智能家居概论[M]. 北京:机械工业出版社,2017.
[29] 秦兆海,周鑫华. 智能楼宇技术设计与施工[M]. 北京:清华大学出版社,2003.
[30] 上海社会科学院信息研究所,电子政府研究中心. 上海智慧城市建设发展报告(2015)——智慧社区的建设与发展[M]. 上海:上海社会科学院出版社,2015.
[31] 邵涟. 碧桂园深耕智慧社区平台[J]. 中国物业管理,2017(2):62-63.
[32] 施曼. 基于文献研究的虚拟品牌社群社会网络特征分析[J]. 商业经济研究,2017(20):60-62.
[33] 孙晓波,吴余龙,程斌. 智慧停车:物联网背景下的城市停车管理与运营模式[M]. 北京:电子工业出版社,2014.
[34] 汪碧刚. 一核多元,融合共治——2016 中国智慧社区发展报告[M]. 北京:中国社会出版社,2017.
[35] 王令群,何世钧,袁小华,等. 基于 J2EE 和云计算的智慧社区架构设计[J]. 实验室研究与探索,2014,33(1):123-127.
[36] 王千,王渊. 品牌社群的研究内容及发展述评[J]. 安阳工学院学报,2017(5):36-40.
[37] 王帅帅. 基于人脸识别智慧社区门禁控制系统的设计与实现[D]. 沈阳:东北大学,2014.
[38] 王喜富,陈肖然. 智慧社区:物联网时代的未来家园[M]. 北京:电子工业出版社,2015.
[39] 王亚沛. 面向智慧社区的智能视频监控系统设计与应用研究[D]. 杭州:浙江理工

大学,2015.
[40] 维克托·迈尔-舍恩伯格,肯尼思·库克耶. 大数据时代:生活、工作与思维的大变革[M]. 盛杨燕,周涛,译. 杭州:浙江人民出版社,2013.
[41] 吴戈特. 浅谈智能家居的发展历程及未来趋势[J]. 建筑监督检测与造价,2017(3):28-31.
[42] 吴会杰. 电子商务概论[M]. 2 版. 西安:西安交通大学出版社,2015.
[43] 吴先琴. 智慧城市智慧社区规划导则[M]. 北京:中国建材工业出版社,2015.
[44] 徐斌,李琳,钟珞. 面向大数据的智慧电梯分析预警平台[J]. 武汉理工大学学报:交通科学与工程版,2017,41(2):359-362.
[45] 徐继华,冯启娜,陈贞汝. 智慧政府:大数据治国时代的来临[M]. 北京:中信出版社,2014.
[46] 杨莉. 智能化小区安防系统的研究与设计[D]. 成都:电子科技大学,2008.
[47] 姚新,刘锐,孙世友,等. 智慧环保体系建设与实践[M]. 北京:科学出版社,2014.
[48] 尹强国. "互联网 +"背景下智慧医疗应用现状研究[J]. 科技传播,2017(14):46-47.
[49] 张丹丹. 社群经济视角下生鲜农产品电商 C2B 模式研究[J]. 商业经济研究,2017(20):138-140.
[50] 张丹媚,叶昌建. 高职物业管理专业《智慧社区管理》课程建设及创新思考[J]. 教育教学论坛,2018(4):242-243.
[51] 张明涵. 智慧消防构建智慧城市[J]. 数字通信世界,2017(7):273.
[52] 张年,孙景乐. 智慧小区建设与运营[M]. 上海:复旦大学出版社,2016.
[53] 周冬. 基于 AllJoyn 框架的智能家居视频及门禁系统研究[D]. 杭州:浙江理工大学,2016.
[54] 朱烽. 跨视域摄像头网络下的监控视频结构化与检索[D]. 合肥:中国科学技术大学,2017.
[55] 朱昊,冯淑媛,刘涛. 上海智慧停车建设和发展运行模式探讨[J]. 交通与运输,2016(z2):106-108,100.
[56] 朱琨. 智慧医疗及医疗物联网的应用[J]. 信息与电脑:理论版,2017(18):178-179,184.